普通高等教育"十三五"汽车类规划教材

计算机辅助汽车造型设计——ALIAS 实例教程

主　编　成振波
副主编　贾　锐　陈　昊
主　审　赖晨光

机械工业出版社

本书讲解了汽车造型设计的流程和发展趋势，介绍了数字化模型在汽车造型设计中的作用。书中详细介绍了 ALIAS 的基本布局、常用工具，以及 NURBS 曲线、曲面的基本知识。通过汽车及相关产品的造型案例，读者能够学习到 ALIAS 的基本操作技巧和曲面建模思路，掌握常见的各种曲面构建方式。本书案例由浅入深，涉及汽车内外饰各个方面，包括汽车玩具、变速杆、轮毂、转向盘、座椅以及完整的车身 CAS 面，并通过实例介绍了 VRED 基本渲染知识和技巧。

本书贴近设计实践工作，具有较强的专业针对性。本书既可作为车辆工程、产品设计、工业设计等专业造型设计方向有关课程教材，也可作为车身造型设计、交通工具设计、汽车内饰设计的从业者和爱好者的参考读物。

本书配有 PPT 课件，可免费赠送给采用本书作为教材的教师，可登录 www.cmpedu.com 下载，或联系编辑（tian.lee9913@163.com）索取。

图书在版编目（CIP）数据

计算机辅助汽车造型设计：ALIAS 实例教程/成振波主编. —北京：机械工业出版社，2018.10

普通高等教育"十三五"汽车类规划教材

ISBN 978-7-111-61006-9

Ⅰ.①计… Ⅱ.①成… Ⅲ.①汽车-造型设计-计算机辅助设计-应用软件-高等学校-教材 Ⅳ.①U462.2-39

中国版本图书馆 CIP 数据核字（2018）第 219151 号

机械工业出版社（北京市百万庄大街 22 号　邮政编码 100037）

策划编辑：宋学敏　责任编辑：宋学敏　武　晋

责任校对：郑　婕　封面设计：张　静

责任印制：李　昂

河北鹏盛贤印刷有限公司印刷

2019 年 1 月第 1 版第 1 次印刷

184mm×260mm · 24.25 印张 · 596 千字

标准书号：ISBN 978-7-111-61006-9

定价：59.80 元

前　言

伴随着科学技术的日新月异，计算机对于设计的作用日益重要，计算机解决途径不仅降低了设计中的人力成本，缩短了设计周期，提供了更丰富、形象的表现方法，而且使设计与基于信息化的生产、销售环节联系更为紧密。在国内外的设计院校中，计算机辅助设计课程是工业设计专业的必修课，也是全国各个高校设计类专业人才培养框架中的必修模块。

现今的汽车造型日趋复杂，人们更加追求复杂而精确的曲面光影变化和充满运动感、力量感的流线造型。设计师对 CAD（Computer Aided Design）软件的要求也越来越高，一般传统的 CAD 软件，设计师能用的曲线和曲面工具有限，不能满足汽车造型的需要。ALIAS 软件在本质上有别于其他 CAD 软件，其应用位于产品设计的前端，其价值在于外形设计的高自由度及效率。ALIAS 软件将设计与工程、艺术与科学连接起来，使整个设计流程"天衣无缝"，使设计、创意与生产一元化。ALIAS 软件是目前世界上较先进的工业造型设计软件，是全球汽车造型设计的行业标准设计工具。

Autodesk 公司在官方网站上提供了软件帮助说明和教学案例，但是随着软件应用的逐渐深入，官方学习资料不能完全满足学习应用的多样化需要，于是国内外的教师和研究者在实践研究的基础上不断深入发掘软件的原理和应用技巧。近些年来关于 ALIAS 的教材越来越多，但是针对与汽车造型方面的教材较少。本书主要内容源于 Autodesk 的官方资料与前人的经验积累，力求满足行业的具体需求，特别是汽车行业数据模型师学习和训练的要求。

第 1 章"汽车造型设计与 ALIAS"由重庆师范大学的陈昊博士编写，介绍了汽车造型基本知识、流程，以及计算机技术在当前汽车造型设计领域的应用和发展趋势。

第 2 章"ALIAS 工作界面"和第 3 章"ALIAS 曲线曲面基础"由陕西理工大学的贾锐老师编写，主要介绍了 ALIAS 的基本操作界面、工具组和基本操作方法，详细讲解了 NURBS 基本曲线、曲面知识，以及 ALIAS 中常用的曲线、曲面命令。

第 4~7 章由重庆理工大学的成振波老师编写，讲解了数个典型的实际案例，主要源于设计实践工作及教学需求。案例由浅入深，围绕汽车设计及汽车相关的产品设计展开，涉及 ALIAS 建模的各方面技巧以及 VRED 的基本知识。

重庆理工大学的刘红杰老师、四川美术学院的赵宇老师以及南京工业职业技术学院的王乐老师都参与了本书的编写及内容的整理，提供了优秀素材和源于教学实践的优秀案例。

重庆理工大学工业设计专业 2013 级学生唐荣为本书提供了大量的参考模型和资料，2014 级学生郑可意、黄华参与了教学案例的实践检验，产品设计专业 2015 级学生唐粤川、胡梅参与了书中案例素材的整理与编辑，工业设计专业 2015 级学生常鑫博同学参与了本书的文字校对工作。

本书由重庆理工大学赖晨光教授主审。

由于笔者经验不足，书中所涉及知识、技巧的讲解难免有所疏漏，欢迎读者提出宝贵意见，电子邮箱：chengzhenbo@ cqut.edu.cn。

读者如需下载本书教学案例和线上学习，可访问本课程的超星学习通课程网站 http://moocl.chaoxing.com/course/201627327.html

编　者

目 录

第1章

汽车造型设计与ALIAS

1.1 汽车设计流程与发展

1.1.1 车身造型与汽车的分类

车身造型（styling）是根据汽车整体设计的多方面要求来塑造最理想的车身形状，是汽车外部和车厢内部造型设计的总和。它不是对汽车的简单装饰，而是运用艺术的手法，科学地表现汽车的功能、材料、工艺和结构特点。车身造型的目的是以它的美去吸引和打动观者，使其产生拥有这种车的欲望。车身造型设计虽然是车身设计的最初步骤，是整车设计最初阶段的综合构思，但却是决定产品命运的关键，车身造型已成为汽车产品竞争最有力的手段之一。

随着时代的发展，汽车的外观形态在不断地融合、变形、多元，向着多样化和个性化方向发展。通常，可以根据不同的分类方式对汽车进行归类，如可按用途、动力形式、驱动形式、行驶机构的特征及行驶道路条件进行分类。从车身形体特点的角度看，一般情况下我们习惯按汽车的用途分为轿车、客车、货车、特殊车辆等几大类，如图1-1所示。

轿车 客车

货车 特殊车辆

图1-1 轿车、客车、货车和特殊车辆造型形态

轿车设计：谭潇；指导老师：秦燕 客车设计：陈柯浩；指导老师：成振波
货车设计：罗亮；指导老师：成振波 特殊车辆设计：朱云隆；指导老师：刘红杰

1. 轿车

轿车是载送 2~9 人，供私人使用的汽车。按其使用性能以及车内座位数、座位分布形式、发动机位置、车门数、车窗数和顶盖形式的差异而区分。轿车的造型特点是形体完整、线条连贯流畅，对外形和内饰的造型要求较高。

2. 客车

客车是指载送 9 人以上，供公共服务用的汽车。按照服务方式的不同，客车的容量和形式亦各不相同。客车的造型特点是大平面较多，具有重复的构件和线条，其表面比例和色彩划分很值得推敲。目前客车造型有使线条圆滑、顶盖减薄、立柱跨距加大、玻璃面积加大的趋势，从而加强造型的动感。

3. 货车

货车是载送货物的汽车，在其驾驶室还可容纳少量人员。货车造型的重点在驾驶室和头部，其后部各种形式的货厢应尽量与驾驶室的线型连贯协调。由于货物的种类繁多，货车的装载量和车身形式亦各不相同。

4. 特种车辆

特种车辆指的是外廓尺寸、重量等方面超过设计车辆限界及特殊用途的车辆，经特制或专门改装，配有固定的装置设备，主要功能不是载人或运货的机动车辆。

1.1.2 车身形态的演变

最早的汽车车身造型，是将马车车厢直接移植于汽车上。1886 年戴姆勒和本茨分别试制出 1.5 马力和 0.85 马力（1 马力=735.499W）单缸汽油发动机，并成功地试制出第一台汽车。早期的汽车是在马车的车身上安装内燃机而成的，整个车身以木质材料为主，其车身造型基本上沿用了马车的形式。后来逐渐脱离开马车的车身，开始有了箱型车身（box body，福特 T 型车为代表）、流线型车身（airflow body，克莱斯勒的 airflow 为代表）、船型车身（ship body，奥迪 100C 型轿车）、鱼型车身（fish body，通用 1952 年的别克轿车）、楔型车身（wedge body，丰田的 MR2 型跑车）。图 1-2 所示为车身造型发展。

马车车身

箱型车身

流线型车身

船型车身

楔型车身

现代汽车车身

图 1-2 车身造型发展

1.1.3 汽车造型设计一般流程

汽车设计是一个系统的复杂过程，包括前期准备阶段、设计展开阶段、样车试验阶段和投产启动阶段。如图1-3所示，各个阶段中有相应的工作环节，将结构化和非结构化的汽车产品定义导向市场。

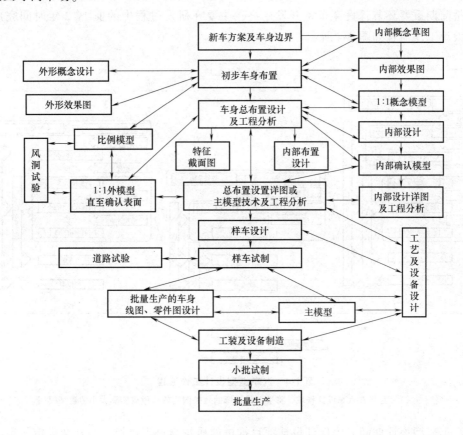

图1-3 汽车设计一般流程

1. 前期准备阶段

一个全新车型的开发需要几亿甚至十几亿的大量资金投入，投资风险非常大，如果不经过周密研究与调查论证，就草率上马新项目，轻则造成产品先天不足，投产后问题成堆；重则造成产品不符合市场需求，浪费大量人力和物力。

因此，在决定对某款车型进行开发设计前，首先应成立相关的项目组，由企业或部门负责人牵头组织相关人员，协调布置相关任务要求、人员安排、时间节点等，并以书面形式通知各单位，项目立项启动。

前期准备阶段，主要通过市场调查、可行性分析等方式对汽车的设计目标进行初步的设定，并发放给相应的设计部门，各部门确认各个总成部件要求的可行性以后，确认项目设计目标，编制最初版本的产品技术描述说明书，将汽车的一些重要参数和使用性能确定下来。在方案策划阶段还要确定汽车是否开发相应的变型车，确定变型车的形式以及种类。项目策划阶段的最终成果是一份符合市场要求、开发可行性能够保证、得到各个研发部门确认的汽

车设计目标大纲。该大纲明确了汽车的型式、功能以及技术特点，描述了产品车型的最终定位，是后续研发各个过程的依据和要求，是一份指导性文件。

2. 设计展开阶段

设计展开阶段是设计师根据自身设计修养及经验进行创意思维发散—收拢的阶段。按照目前的技术水平，一款全新开发的车型从研发到量产问世，需要 3～5 年时间，而造型设计工作正是前期重要环节且贯穿车型开发始终，主要在研发过程中的前 1～2 年时间完成。汽车造型设计工作流程如图1-4所示。

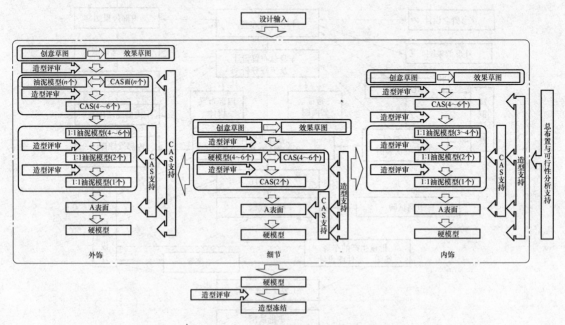

图 1-4　汽车造型设计工作流程

注：CAS 面是指在汽车设计领域，将造型设计师的效果图用软件做成实际大小的数字模型。

在汽车造型设计期间，为保证设计项目推进的质量与过程监控，通常会设定一系列验收节点，对方案展开进行控制。这些验收节点根据项目的要求会有不同，但一般包括造型开始、造型设想、造型筛选、造型选择、造型确定、造型决定、造型冻结、表面数据验收、色彩及装饰方案确定等各个节点，见表1-1。

表 1-1　汽车造型设计的各个验收节点

节　点	主要验收内容
造型开始	造型设计工作启动
造型设想	造型二维设计方案评审、数字模型展示，展示方案数量6套以上
造型筛选	小比例外饰模型实物评审、数字模型展示，展示模型数量4个以上
造型选择	1:1内、外饰实物模型评审，展示模型数量各3个以上
造型确定	1:1内、外饰实物模型评审，展示模型数量各2个
造型决定	1:1内、外饰实物模型评审、数字模型展示，模型数量各1个
造型冻结	1:1内、外饰实物模型评审、数字模型展示、色彩及装饰方案展示，展示模型数量各1个
表面数据验收	用于生产制造的表面三维数据以及工程结构三维数据验收
色彩及装饰方案确定	一系列相关方案评审、实物样车样件展示

目前在汽车开发过程中，通常还会引入并行工程，即各个环节采取同时并举的方式。并行工程的应用可以提高设计可行性、缩短开发周期和产品上市时间。在汽车造型设计工作过程中，有很多外部造型输入条件，其中最主要的是市场定位及需求信息、工程技术要求两方面，在实际工作中，工程设计可以与造型设计同时进行，从而确保最后的造型满足工程要求，并可实现量产；造型设计各个环节中，二维造型、三维造型及色彩的设计，是可以同时进行的。图1-5所示为汽车造型设计流程中的并行工程。

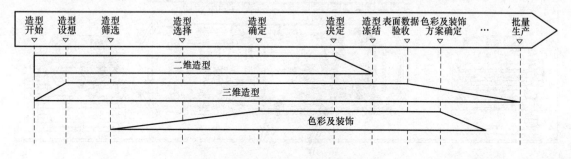

图1-5　汽车造型设计流程中的并行工程

（1）二维造型设计流程　二维造型设计是汽车造型设计工作中的第一步，持续时间从造型开始到造型冻结，这个阶段的主要工作包括从造型开始到造型冻结几个节点，如图1-6所示，其中实心黑色倒三角形标记表示该节点是重点评审节点。

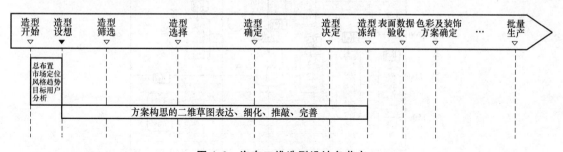

图1-6　汽车二维造型设计各节点

1）造型开始→造型设想。

这个阶段是外型及内饰二维设计的初始设定阶段。这一阶段需要总布置部门提供汽车总布置图（见图1-7）及车身总布置输入，前期调研部门提供新车型的市场定位（见图1-8）、风格趋势（见图1-9）、目标用户群体等基本信息。

2）造型设想→造型冻结。

二维造型设计的步骤通常是从创意草图开始的，经过一步一步地细化、推敲、完善，最后形成效果图。绘制草图通常先从整体设计入手，再到细节的设计，如图1-10所示的汽车外饰二维设计过程。二维造型设计工作除了提供形体创意方案以外，还要指导三维造型设计工作的进行，从造型设想到造型冻结的每一个验收节点，都需要同时展示模型和相对应的二维方案。

（2）三维造型设计流程　三维造型设计是汽车造型设计的核心工作部分，三维造型设计主要包括实物模型和数字模型的设计，其验收节点如图1-11所示，其中实心黑色倒三角形标记表示该节点为重要评审节点。

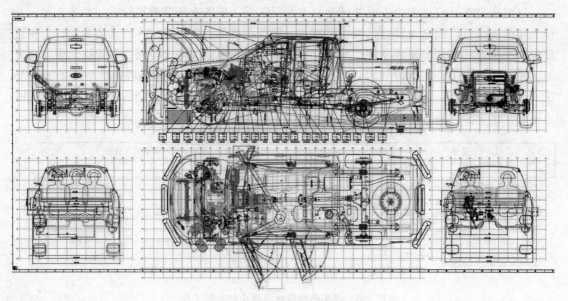

图 1-7 某车型汽车总布置图

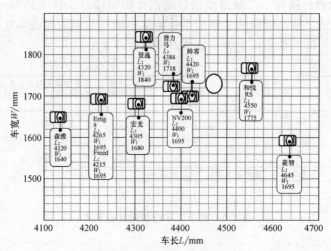

图 1-8 汽车市场定位分析

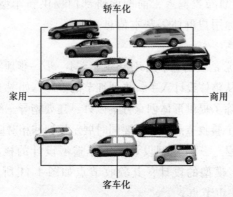

图 1-9 汽车造型风格趋势分析

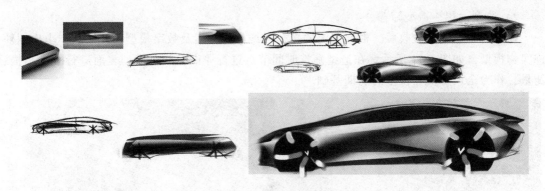

图 1-10 汽车外饰二维设计过程

（设计：童方杰；指导老师：陈昊）

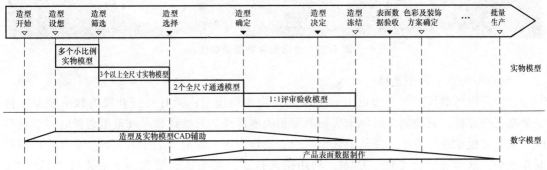

图 1-11 汽车三维造型设计各验收节点

1）造型开始→造型设想。

随着计算机辅助造型技术的广泛应用，通常在制作外饰实物模型之前，先制作数字模型。从造型开始到造型设想这个阶段，数字模型设计师将根据外型设计师的二维方案（草图、效果图、指导模型制作的三视图等）进行快速正向建模，如图1-12所示。

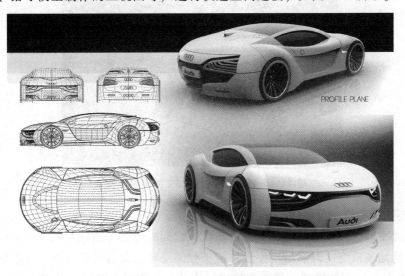

图 1-12 汽车三维正向设计

（设计：周爽；指导老师：陈昊）

2）造型设想→造型筛选。

在造型设想节点验收后，根据选定的多个二维外饰方案及数字模型，开始制作小比例外饰实物模型，如图1-13所示，在造型筛选时间节点进行评审，并对模型表面进行激光扫描、测量，作为全尺寸实物模型的前期基础。

图1-13　小比例实物模型制作

3）造型筛选→造型选择。

这个阶段将制作3个（或以上）全尺寸外饰实物模型；同时并行开展的数字模型工作主要是正向建模，辅助制作每一个实物模型相关零部件的三维数据。在造型选择时间节点对所有全尺寸模型进行评审，并从中选出两个方案作为下一步造型工作的基础。全尺寸模型的制作之前，通常会结合CAD、CAM，利用逆向技术，对小比例模型的表面进行数据扫描、处理，生成点云并放大还原成全尺寸比例，然后利用此数据在数控铣床上进行数控加工，提高了工作效率和模型精确度，如图1-14所示。

图1-14　利用数控铣削加工提高模型精度

4）造型选择→造型确定。

此阶段除了对模型在造型设计上进一步优化，同时还要不断地对模型的工程可行性进行检查，尽可能地使模型同时满足造型设计与工程的要求。此阶段将在原来模型的基础上制作通透（see through）实物模型。到造型确定时间节点，将对此阶段完成的两个外型模型进行评审，选择其中一个方案模型作为下一步工作的基础，如图1-15所示。

5）造型确定→造型决定。

此阶段的主要任务是完成整车各个总成以及零部件的设计，协调总成与整车和总成与总成之间出现的各种矛盾，保证整车性能满足目标大纲要求。这一阶段也是一个对整车进行细化设计的过程，各个总成被分发到相关部门，由其分别进行设计开发，各部门按照开发计划规定的时间节点分批提交零部件的设计方案，包括车身造型数据生成、色彩方案、内外饰件工程设计和电器工程设计等。

图 1-15 方案评审与造型确定

3. 样车试验阶段

方案设计阶段完成以后进入样车试制和试验阶段。样车的试制由试制部门负责，他们根据工程设计的数据和试验需要制作各种试验样车。样车的试验包括两个方面：性能试验和可靠性试验。性能试验的目的是验证设计阶段各个总成以及零部件经过装配后能否达到设计要求，及时发现问题，修改并完善设计方案。可靠性试验的目的是验证汽车的强度以及耐久性。试验应根据国家制定的有关标准逐项进行，不同车型对应于不同的试验标准。根据试制、试验的结果进行分析总结，对出现的各种问题进行改进设计，再进行第二轮试制和试验，直至产品定型。

汽车的试验形式主要有试验场测试、道路测试、风洞试验、碰撞试验等。各个汽车企业都有自己的试验场，试验场的不同路段分别用于模拟不同路况，有砂石路、雨水路、搓板路、爬坡路等。

4. 投产启动阶段

投产启动阶段的主要任务是进行投产前的准备工作，包括制订生产流程链、各种生产设备到位、生产线铺设等。在试验阶段就同步进行的投产准备工作包括模具的开发和各种检具的制造。投产启动阶段大约需要半年的时间，在此期间要反复地完善冲压、焊装、涂装以及总装生产线，在确保生产流程和样车性能的条件下，开始小批量生产，进一步验证产品的可靠性，确保小批量生产 3 个月产品无重大问题的情况下，正式启动量产。

1.2 计算机在汽车造型设计中的作用

随着计算机软硬件技术的发展，各种计算机辅助设计软件成为现代汽车工业不可或缺的辅助工具，计算机辅助设计已经普及到汽车工业生产开发的各个流程中。随着流程和职能划分的不断细化，在汽车设计行业，主要借助计算机软件进行正向/逆向参数化造型建模，包括草图效果绘制、CAS 曲面建模、模型渲染、Class-A 曲面建模等。

1.2.1 计算机辅助设计技术的产生与发展

计算机辅助设计（Computer Aided Design，CAD），是利用计算机、外围设备及其系统软件对产品或工程进行辅助设计的方法与技术，包括设计、绘图、工程分析、文档输入/输出

等设计活动。广义的 CAD 技术包括二维工程图绘制、三维几何设计、有限元分析、数控加工编程、仿真模拟、产品数据管理、网络数据库及以 CAD/CAE/CAM 技术的集成等。

CAD 技术的发展主要经历了 5 个主要阶段。

1. 萌芽阶段（20 世纪 50~60 年代）

麻省理工学院于 1950 年在计算机图形显示上采用图形终端技术，并开始了交互式计算机图形学等的理论及应用研究。

2. 体系成熟阶段（20 世纪 60 年代）

1964 年通用汽车公司推出 DAC-1 系统，1965 年洛克希德推出 CAD/CAM 系统，计算机图形学、交互技术、分层存储等新思想和新方法先后在 CAD 方面得到应用。

3. 广泛推广阶段（20 世纪 70 年代）

1970 年推出完整的 CAD 系统，计算机交互图形技术和三维几何造型技术得到大力发展，基于大型机的 CAD/CAM 系统开始上市，基于小型机的系统也开始向中小企业扩展。

4. 突飞猛进阶段（20 世纪 80 年代）

CAD/CAM 技术从大中企业向小企业扩展，几何造型技术已经成熟，并成为 CAD 系统核心。系统具有统一的数据结构和内部数据库，并实现了 CAD/CAE/CAM 的集成。

5. 开放式标准化、集成化和智能化阶段（20 世纪 90 年代后）

计算机软硬件技术及网络技术的发展，CAD 技术在全球范围内普及，计算机辅助设计的理论、方法和技术在功能性、集成性、网络性、开放性、标准化等方面有很大的提升，计算机操作系统在以太网环境下构成 CAD 系统的主流工作平台。

1.2.2　计算机辅助汽车二维设计

目前用于汽车造型设计的常用二维设计软件有 Adobe Photoshop、Adobe Illustrator、CorelDRAW、Painter、ALIAS SketchBook 等，随着数位板、扫描仪等硬件设备的操作高度集成且越来越能够模拟真实环境，这些软件在汽车行业的应用更为广泛。在汽车工业设计领域，CAD 技术主要用于辅助设计人员进行车身形态设计的二维逻辑思维。例如，借助二维设计软件工具，设计师进行思维提炼与归纳，统一整车风格，实现局部与整体关系呼应、内外饰呼应，进行造型曲线的配合与归纳等（见图 1-16）。

图 1-16　利用计算机二维软件对车身进行造型曲线的配合与归纳

1）风格统一是汽车造型设计最基本的要求，如圆润饱满、轻便灵巧、年轻动感、激情奔放、精锐进取、沉稳大气等。在设计输入阶段的造型定位中，风格的确定是整车造型设计的主导思想，需要贯穿设计流程的始终。曲线和曲面构成整车的框架，因此曲线和曲面的走势及特征是确定整车风格的主要因素，保持它们在整车各部分的特征一致，就能保证整车风格的统一，如图1-17所示。

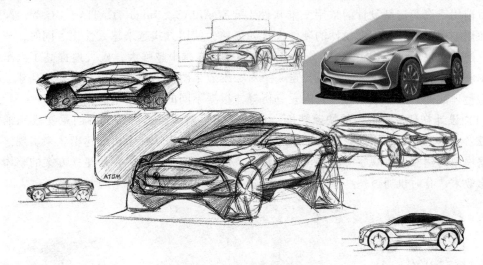

图 1-17 整车风格的统一

（设计：童方杰；指导老师：陈昊）

2）关系呼应是整车风格统一前提下的具体造型要求，也是汽车造型最主要的逻辑规律之一，包括：曲线及曲面的风格、走势、分块，前后车灯组合的颜色、轮廓及内部结构、材质，前进气口的形状与尾部扰流板形状，保险杠曲面的分块，以及一些细节方面的呼应。

3）同时在细节设计时，由于各部分之间相对独立，因此也需要找出一个逻辑规律来使其呼应统一。最常见的细节呼应手法就是在相互独立的各个局部上使用同一种造型语言。例如同样一种图案，经过不同方式的演变，可以用在很多不同的区域，可以用于前格栅内、轮辋上、车灯内部结构等。这样一种元素的呼应，会使造型的逻辑性更强，更充满理性，如图1-18所示。

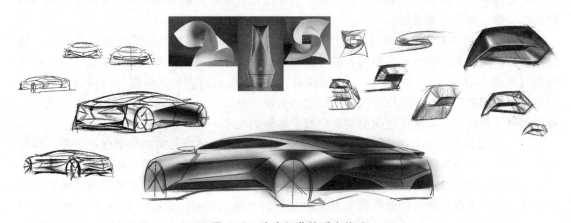

图 1-18 汽车细节的呼应关系

（设计：童方杰；指导老师：陈昊）

4）另外，CAD 技术能够帮助设计师对车身曲线之间的角度和配合进行推敲、归纳和梳理，通过曲线元素构成汽车轮廓，划分车身各部分的比例，将车身上各种重要元素有机地组合在一起，使之成为一个整体。

1.2.3　计算机辅助汽车三维设计

目前用于汽车造型设计的常用三维软件主要有 ALIAS、Rhino、CATIA、UG 等。配合软件的使用，用于计算机辅助设计的硬件也日趋成熟，使用方式越来越人性化。同时，三维扫描仪、逆向工程及 VR（虚拟现实）设备等软硬件功能越来越强大，极大地提高了汽车的设计效率和设计质量。汽车的三维设计是一个对二维效果图再创作的过程，主要包括建立数字模型、整理数据、渲染效果图、有限元分析等，根据不同的项目要求进行展开。

（1）**设计初期三维模型的快速转换**　设计师和模型师通过沟通，将创意变成三维数字模型或者实物模型，利用计算机图形学原理，通过曲面建模法和多边形建模法来实现汽车三维数据模型的建立，以观察方案整体比例和主要尺寸。这个过程主要是建立方案的整体三维可视化效果，有时也通过一些渲染软件进行效果图渲染，如图 1-19 所示。

图 1-19　创意到三维的快速转换

（设计：成振波）

（2）**设计中期对造型线和面的推敲**　这个阶段通过对形态的进一步推敲，捕捉设计灵感的有效表达，同时优化曲线、曲面的过渡与连接，考虑造型关键点，设计师和工程人员可以不断地沟通，并需要绘制和修改特征线，通过设计美学知识求解和优化效果图中表达不清晰的线、面，如图 1-20 所示。

（3）**设计后期对细节的修订**　这个阶段的主要任务是通过对方案的形态、曲面的走势以及各曲面间的关系的理解，利用各种计算机辅助设计手段检查模型的表面质量，如斑马线检测（见图 1-21）、调整 CV（Control Vertical）点，保证过渡面和基本面的连续性等，部分项目会由工程部门对设计进行虚拟仿真，包括有限元分析、虚拟风洞等。对问题曲面进行合理的再划分和修订，以保证曲面的质量并减少重做的概率。

（4）**三维逆向工程**　逆向工程（又称逆向技术），是一种产品实物数字化的过程，即对一项目标产品进行逆向分析及研究，从而演绎并得出该项目标产品的处理流程、组织结构、功能特性及技术规格等设计要素，以制作出功能相近但又不完全一样的产品。随着计算机辅助设计的流行，逆向工程成为一种能根据现有的物理部件，通过 CAD、CAM、CAE 或其他软件构筑 3D 虚拟模型的方法。逆向工程的过程采用测量实际物体的尺寸并将其制作成 3D 模型的方法，通过激光扫描仪、结构光源转换仪或者 X 射线断层成像这些 3D 扫描技术进行尺寸测

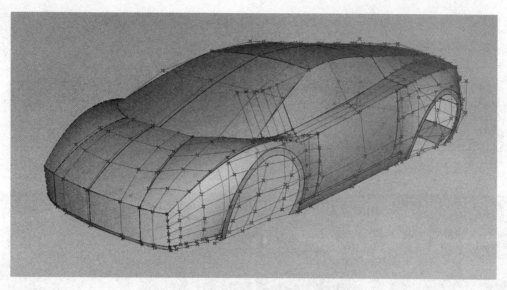

图 1-20 利用三维软件优化模型的线与面

量,如图 1-22 所示。

图 1-21 利用斑马线检测车身曲面连续性

图 1-22 利用手持式三维扫描仪工作

这些扫描所获得的测量数据通常被当作是点集,缺乏拓扑信息并且通常被制作成更有用的格式,如多边形网格、NURBS 曲线或者 CAD 模型。由于顶点云本身并不像 3D 软件里的模型那样直观,所以像 3-maitc、Imageware、PolyWorks、Rapidform 或者 Geomagic 等这些软件都提供了将顶点云变成可视图像的功能,或者被其他应用软件(如 3D CAD、3D CAM、3D CAE)识别的功能,均可将扫描点云转换为可用于工程应用领域的三维模型,如图 1-23 所示。

逆向工程技术能够快速实现产品的参数化模型建立,同时还应用于将真实几何体应用在虚拟数字开发环境的商业活动中,如将自己的产品或者竞争者的产品三维数据数字化。通过这种手段可以分析出产品的运作方式、部件构成,估计预算和识别潜在的侵权行为等。

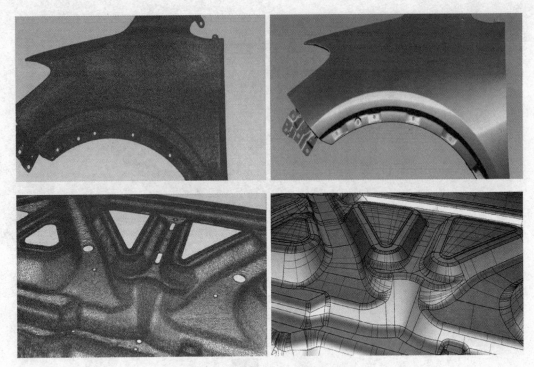

图 1-23　点云到三维模型的转变

1.3　现代前沿技术在汽车工业中的应用与发展

　　近几十年来汽车行业发展迅速，如何缩短汽车的开发周期，满足设计需求越来越重要，因此专门针对汽车车身曲面设计、结合汽车开发实际情况、方便设计师轻松掌握汽车开发方法的计算机辅助技术在汽车设计中的应用越来越广泛。现代通信技术、数字集成技术、逆向工程、虚拟现实技术及用户体验技术的大力发展，使得汽车的设计开发流程中运用计算机进行辅助的方法和技术手段越来越丰富，大大减少了工程技术带来的人力、物力和时间上的消耗，提高了汽车开发的效率和速度。

1.3.1　计算机应用技术的发展趋势

　　进入 21 世纪，CAD 技术在汽车工业中基本普及，并成为汽车设计的主要方法和手段，主要包括：基于计算机绘图的产品三维几何设计；基于计算机辅助工程分析的产品性能设计；产品数据管理（PDM）；企业信息化平台等四个应用层次。同时，以用户为中心的设计理念和一些现代生理测量手段，为主客观了解用户需求提供了更直观的途径。这些技术的提升对未来汽车工业的发展有着深远的影响。CAD 的发展趋势体现在以下几个方面：

1. 集成化

　　计算机集成制造系统（Computer Integrated Manufacturing System, CIMS）和并行工程（Concurrent Engineering, CE）的出现，对 CAD 的集成化水平要求更高，从数字化产品建模、产品数据交换到产品数据管理等多个方面均将实现有机的集成，因此高度集成化将是

CAD 系统发展的一个重要方向。

2. 网络化

网络及通信技术的发展，迅速将设计工作推向网络协同的模式，CAD 技术发展趋于提供基于因特网的完善的协同设计环境以及网上多种 CAD 应用服务等。

3. 智能化

将人工智能技术与传统 CAD 技术结合起来，发展新的设计理论与方法，继续深入研究设计型专家系统的基本理论和技术问题，形成智能化 CAD 系统是 CAD 发展的必然趋势。

4. 标准化

随着 CAD 技术的发展，工业标准化问题越发重要，面向不同 CAD 系统的数据交换标准（如 IGES、STEP）格式和标准窗口等标准、面向图形设备的 CGI 标准、面向用户的图形标准 GKS、PHIGS 格式等都是 CAD 标准化的具体体现。

5. 并行工程

并行工程是随着 CAD、CIMS 技术的发展提出的一种新的系统工程方法，是一个并行地、集成地设计产品及开发的过程。其关键是用并行设计方法替代传统的串行设计方法，设计过程中，信息流向是双向的。通过协调机制，群体设计组的多种设计工作可以并行协调处理，以提高产品设计开发的效率。

1.3.2　用户体验技术在汽车工业中的应用

随着现代商业市场的竞争日益激烈，汽车行业越发重视消费者对汽车产品设计的满意度和体验感受，设计方案的测试评价成为汽车设计中的重要环节。最初的设计方案主要是通过专家评分法或主观量表的形式进行测评，这种评价方法具有一定的主观性。同时，由于专家或领导不是最终用户，测试结果不能真实代表用户的体验感觉。在新的科技应用的推进下，计算机辅助的眼动追踪、脑电测试、面部表情分析、手指动作捕捉等跨学科技术广泛用于现代汽车行业领域，车企研究部门通过大量定性和定量研究，结合客观数据，支撑改进汽车方案的设计。

（1）眼动追踪技术　眼动追踪（eye tracking），是指通过测量眼睛注视点的位置或者眼球相对头部的运动而实现对眼球运动的追踪。眼动仪是一种能够跟踪测量眼球位置及眼球运动信息的一种设备，在视觉系统、心理学、认知语言学的研究中有广泛的应用。

目前汽车方案评价中最常用的手段是通过视频拍摄设备来获取眼睛的位置。通过记录被试观测方案时的眼动热点图中所记录的注视时间、注视次数、扫视顺序、凝视时间等参数，判断方案对被试的关注度与吸引力，注视次数越多、时间越长，表明被试对该区域的关注度较高，如图 1-24 所示。这些数据能客观反映用户对设计方案的真实情况，对于车企及设计公司改进设计方案有较客观的参考价值。

（2）脑电测试技术　在人的大脑皮层中存在着频繁的电活动，而人正是通过这些电活动来完成各种生理机能的，用电极将这种电位随时间变化的波形提取出来并加以记录的技术方式就是脑电技术。根据脑科学研究可知，当人大脑皮层处于愉悦和兴奋状态时的波段是可捕捉的，因此在汽车方案评审中，用户的脑电测试也可以作为评审依据之一，如图 1-25 所示。

在现有技术条件下，脑电测试需要被试佩戴如脑电电极帽等相应的测试设备，方案测评

图1-24　桌面眼动测试及热点图

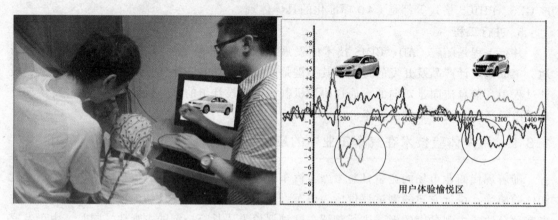

图1-25　设计方案的脑电测试及脑电波形图

过程中其他因素可能会对用户产生一定的干扰。

（3）**面部表情分析技术**　面部表情是指通过眼部肌肉、颜面肌肉和口部肌肉的变化来表现各种情绪状态。心理学家艾克曼通过钻研面部表情与内心真相的关系发现，感情不是意愿可以控制的，压抑真感情无法完整实现，不自主的反应是真感情的最佳指标。面部表情分析技术就是通过检测并分析用户在方案评审过程中的细微表情变化，结合用户评价的主观量表和对方案进行审阅过程中的情绪愉悦度分析评价，从而判断设计师的理念是否有效地向被试表达。

以上技术是针对汽车评审过程中测评方法有限、缺少客观性的弥补，眼动追踪、脑电测试、动作捕捉、表情分析等技术结合主观量表的测评，使设计方案评估依据具有真实性和科学性。这些技术既可用在设计展开阶段对汽车的二维/三维表达方案进行评价，从而有效地指导汽车设计的改进；也可以用在实车试制或进入市场后对样车或实车的用户体验测试，指导汽车的商业化运营或下一代产品的设计改进。

1.3.3　虚拟现实技术在汽车工业中的应用

相对于简单展示，高级展示涉及更多的工作内容，并且对真实度的要求更高，一般用于整车的内外饰虚拟展示和数据验收及 Color&Trim （指设计汽车、色彩和装饰）定义等。高级展示通常使用 RTT（Realtime Technology）等专业虚拟现实软件进行模型的制作与实现，

结合虚拟现实投影系统等现实设备，以达到真实的实车演示的显示效果。

　　虚拟现实技术是一种可以创建和体验虚拟世界的计算机仿真技术，它利用计算机生成一种模拟环境，是一种多源信息融合的、交互式的三维动态视景和实体行为的系统仿真，使用户沉浸到该环境中。除计算机图形技术所生成的视觉感知外，还包括听觉、触觉、嗅觉和味觉等模拟感知：人的头部转动、眼睛跟随、手势或其他人体行为动作，由计算机来处理与参与者的动作相适应的数据，并对用户的输入做出实时响应，分别反馈到用户的感觉器官。

　　在方案的虚拟展示过程中，需要导入、整理汽车方案数据，通过相关软件定义汽车各虚拟部件的材质，制作变量、动画，根据环境计算阴影等方式对展示场景进行描述设置后，即可通过专用设备进行有较强带入感和沉浸感的虚拟现实展示，能够更真实地体验设计方案的整体效果，如图 1-26 所示。

图 1-26　虚拟现实方案评审

1.3.4　快速成型技术在汽车工业中的应用

　　快速成型技术（Rapid Protype，RP）技术，诞生于 20 世纪 80 年代后期，是基于材料堆积法的一种高新制造技术，被认为是近 30 年来制造领域的一个重大成果。它集机械工程、CAD、逆向工程技术、分层制造技术、数控技术、材料科学、激光技术于一身，可以自动、直接、快速、精确地将设计思想转变为具有一定功能的原型或直接制造零件，从而为零件原型制作、新设计思想的校验等提供了一种高效低成本的实现手段。现在流行的 3D 打印技术就是快速成型技术中的一种，利用三维 CAD 的数据，通过快速成型机将一层层的材料堆积成实体原型。目前主流的快速成型技术包括 FDM（热熔成型技术）、SLA（激光烧结技术）和 SLS（光固化技术），并通过工业级 3D 打印机（见图 1-27）实现产业服务。

　　汽车制造商是增材制造技术的最早使用者之一，过去几十年汽车制造商多将快速成型技术应用于小批量原型制造。最近几年，3D 打印技术飞速发展，各大汽车制造商开始加大 3D 打印技术使用步伐，从最终检查和设计验证相对简单的概念模型，演进到测试车辆、发动机和平台的功能性部件，大幅度降低了模具设计和制作的成本，如图 1-28 所示 3D 打印的活塞

图 1-27　工业级 3D 打印机

缸。目前，汽车行业是快速成型的原型零部件的主要生产者，每年生产超过 10 万件原型零部件和添加制造的模具。

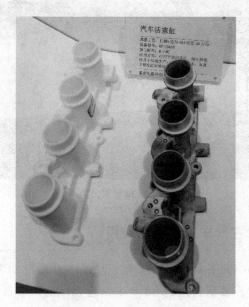

图 1-28　3D 打印的活塞缸

1.4　ALIAS 软件介绍

现今的工业产品造型日趋复杂，讲求流线型和美感，产品设计师对 CAD 软件的要求也越来越高，一般传统的 CAD 软件提供给设计师进行曲线和曲面处理的工具有限，不能满足造型设计师的需要。为此，Autodesk 公司推出 ALIAS 软件，可以用于上至飞机、卫星，下至汽车、日用化工产品如口红等各种产品的造型开发设计，在欧美国家还广泛用于最先进的军需品的造型设计。

1.4.1　关于 ALIAS 软件

ALIAS 软件是目前世界上先进的工业造型设计软件之一，是全球汽车、消费品造型设计的行业标准设计工具。ALIAS 软件包括 Studio/Paint、Design/Studio、Studio、Surface/Studio 和 AutoStudio 5 个部分，提供了从早期的草图绘制、造型，一直到制作可供加工采用的最终模型的各个阶段的设计工具。图 1-29 所示为 ALIAS 2017 启动界面。

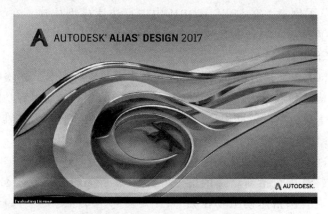

图 1-29　ALIAS 2017 启动界面

1.4.2　ALIAS 软件的发展

1983 年，在数字图形界享有盛誉的 Stephen Bindham、Nigel McGrath、Susan McKenna 和 David Springer 等人在加拿大多伦多创建了数字特技公司。由于第一个商业化的程序是有关 anti_alias 的，所以公司和软件都叫 ALIAS，公司早期主要致力于研发影视后期特技软件。

1989 年，借助于 ALIAS 软件公司技术人员，完成电影《深渊》的制作。此片被电影界认为是极具技术性和视觉创造性的影片。Honda、BMW 和 Volvo 公司采用 ALIAS 公司的软件进行设计，效率提高了数十倍。

1990 年，ALIAS 公司发行上市股票，其软件产品分成 Power Animation 和工业设计产品 Studio 两部分。

1992 年，ALIAS 公司发布的 Auto Studio 成为汽车设计的工业标准。

1993 年，ALIAS 公司与福特公司合作开发了 Studio Paint 软件，成为第一代计算机喷笔绘画软件。

1994 年，ALIAS Studio 软件彻底改变了底特律汽车设计的方式，其汽车生产商用户包括 GM、Ford、BMW、Volvo、Honda、Toyota、Fiat、Hyundai、Isuzu、Nissan 等。

1997 年，推出了新版工业设计软件 ALIAS Studio 8.5。

2005 年，ALIAS 公司被 Autodesk 公司收购，其产品以 Autodesk ALIAS 软件的形式出现，不断扩展相关产品模块，根据针对性不同，开发出了包括 Automotive、Design 和 Surface 等的系列模块。

2009 年，推出 Autodesk ALIAS AutoStudio 软件，并在随后的发展中不断完善新功能，推出以年份为后缀的新版本，如 Autodesk ALIAS 2011、Autodesk ALIAS 2014 等。

本书将针对时下最新的 Autodesk ALIAS 2017 版本的软件操作展开探讨，带领读者快速了解和掌握 ALIAS 软件的相关操作，实现设计的优化和效率的提升。

1.4.3　ALIAS 软件的工作流

从 2015 年开始，Autodesk 公司提出基于 ALIAS 的工作流概念，推出了更为强大的系列软件，组成更为面向实际需求的设计软件组合。利用 ALIAS 产品系列，设计师可以在 Sketchbook 中进行草图创意，在 SPEEDFORM 中进行快速模型构建，在 ALIAS 中构建 CAS 模型和 A 面模型，再通过 VRED 实现效果图渲染输出。

1. ALIAS SPEEDFORM 软件

ALIAS SPEEDFORM 是专门用于汽车快速概念建模的最新版本，该软件能够充分利用多种曲面建模技术来构建和可视化任何形状，加上强大的曲线和曲面对齐功能以及能够自动完成多个常规任务的工具，可以帮助用户快速将二维草图和曲线转换为三维设计概念。图 1-30 所示为 ALIAS SPEEDFORM 启动界面。

ALIAS SPEEDFORM 新版本带来了全新的多项实用功能，其中包括新增加的混合网格建模工具。混合网格建模工具在独一无二的概念建模环境中提供了简单的网格和 NURBS 组合，加快了概念开发，并简化了模型在其他 ALIAS 产品中的下游使用。又如快速设计迭代，即借助 ALIAS SPEEDFORM 工具和方法针对初始概念进行迭代，从而快速将用户的设计从概念转化为现实。当然还有设计精度、内置全新

图 1-30　ALIAS SPEEDFORM 启动界面

的材质着色器、实时的渲染功能等，这些新特性带给用户更加高效的设计体验。图 1-31 所示为 ALIAS SPEEDFORM 的工作流程。

  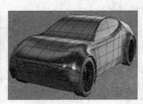 

1.草图　　　　　　　　2.建模　　　　　　　　3.添加细节　　　　　　　4.可视化

图 1-31　ALIAS SPEEDFORM 的工作流程

2. VRED 软件

VRED 系列产品是一套强大、创新的虚拟现实解决方案，它采用了市场上最高性能的光线追踪和 Open GL 引擎。VRED 提供了高度优化的工作流程，即使在处理极为复杂的制作任务时也可以显著缩短渲染时间，实现更快的处理速度。借助 Autodesk VRED Professional，可以从汽车生产流程的一开始就提高质量，加强沟通。通过在数据创建流程中添加一条可视化工作流，不同的部门之间可以依据同一个智能模型更快速地校审设计方案并制订决策，缩短

从概念设计到上市的整体时间，从而显著降低成本。图 1-32 所示为 VRED 启动界面。

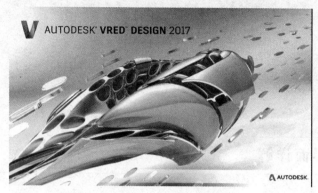

图 1-32　VRED 启动界面

VRED Professional 是一款强大、创新的高级三维可视化解决方案。它配有物理相机以及基于塑料、金属、碳或织布的物理特性的光照设置和材质设置，支持用户创建逼真的视觉设置。图 1-33 所示为 VRED 渲染效果图。

图 1-33　VRED 渲染效果图

本 章 小 结

本章主要介绍了汽车的分类、汽车造型的演变等基础知识，说明了汽车造型设计的基本流程，以及作为创意设计师或数据模型师如何参与汽车造型的开发工作。本章着重讲解了计算机技术对当前汽车造型设计的推动作用，并列举了最新的前沿技术。基于 ALIAS 软件的设计工作流，可以帮助设计师完成从创意表达到模型构建，再到效果展示的整个工作流程。因此，ALIAS 软件得到了目前大多数主机厂和设计公司的认可，是汽车行业造型设计师必须要掌握的辅助设计工具。

第2章

ALIAS工作界面

2.1 ALIAS 界面详解

2.1.1 初识 ALIAS 界面布局五大模块

如图 2-1 所示，ALIAS 的工作界面布局呈"回"字形，外框是各组菜单和工具，内框是设计人员进行设计建模的工作区域。ALIAS 的工作界面按照"回"字结构可分为五大模块，这五大模块按照功能进行区域分割并命名，如图 2-2 所示，可分为 12 个功能区域。

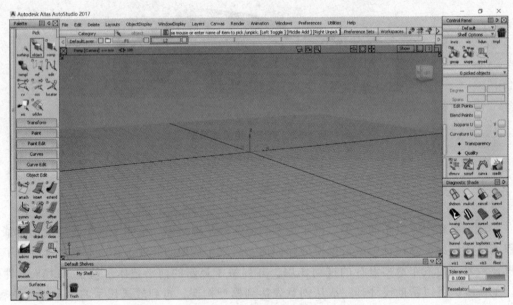

图 2-1　ALIAS 工作界面

(1) "回"字上横笔画位置的功能区域 此区域共有七项，按从上至下，从左至右介绍如下：

1) 标题栏（Title Bar）。标题栏位于"回"字上横笔画位置最上，与其他软件的标题栏一样，主要显示软件版本号及文件路径与文件名称。

2) 菜单栏（Menu）。菜单栏位于标题栏下，以文件、编辑、删除、视图、对象显示、窗口显示、图层、画布、渲染、动画、窗口、偏好、通用和帮助为标题进行分类，单击则弹出下拉菜单，用户可以通过选择 "Preferences>Interface>Hotkeys/Menu Editor" 命令，设置菜单，如图 2-3 所示。菜单栏的命令工具后有图标□的，说明该命令有属性选项设置，单击图

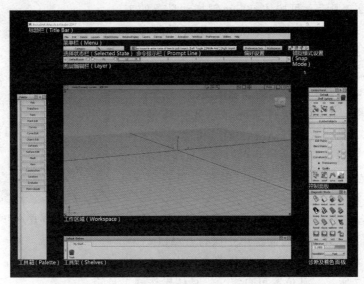

图 2-2　ALIAS 工作界面呈"回"字形的功能分割

标口即可打开。

3）选择状态栏（Selected State）。选择状态栏位于菜单栏下，实时显示操作者当前使用的工具或工具的实施对象。

4）命令提示栏（Prompt Line）。命令提示栏位于菜单栏下，可以记录部分操作过程，显示与当前工具有关的说明、错误信息、参数输入、操作提示及键入的任何内容，是操作者与 ALIAS 软件对话的重要窗口。

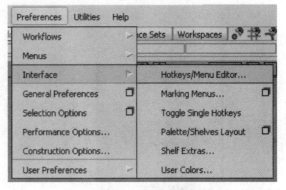

图 2-3　设置菜单

5）偏好设置。偏好设置位于命令提示栏右侧，用户利用它可以导入或导出偏好设置。

6）捕捉模式设置（Snap Mode）。捕捉模式设置位于偏好设置右侧，显示三种模式：点捕捉、栅格交点捕捉和曲线捕捉，可以辅助定位，提高绘图精度与效率。

7）图层编辑栏（Layer）。图层编辑栏位于"回"字上横笔画位置最下，用户可对图层用名称及颜色进行标识区分，可以对复杂的几何对象进行图层及图层组管理，提高效率。如果没有显示，可以通过菜单"Layers>Toggle Layer Bar"，调出图层编辑栏，如图 2-4 所示。

（2）"回"字左竖笔画位置的功能区域——工具箱（Palette）
工具箱包括若干个工具组，相应工具组中有用于创建和操纵对象的工具，这些工具在工具组中的位置是固定的，不可移动。第一次打开 ALIAS 可能出现位置不固定或不理想的情况（工具组位置可进行

图 2-4　调出 ALIAS
图层编辑栏

自定义），如图 2-2 所示。可按住<Shift>键拖动悬浮的工具箱，调整到适当位置，如图 2-1 所示，松开后即可固定其位置。操作完成后，可选择"Preferences>User Preferences>Save"命令，保存设置，如图 2-5 所示。

（3）"回"字右竖笔画位置的功能区域

1）控制面板。控制面板可实时显示几何体信息，也可编辑几何体。第一次打开 ALIAS 时，可能不显示控制面板，此时可通过选择菜单栏中的"Windows>Control Panel"命令来显示，如图 2-6 所示。其位置可自定义，具体操作同工具箱。

2）诊断及着色面板。诊断及着色面板可用于快速对曲面进行着色显示并诊断曲面。第一次打开 ALIAS 程序时，可能不显示该面板，可通过选择菜单栏中的"ObjectDisplay>Diagnostic Shading"命令来显示，如图 2-7 所示。其位置可自定义，具体操作同工具箱。

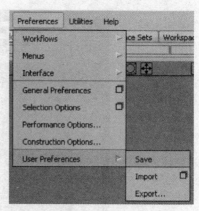

图 2-5 保存 ALIAS 界面设置

图 2-6 调出显示 ALIAS 控制面版

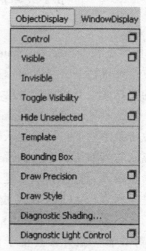

图 2-7 调出并显示 ALIAS 诊断着色面板

（4）"回"字下横笔画位置的功能区域——工具架（Shelves） 用户可根据需要自定义工具架（位置可自定义）内容，可将工具箱里的工具拖到工具架上，分组并保存（Preferences>User Preferences>Save，如图 2-5 所示），也可以删除这些工具。

（5）"回"字内框笔画位置的功能区域——工作区域（Workspace） 工作区域即 ALIAS 绘图区域，占据了界面大部分空间，可以只显示一个视图，如图 2-1 所示。也可以通过选择菜单栏"Layouts>All Windows>All Windows"命令（图 2-8），调出 ALIAS 全视图布局，显示 Top、Left、Back 和 Persp 四个视图，但要注意，同一时间只能操作一个视图，该视图以白色边框突显出来，如图 2-9 所示，Persp 视图是当前操作视图。

2.1.2 ALIAS 界面主要模块详解

1. 标题栏

与一般应用软件相同，三个功能操作按键位于标题栏右侧，依次为最小化、最大化/还

原和文件关闭，如图 2-10 所示。

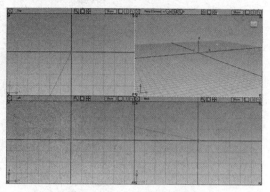

图 2-8　通过菜单栏调出 ALIAS 全视图布局　　　　图 2-9　ALIAS 全视图布局

图 2-10　ALIAS 标题栏

2. 菜单栏

菜单栏包含一系列下拉菜单，每个下拉菜单都包含一组相关命令。单击菜单栏各菜单按钮可得到下拉菜单，将光标悬停在命令名称上并单击（该命令变色亮显），可选择该命令。命令名称中有"…"的，说明有相应的补充操作对话框，单击命令名称即可打开；下拉菜单的命令名称后有图标口的，说明该命令有属性选项设置，单击图标口即可打开，进行操作属性选择（也可以按住 Shift 键并单击命令图标或菜单项来打开其属性选项设置）；下拉菜单的命令名称后有图标▶的，说明该命令有子下拉菜单，单击图标▶即可打开。

选项设置中的滑块控件的操作是：按住 Alt 键（Windows 系统）或 Option 键（Mac 系统）使用微调功能，然后单击数值字段并拖动鼠标，可对任何数值选项进行微调，如图2-11所示。

所有属性选项设置对话框底部都有一个"Reset"按钮（图 2-11），单击该按钮可恢复默认（出厂安装）设置。

可能出现的问题：找不到某些菜单项。

解答：当自定义 ALIAS 首选项显示菜单项的短列表后，某些菜单项会被隐藏，这时可以选择"Preferences＞Menus＞Long Menus"命令来显示所有菜单选项（参见图 2-29）。如果还是找不到，可以选择"Help＞Tool Locator"命令，在打开的对话框中"Find:"后的输入栏内输入菜单项的名称并按＜Enter＞键，对话框中提示该菜单项的相关可能位置，如图 2-12所示。

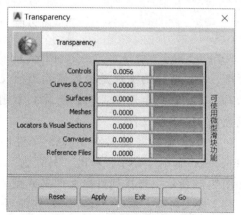

图 2-11　微型滑块的功能

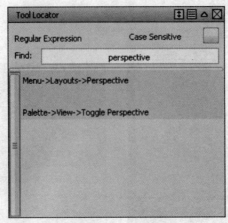

图 2-12　查找菜单项

提示：双击菜单名称可重新选择上次在该菜单中选择的命令。

下面以"File"菜单的命令（图 2-13）操作为例，熟悉 ALIAS 的菜单操作。

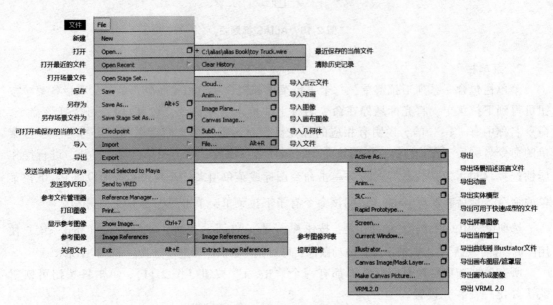

图 2-13　"File"菜单的命令

"File>New"命令无"…"、图标口和 ▶ ，选择"File>New"命令，弹出图 2-14 所示对话框，提示新建的文件是否要删除当前文件中的所有内容。有三个选项：同意删除，不删除和取消创建 ALIAS 新文件。

当操作完成需要另存 ALIAS 文件时，选择"File>Save as…"命令，弹出"另存为"对话框。如图 2-15 所示，查找到目标文件夹或键入路径并打开，键入名称，单击"保存"按钮即可。

如果需要修改另存的相关属性，可以单击

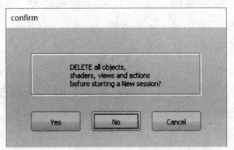

图 2-14　新建 ALIAS 文件的确认对话框

"File>Save as…"后的图标□，打开"Save All Options"属性选项设置对话框，如图2-16所示，设置需要保存的文件类型后，单击"Save"按钮即可。修改后如果想要恢复初始默认的属性设置，则单击"Reset"按钮重置。

图2-15　"另存为"对话框

图2-16　"Save All Options"
属性选项设置对话框

菜单的功能复杂繁多，在此不能一一介绍，重点功能在后面案例中进行详解。在图2-17~图2-31中列出了下拉菜单及子下拉菜单的中文含义或说明。

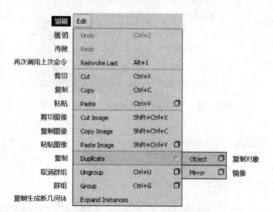

图2-17　"Edit"菜单的命令

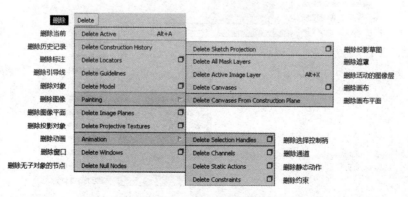

图2-18　"Delete"菜单的命令

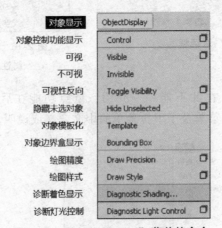

视图		
标准窗口布局	All Windows ▷	All Windows	标准窗口布局
窗口全透视布局	Perspective F8	User Windows F9	用户窗口布局
窗口全前视布局	Front	All (Top/Persp)	顶视+透视窗口布局
窗口全后视布局	Back F7	All (Front/Persp)	前视+透视窗口布局
窗口全右视布局	Right	All (Back/Persp)	后视+透视窗口布局
窗口全左视布局	Left F6	All (Right/Persp)	右视+透视窗口布局
窗口全顶视布局	Top F5	All (Left/Persp)	左视+透视窗口布局
窗口全底视布局	Bottom	All (SketchPad)	有绘图的窗口布局
窗口全绘图布局	Paint F3	All (Horizontal/Persp)	水平型窗口布局
新建窗口	New Window	All (Vertical/Persp)	竖直型窗口布局
窗口全屏	Full Screen		
用户习惯	User Windows ▷	Save Current Layout	保存当前布局
		Retrieve Layout	加载布局

图 2-19 "Layouts"菜单的命令

对象显示	ObjectDisplay
对象控制功能显示	Control
可视	Visible
不可视	Invisible
可视性反向	Toggle Visibility
隐藏未选对象	Hide Unselected
对象模板化	Template
对象边界盒显示	Bounding Box
绘图精度	Draw Precision
绘图样式	Draw Style
诊断着色显示	Diagnostic Shading...
诊断灯光控制	Diagnostic Light Control

图 2-20 "ObjectDisplay"菜单的命令

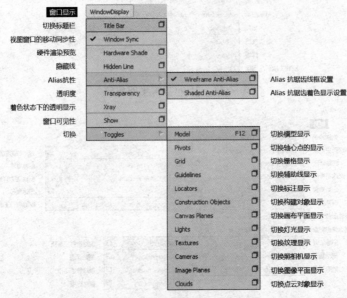

窗口显示	WindowDisplay		
切换标题栏	Title Bar		
视图窗口的移动同步性	✓ Window Sync		
硬件渲染预览	Hardware Shade		
隐藏线	Hidden Line		
Alias抗性	Anti-Alias ▷	✓ Wireframe Anti-Alias	Alias 抗锯齿线框设置
透明度	Transparency	Shaded Anti-Alias	Alias 抗锯齿着色显示设置
着色状态下的透明显示	Xray		
窗口可见性	Show		
切换	Toggles ▷	Model F12	切换模型显示
		Pivots	切换轴心点的显示
		Grid	切换栅格显示
		Guidelines	切换辅助线显示
		Locators	切换标注显示
		Construction Objects	切换构建对象显示
		Canvas Planes	切换画布平面显示
		Lights	切换灯光显示
		Textures	切换纹理显示
		Cameras	切换照相机显示
		Image Planes	切换图像平面显示
		Clouds	切换点云对象显示

图 2-21 "WindowDisplay"菜单的命令

图层　| Layers

新建图层 — New ☐

新建图层文件夹 — New Folder

选择 — Select ▷ Objects on Selected Layers — 选择被选图层上的所有对象

设置图层状态 — Set State ▷ Layers by Picked Objects — 选择被选对象所在的图层

删除 — Delete ▷ All Layers — 选择所有图层

可视性 — Visibility ▷ Layer Range — 选择符合要求的多个图层

对称 — Symmetry ▷ On — 显示对象的对称部分

随机指定图层颜色 — Random Colors ☐ Off — 不显示对象的对称部分

恢复对象至原图 — Undo Assign — Set Plane — 在某平面上显示对象的对称部分

隐藏图层 — Toggle Layers — Create Geometry — 创建对象的对称几何体

隐藏图层状态栏 — Toggle Layer Bar

隐藏未使用图层 — Toggle Unused Layers

图 2-22　"Layers" 菜单的命令 1

图层　| Layers

新建图层 — New ☐

新建图层文件夹 — New Folder — Inactive — 将被选图层设置为非活动层

选择 — Select ▷ Reference — 将被选图层设置为参考动层

设置图层状态 — Set State ▷ Pickable — 将被选图层设置为可选取层

删除 — Delete ▷ Selected Layers — 删除被选图层

可视性 — Visibility ▷ Visible 可视 Unused Layers — 删除未使用图层

对称 — Symmetry ▷ Invisible 不可视 Merge Duplicate Layers — 合并复制图层内容到原始图层并删除

随机指定图层颜色 — Random Colors ☐

恢复对象至原图 — Undo Assign

隐藏图层 — Toggle Layers

隐藏图层状态栏 — Toggle Layer Bar

隐藏未使用图层 — Toggle Unused Layers

图 2-23　"Layers" 菜单的命令 2

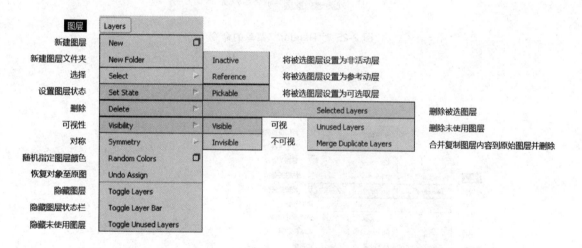

画布　| Canvas

新建画布 — New Canvas...

在构建的平面里新建画布 — New Canvas on Construction Plane...

新建覆盖平面画布 — New Overlay Canvas...

调整画布 — Resize Canvas ☐

按选框修剪画布 — Crop to Marquee

投影草图 — Project Sketch ☐

图 2-24　"Canvas" 菜单的命令

计算机辅助汽车造型设计——ALIAS实例教程

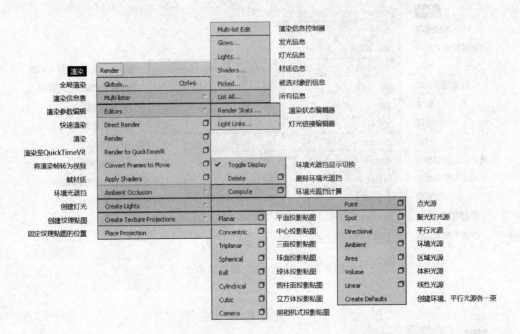

图 2-25 "Render" 菜单的命令

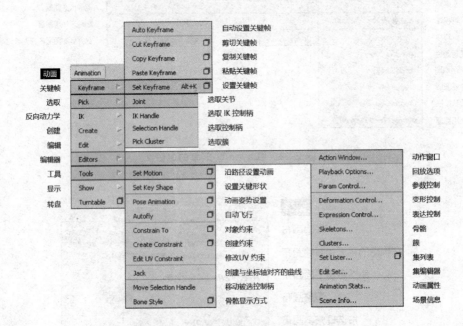

图 2-26 "Animation" 菜单的命令 1

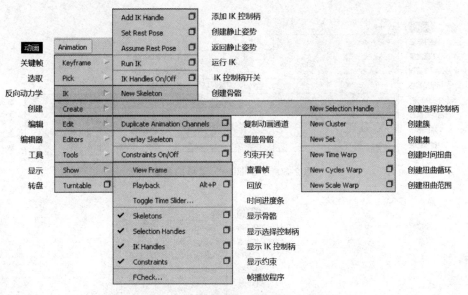

图 2-27　"Animation"菜单的命令 2

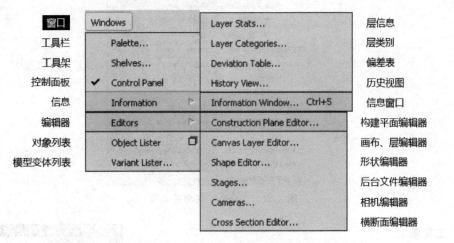

图 2-28　"Windows"菜单的命令

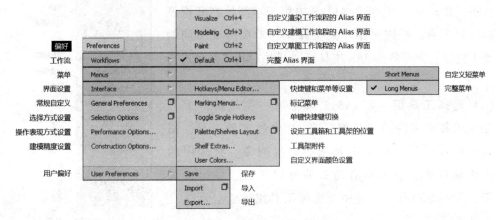

图 2-29　"Preferences"菜单的命令

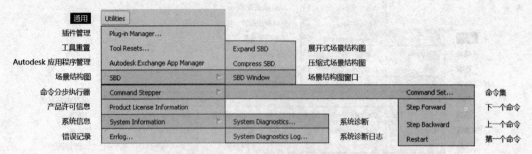

图 2-30 "Utilities" 菜单的命令

图 2-31 "Help" 菜单的命令

3. 工具箱

选择菜单栏 "Windows>Palette" 命令，弹出图 2-32 所示的工具箱（Palette），它包含 ALIAS 中用于草图绘制和模型建立的所有工具，并按照操作类型和操作对象分成不同的组，便于使用。下面将 ALIAS 工具箱展开并对其工具组进行说明。

（1）选择工具组　ALIAS 工具箱第一项是选择工具组，是使用频率最高的工具组，有 10 多种选择工具，用户可以根据需要使用相应工具精确选择对象。被选中的工具上出现红框，右上角有箭头的可以长按，弹出次级工具组，如图 2-33 所示，将相关次级工具组就近显示，且标明中文含义。

图 2-32 工具箱

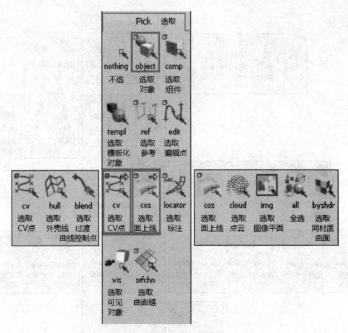

图 2-33　选择工具组

（2）**变换工具组**　如图 2-34 所示，变换工具组提供对象的移动、缩放和旋转等空间操作功能。

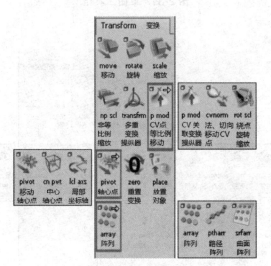

图 2-34　变换工具组

（3）**草图工具组**　草图绘制是产品设计过程中的创意阶段，在产品开发流程中靠前，所以草图工作组被放置在第三位置，包含工业设计中快速记录构思草图以及绘制照片级真实效果图需要的所有工具，如软硬彩色铅笔、墨水笔（马克笔）和喷枪等，还可以镜像绘画，如图 2-35 所示。

（4）**草图编辑工具组**　对草图绘制结果进行修饰工具均被放置在此工具组中，如图 2-36所示。

计算机辅助汽车造型设计——ALIAS实例教程

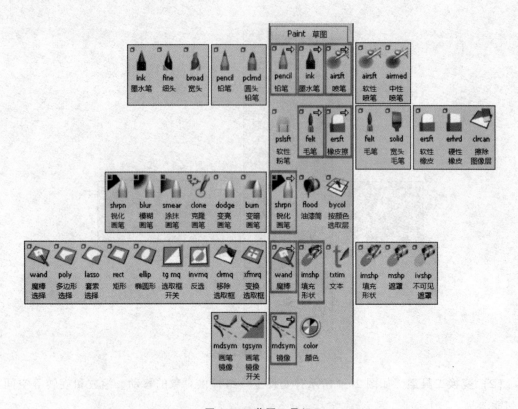

图 2-35　草图工具组

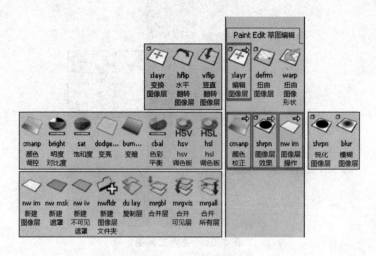

图 2-36　草图编辑工具组

（5）**曲线生成工具组**　曲线工具组中包含常用的曲线生成工具，如圆形曲线、关键点曲线等，同时也有一些独特的曲线生成工具，如手绘曲线、面上线等，如图 2-37 所示。

（6）**曲线编辑工具组**　如图 2-38 所示，曲线编辑工具组包含对空间曲线进行操作的工具，用户也可以对面上曲线（COS）进行操作。

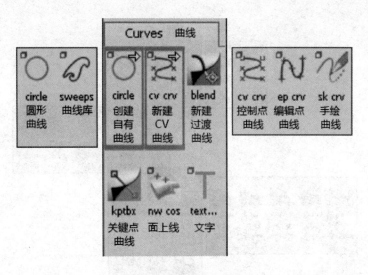

图 2-37 曲线生成工具组

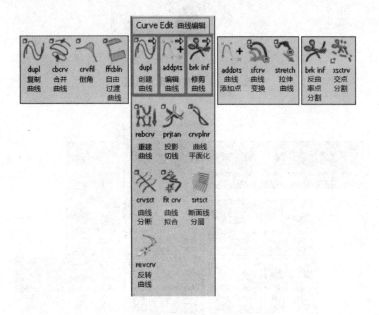

图 2-38 曲线编辑工具组

（7）**对象编辑工具组** 此处的对象指所有的空间几何对象，包括曲线与曲面等。对象编辑工具组如图 2-39 所示。

（8）**曲面工具组** 曲面工具组包含所有的空间曲面生成工具，如图 2-40 所示。

（9）**曲面编辑工具组** 曲面编辑工具组包含所有的空间曲面编辑工具，如图 2-41 所示。

（10）**网格工具组** 网格工具组包含网格生成和编辑工具，因为 ALIAS 软件生成的曲线、曲面主要是基于 NURBS（Non-Uniform Rational B-Spline）技术，因此该工具组不属于核心工具组，主要应用于逆向输入多边形数据的处理，如图 2-42 所示。

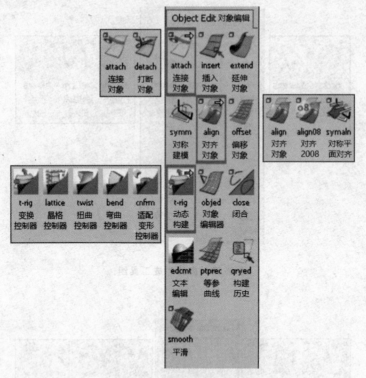

图 2-39　对象编辑工具组

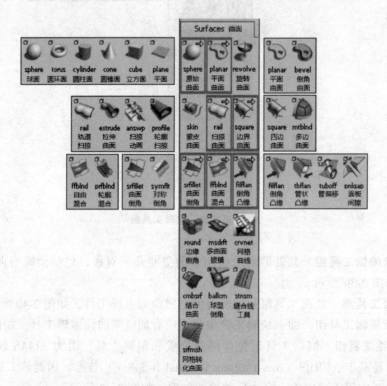

图 2-40　曲面工具组

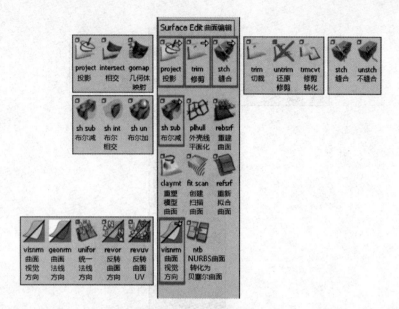

图 2-41　曲面编辑工具组

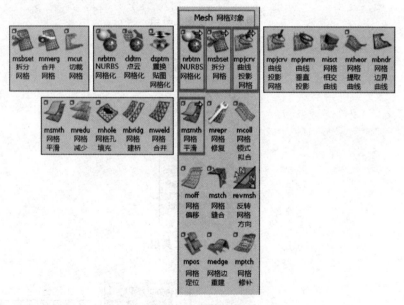

图 2-42　网格工具组

（11）**视图工具组**　视图工具组包含各类与照相机相关操作的工具，常用快捷键进行操作，如图 2-43 所示。

（12）**构建工具组**　构建工具组包含可用作参考坐标的各种点、矢量、平面等的构建和设置工具，如图 2-44 所示。

（13）**标注工具组**　标注工具组包含用于曲线、曲面偏差标注的各种工具，如图 2-45 所示。

（14）**检测工具组**　检测工具组包含对曲线、曲面、网格和几何模型等进行质量检测的工具，如图 2-46 所示。

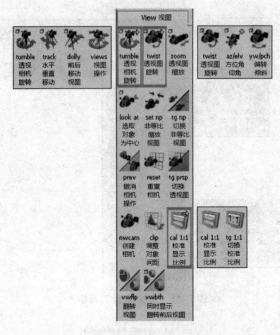

图 2-43　视图工具组

图 2-44　构建工具组

图 2-45　标注工具组

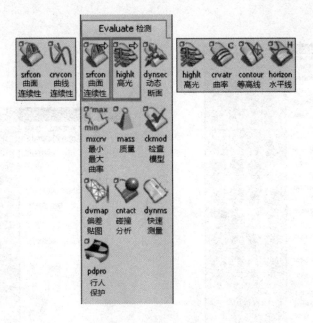

图 2-46 检测工具组

（15）**点云工具组** 点云工具组包含对扫描点云数据编辑处理的所有工具，主要用于逆向建模，如图 2-47 所示。

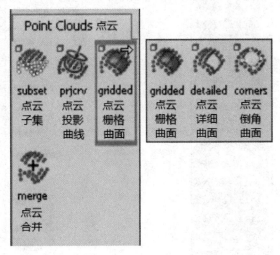

图 2-47 点云工具组

4. 控制面板

控制面板一般位于绘图区域的右侧，可以实时显示几何体信息和编辑几何体，也可以存放自定义的工具和命令。控制面板显示的内容随当前设置的 ALIAS 模块而变化，主要有三种显示模式："Paint" 草图模式、"Modeling" 建模模式和 "Visualize" 视觉效果模式，分别如图 2-48~图 2-50 所示。当未选择三种显示状态时，显示默认（缺省）模式，如图 2-51所示。

控制面板 菜单 开合 关闭 | Control Panel

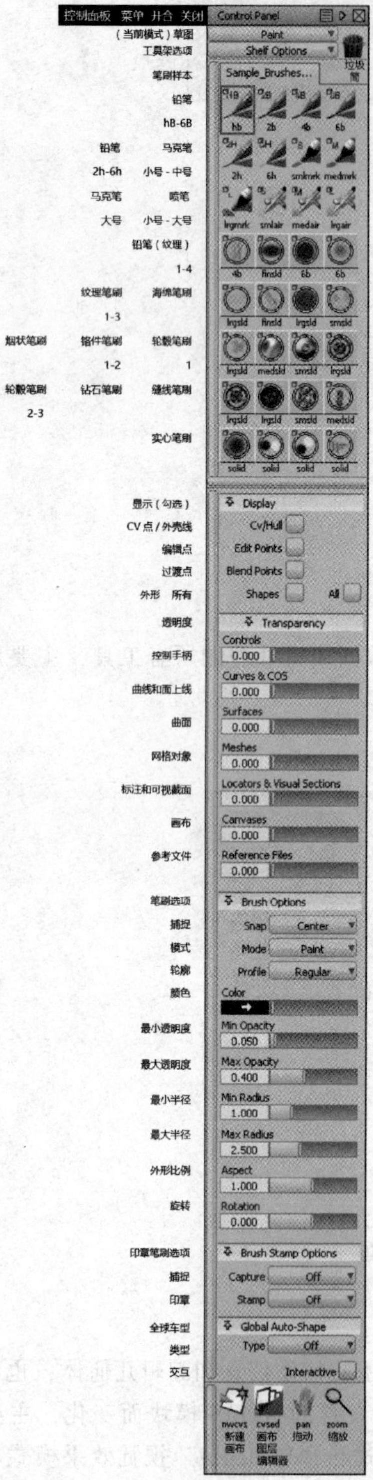

（当前模式）草图
工具架选项 — Paint / Shelf Options

笔刷样本 — Sample_Brushes...

铅笔
hB-6B
铅笔 马克笔
2h-6h 小号 - 中号
马克笔 喷笔
大号 小号 - 大号
铅笔（纹理）
1-4
纹理笔刷 海绵笔刷
1-3
规状笔刷 铬件笔刷 轮毂笔刷
1-2 1
轮毂笔刷 钻石笔刷 缝线笔刷
2-3
实心笔刷

显示（勾选）— Display
CV 点 / 外壳线 — Cv/Hull
编辑点 — Edit Points
过渡点 — Blend Points
外形 所有 — Shapes All
透明度 — Transparency
控制手柄 — Controls 0.000
曲线和面上线 — Curves & COS 0.000
曲面 — Surfaces 0.000
网格对象 — Meshes 0.000
标注和可视截面 — Locators & Visual Sections 0.000
画布 — Canvases 0.000
参考文件 — Reference Files 0.000

笔刷选项 — Brush Options
捕捉 — Snap Center
模式 — Mode Paint
轮廓 — Profile Regular
颜色 — Color
最小透明度 — Min Opacity 0.050
最大透明度 — Max Opacity 0.400
最小半径 — Min Radius 1.000
最大半径 — Max Radius 2.500
外形比例 — Aspect 1.000
旋转 — Rotation 0.000

印章笔刷选项 — Brush Stamp Options
捕捉 — Capture Off
印章 — Stamp Off
全球车型 — Global Auto-Shape
类型 — Type Off
交互 — Interactive

nwcvs cvsed pan zoom
新建 画布 拖动 缩放
画布 图层
编辑器

图 2-48 控制面板草图模式

控制面板 菜单 开合 关闭 | Control Panel

（当前模式）建模
建模工具架选项 — Modeling / Modeling_CP_shelf

对齐方式 — align_objects
g0-g2 删除历史 — g0 g1 g2 dhist
检查连续性 — check_continuity
g0-g2 删除标注 — g0 g1 g2 dloc
无选中对象 — 0 picked objects

对象 — Degree
阶数 — Spans
显示（勾选）— Display
偏差 — Deviation ✔
CV 点 / 外壳线 — Cv/Hull
编辑点 — Edit Points
过渡点 — Blend Points
等参线 U向 V向 — Isoparm U V
曲率 U向 V向 — Curvature U V
透明度 — Transparency
控制手柄 — Controls 0.000
曲线和面上线 — Curves & COS 0.000
曲面 — Surfaces 0.000
网格对象 — Meshes 0.000
标注和可视截面 — Locators & Visual Sections 0.000
画布 — Canvases 0.000
参考文件 — Reference Files 0.000
品质 — Quality
绘图精度 — Draw Precision 0.500
网格密度 — Mesh Density 1.000
平面阴影网格 — Flat Shade Meshes

xfmcv scnsrf curva xsedit
CV 点 偏差 曲率 截面
变换 显示 编辑

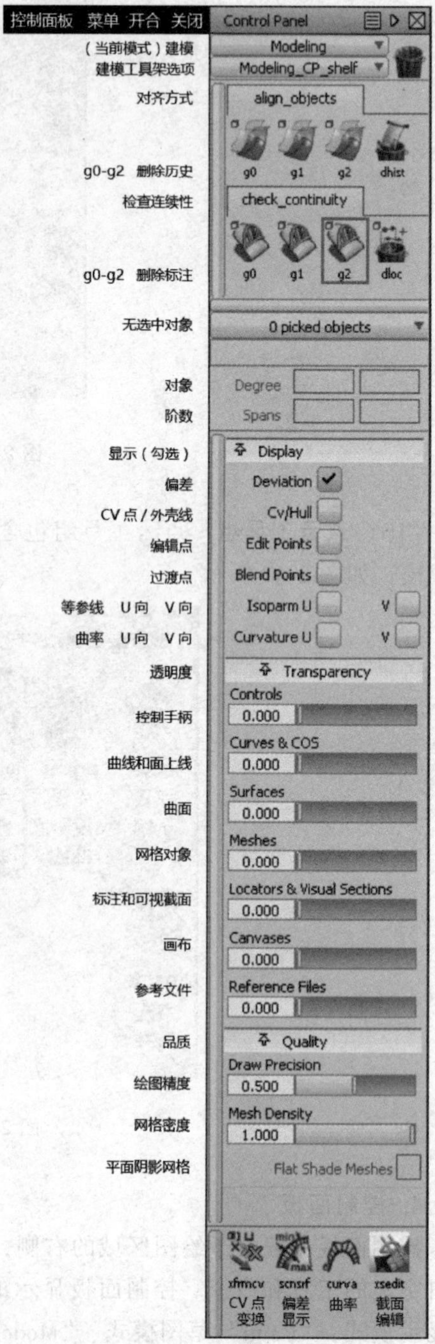

图 2-49 控制面板建模模式

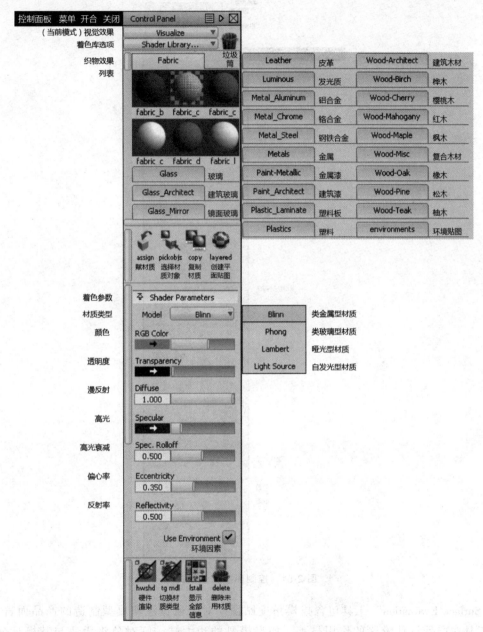

图 2-50　控制面板视觉效果模式

5. 诊断着色面板

诊断着色面板一般位于控制面板的下面，用户可使用面板上的各种模式对模型进行着色显示，进而查看和评估曲面，如图 2-52 所示。

诊断着色显示中的 "Horizontal/Vertical" 工具可模拟模型曲面的光反射。在曲面上反射光是检查凹凸、凹痕或其他不规则体的一种很好的方法。光反射还可用于查出任何未能平滑衔接的曲面。"Curvature Evaluation" 工具可为曲面的曲率加上颜色代码标记。例如，如果模型最终使用弯曲到某特定程度即断裂的材质来制造，则为曲率加颜色代码标记非常有用。

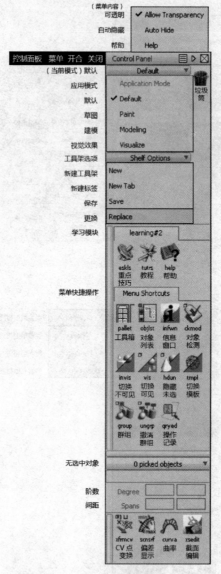

图 2-51　控制面板默认模式

"Surface Evaluation" 工具包含拔模角度贴图。对于通过注塑成型制造的产品而言，此诊断工具在产品设计阶段的作用显著。如果模具的边太陡，则对象将无法与其模具分离。"Draft Angle" 工具用于计算显示对象的哪部分在拔模内部，哪部分在拔模外部。

此外，"Surface Evaluation" 工具还包含一种映射网格偏差的方式。如果模型文件中有已扫描对象，并且正尝试将扫描数据与模型匹配，则通过网格偏差可以了解两个曲面的不同之处。

VRED 处理模式是将模型发送到 VRED 中进行诊断着色处理。VRED 是 Autodesk 公司推出的顶级可视化解决方案，具有可扩展、可实现且经济高效的优点，主要用于工业产品和交通工具的可视化解决方案及静帧图制作，让制造商获得高级可视化和虚拟样机制造的优势。

在打开诊断着色显示时仍可以继续调整 CV 点和曲面。

容差（Tolerance）参数设置主要用来控制对曲面进行细分的精细度，滑块范围是0.0001~1.0，默认值是0.1。当选择"曲面细分"（Tessellator）为"快速"（Fast）时，可以更快速地进行细分，但精细度较低；当选择"曲面细分"（Tessellator）为"精确"（Accurate）时，可以更精确地进行细分，但速度较慢。此时，如果勾选复选框——极限边长度（Limit Edge Length），则将出现最大边长度（Max Edge Length）滑块，以控制曲面细分三角形的最大长度（当前单位）。图2-53所示为诊断着色曲面细分面板。

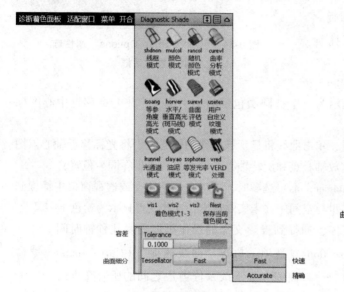

图 2-52　诊断着色面板

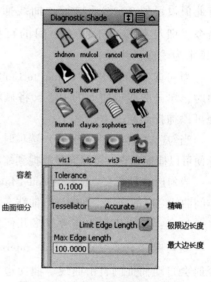

图 2-53　诊断着色曲面细分面板

2.2　ALIAS 的界面设置

利用 ALIAS 的捕捉功能使操作更加简便快捷。

2.2.1　ALIAS 捕捉模式

1. 曲线捕捉

ALIAS 的捕捉对象可分为三类，操作方式见表 2-1。

表 2-1　曲线捕捉

捕 捉 对 象	操作方式	
	按住	单击
曲线、等参曲线、曲面边或面上线。启用相应的选项后，可以捕捉到曲线均分点、轴心点或边界盒中心，以及曲线相交点（实际交点或投影交点），还可以捕捉到构建平面	Ctrl + Alt	
栅格交点	Alt	
CV、编辑点、轴心点、标注	Ctrl（Windows 系统） 或 Control（Mac 系统）	

单击"曲线捕捉"（Curve Snap）图标 右侧的三角形箭头，打开"Curve Snap Options"属性选项设置对话框，如图 2-54 所示。

可通过将"捕捉分段"（Snap Divisions）设置为 0~100 的值，对曲线进行弧长捕捉（捕捉到中点、1/3 点、1/4 点等）。例如，将此值设置为 2，然后执行"曲线捕捉 "命令，即可获得位于曲线中间的可捕捉点（显示为浅蓝色线段）。

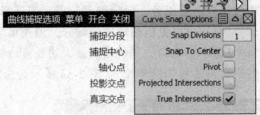

图 2-54　"Curve Snap Options"属性选项设置对话框

当勾选"捕捉中心"（Snap to Center）选项时，单击曲线或曲面的中心，将显示为一个被圆圈包围的小十字叉，将光标移近中心图标便可以捕捉到它。

当勾选"轴心点"（Pivot）选项时，单击曲线将显示该曲线的轴心点。将光标移近轴心点图标便可以捕捉到它。可以同时捕捉到缩放轴心点和旋转轴心点（如果两者不在同一位置）。

当勾选"投影交点"（Projected Intersections）选项时，可以在任何正交或透视窗口中捕捉到空间曲线之间的交点，即使这些曲线在世界空间中并未实际相交，这些交点显示为粉色十字叉。

注意，如果模型中包含很多几何体，捕捉到投影交点的操作可能需要几秒钟时间。

当勾选"真实交点"（True Intersections）选项，执行"曲线捕捉"（Curve Snap） 命令时会自动捕捉到自由曲线、曲面边、等参曲线、面上线及修剪边之间的所有交点。

执行"曲线捕捉"（Curve Snap） 命令时，系统自动捕捉到曲线与平面相交的位置，交点显示为紫色十字叉。

如果在执行"曲线捕捉"命令的情况下单击构建平面的边，则将移动范围限制在该构建平面内。

使用 Ctrl + Alt 捕捉到曲线后，释放按键，移动范围仍限制在该曲线上。

2. 水平和垂直捕捉

在正交窗口中，可以捕捉到所选对象的水平坐标或垂直坐标，而不是其精确位置。

单击鼠标中键 可捕捉水平位置，单击鼠标右键 可捕捉垂直位置。例如，可以沿同一曲线将三个 CV 点（图 2-55）排成一行而不影响其垂直坐标。首先使用工具箱的选取 CV 点工具（Pick>Point Types>CV，选择工具组，参见图 2-33）选取 CV 点。

然后使用工具箱的移动工具（Transform>Move，变换工具组，参见图 2-34），同时按住 Ctrl 键（Windows 系统）或者 Control 键（Mac 系统）启用磁性捕捉。用鼠标右键 单击要与之对齐的 CV 点，单击对齐的目标 CV 点，如图 2-56 所示。

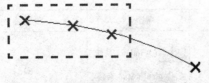

图 2-55　一条曲线上的三个 CV 点

图 2-56　用鼠标右键单击对齐的目标 CV 点

最后选取其他需要对齐的 CV 点，它们将移动并捕捉之前所单击的 CV 点的垂直位置，同时保持原来的水平坐标，如图 2-57 所示。

3. 将画笔捕捉到曲线

绘制草图时，可以将画笔捕捉到曲线（或曲面等参曲线或面上线），也就是说，曲线可以用作草图绘制的引导线，如图 2-58 所示。

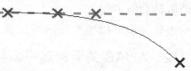

图 2-57　单击需要对齐的 CV 点

图 2-58　曲线用作草图绘制的引导线

保持画笔处于激活状态，单击提示行右侧的"曲线捕捉"（Curve Snap）🔧按钮或按住 `Ctrl` + `Alt` 键，激活曲线捕捉。移动手写笔，使画笔轮廓靠近曲线，画笔轮廓将瞬时捕捉到曲线上。

提示：若要设置画笔曲线捕捉容差，请单击菜单中的常规自定义工具（Preferences>General Preferences）旁边的图标□，然后从属性选项设置对话框中的左侧选择草图（Paint），并设置画笔曲线捕捉容差值（Brush curve snap tolerance），如图 2-59 所示，该值等于画笔能够捕捉到曲线时光标与曲线相距的像素值。

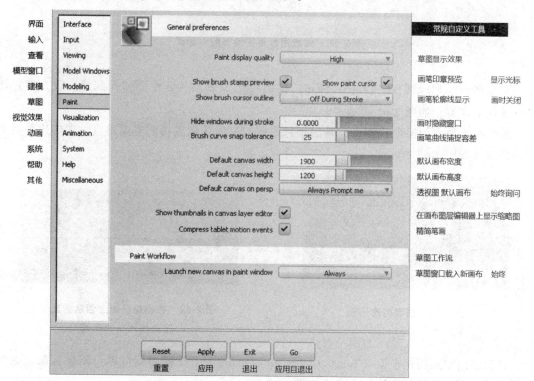

图 2-59　"常规自定义工具"属性选项设置对话框

沿曲线拖动画笔，并单击"曲线捕捉"（Curve Snap）按钮 ，或释放 Ctrl + Alt 键，取消激活曲线捕捉。

提示：也可以捕捉到不可见曲线或位于不可见层上的曲线。

2.2.2 ALIAS 关于构建平面和参考平面

ALIAS 采用世界空间坐标系，也就是 *XYZ* 坐标系。构建平面则可以帮助操作者建立不同于世界坐标系的参考坐标系，这个坐标系可以是通过移动或旋转绝对世界空间坐标系得到的，也可以源于相对于曲线或曲面定位的参考平面。构建平面处于激活状态时，新建的点或输入的坐标参数是相对构建平面的坐标系而言的，不再使用世界空间坐标系。

一个场景中仅有一个构建平面（即当前构建平面），其他平面称为参考平面。使用构建平面（Plane）工具可创建参考平面，参考平面可作为平面对象，也可作为构建平面，两者可以转换。

例如，创建一条曲线，使其垂直于图 2-60 所示曲线的末端。如果使用世界空间坐标系完成这个操作比较困难，可以考虑使用构建平面。

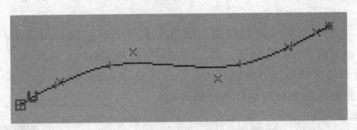

图 2-60　曲线用作草图绘制的引导线

首先单击"曲线捕捉"（Curve Snap）按钮 ，将新的构建平面捕捉到该曲线并将它移动到曲线的末端，如图 2-61 所示。

新坐标系原点为原曲线端点，新的坐标平面与原曲线端点切向方向垂直，在构建平面上绘制的曲线如图 2-62 所示。

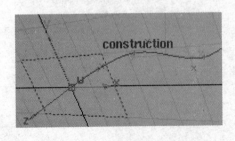

图 2-61　创建构建平面

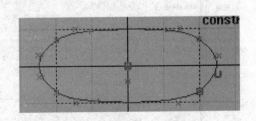

图 2-62　在构建平面上创建垂直于
原曲线端点的曲线

最后使用切换构建平面（Toggle Construction Plane）工具返回到世界空间坐标系，如图 2-63 所示，新的构建平面恰好垂直于原曲线的端点。

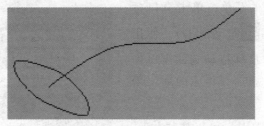

图2-63 返回空间坐标系

2.2.3 ALIAS 创建和编辑热键

为了更加快捷地进行工具和菜单操作，可以为其创建或编辑热键，增加双手功能操作，提高效率。首先，选择菜单中的热键/菜单编辑器工具（Preferences>Interface>Hotkeys/Menu Editor），弹出图2-64所示的"热键/菜单编辑器"对话框，在工具名称或菜单项名称旁边的空格处可输入热键，或者对原有热键进行修改。

设置热键可以是：字母（对于单键热键）、功能键（如<F4>键，不要使用<F1>键）、控制键字符串（<Alt>键、<Shift>键和/或<Ctrl>键及其后面字母的组合字符串），然后按 Enter 键（Windows 系统）或 return 键（Mac 系统）。

如果输入单个字母，则仅当启用单键热键时才能使用该热键。选择菜单中的切换单键热键工具（Preferences > Interface > Toggle Single Hotkeys）可启用或禁用单键热键。当打开单键热键时，必须按 Tab 键或在提示行中单击，然后才能进行输入。

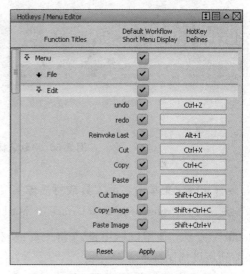

图2-64 "热键/菜单编辑器"对话框

提示：热键一般显示在菜单中的功能名称旁边。

2.2.4 ALIAS 标记菜单的使用

1. 标记菜单的操作

标记菜单可以帮助用户快速选择工具。按住 Shift + Ctrl 键（Windows 系统）或 Shift + Control 键（Mac 系统），在按住左、中、右键时，鼠标指针的位置显示不同的标记菜单，如图2-65所示。按住鼠标键并向工具名称拖动，黑色的粗线表示鼠标指针的方向，也就是指向将要选中的工具，松开鼠标键即可选择相应的工具。

2. 自定义标记菜单

用户可以将工具或诊断材质球添加到标记菜单中。选择菜单中的标记菜单工具（Preferences>Interface>Marking Menus），弹出图2-66所示的"默认标记菜单工具架"窗口（右边

的方框是该工具架窗口的菜单，单击窗口标题栏中的管理菜单图标■即可弹出）。使用鼠标中键将工具或材质球拖动到此窗口中的一个工具架上，即可添加到相应的标记菜单中。

提示：设置标记菜单时，可以按住 Ctrl 键并双击图标，缩短该功能的名称，以减小标记菜单的宽度。

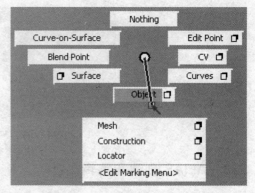

图 2-65　ALIAS 标记菜单的使用

3. 排列菜单上的工具和诊断材质球

标记菜单工具架上的工具或材质球在标记菜单中的位置顺序如图 2-67 所示。

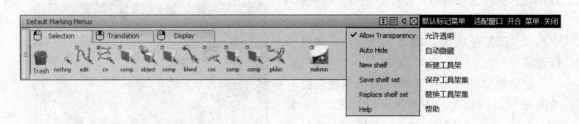

图 2-66　"默认标记菜单工具架"窗口

4. 从标记菜单中移除工具或材质球

选择"Preferences > Interface > Marking Menus"命令，使用鼠标中键将工具或材质球拖到垃圾桶图标上。

5. 重命名标记菜单中的工具或材质球

选择"Preferences > Interface > Marking Menus"命令，按住 Ctrl 键（Windows 系统）或 Control 键（Mac 系统）并双击该工具或材质球图标，即可对其重命名。

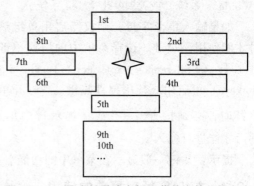

图 2-67　工具或材质球在标记菜单中的位置顺序

6. 交换标记菜单对应的鼠标键

选择"Preferences>Interface>Marking Menus"命令，按住 Ctrl 键（Windows 系统）或 Control 键（Mac 系统）并双击"标记菜单工具架"选项卡，将选项卡中的"标记菜单"（Marking Menus）选项更改为新的对应的鼠标键。

7. 创建、保存、载入不同的标记菜单集

选择"Preferences>Interface>Marking Menus"命令，弹出图 2-66 所示的"默认标记菜单工具架"窗口，单击窗口标题栏中的管理菜单图标■，或在标题栏的任意位置单击鼠标右键，即可访问"标记菜单工具架"窗口的管理菜单。

2.2.5　ALIAS 自定义工具架

单击菜单窗口选项（Windows>Shelves），弹出图 2-68 所示的"默认工具架"（Shelves）窗口（右边的方框是工具架窗口的菜单，单击窗口标题栏中的菜单图标▤即可弹出，与"标记菜单工具架"窗口的菜单内容一致）。默认工具架中除了垃圾筒外没有可用工具，用户可以自定义工具架集，图 2-69 所示为有两个自定义工具架集的工具架。

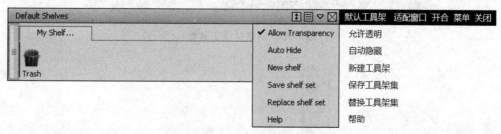

图 2-68　"默认工具架"窗口

单击图 2-68 所示的"默认工具架"窗口标题栏中的管理菜单图标▤，或在标题栏的任意位置单击鼠标右键，弹出工具架管理菜单。

（1）**创建工具架**　从"默认工具架"（Shelves）窗口标题栏上的管理菜单中选择"新建工具架"（New shelf）命令。

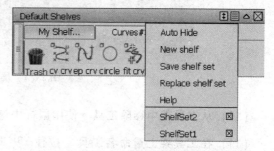

图 2-69　有两个自定义工具架集的工具架

（2）**移除工具架**　使用鼠标中键🖱将要移除的工具架选项卡拖到垃圾桶图标上。

（3）**重命名工具架**　按住 Ctrl 键（Windows 系统）或 Control 键（Mac 系统）并双击要重命名的工具架选项卡标题，输入新名称。

（4）**保存工具架**　从"默认工具架"（Shelves）窗口标题栏上的管理菜单中选择"保存工具架集"（Save shelf set）命令，该工具架集名称将显示在菜单底部，并且可以随时切换工具架集。

（5）**加载已保存的工具架集**　从"默认工具架"（Shelves）窗口标题栏上的管理菜单中选择该工具架集，或从"默认工具架"（Shelves）窗口标题栏的管理菜单中选择"替换工具架集"（Replace shelf set）命令，并在浏览器中选择相应的扩展名为 .scm 的文件。

（6）**删除已保存的工具架集**　从"默认工具架"（Shelves）窗口标题栏上的管理菜单中找到该工具架集，向下滚动到名称旁边的小删除图标，直至其变为红色，然后释放鼠标按键，在确认框中单击"Yes"按钮。

（7）**更改工具架窗口的位置**　选择菜单栏"Preferences>Interface>Palette/Shelves Layout▢"命令，为"默认工具架"窗口选择一个位置，然后单击"应用"后且退出（Go）。

（8）**将项目添加到工具架**　使用鼠标中键🖱将工具、菜单项、诊断材质球和构建平面选项拖到工具架。

（9）**在工具架中创建层叠工具组**　通过将工具添加到其他工具上，可以在工具架上创建层叠工具组。操作方法是：使用鼠标中键，将一个工具拖动到工具架上的另一个工具的顶部，显示一个向上指的大红箭头，松开鼠标中键，弹出一个确认框，输入新名称，如图2-70所示，然后单击"OK"按钮，则完成该设置（见图2-71）。

图 2-70　创建层叠工具组

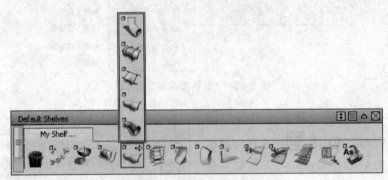

图 2-71　层叠工具组

（10）**从工具架中移除工具**　使用鼠标中键将该工具拖到垃圾桶图标上。

（11）**在工具架上重命名工具**　按住 Ctrl 键（Windows 系统）或 Control 键（Mac 系统）并双击要重命名的工具图标，输入新名称。

（12）**在工具架上复制工具**　按住 Ctrl 键（Windows 系统）或 Control 键（Mac 系统），并使用鼠标中键单击工具图标，将其拖到工具架上的其他位置，出现红色箭头，如果向上则表明会将该工具添加到一个层叠工具组。当到达所需的位置时，松开鼠标中键，完成该工具的复制，还可以更改工具的选项设置，操作方法是：双击工具图标，打开选项框，设置完后单击"保存"（Save）按钮。

2.2.6　ALIAS 创建自定义工具和诊断着色器

（1）**创建自定义工具或诊断着色器**　将一个工具或诊断着色器的副本拖动到工具架或标记菜单上，按住 Ctrl 键（Windows 系统）或 Control 键（Mac 系统）并双击工具副本就可以对其重命名，然后双击工具架上的工具或诊断着色器并设置其选项，单击"保存"（Save）按钮。

（2）**为工具架上的工具或诊断材质球自定义图标**　可以通过编辑工具图标的方式区分不同设置同一个工具的多个版本。按住 Alt 键（Windows 系统）或 ⌘ 键（Mac 系统）的同时双击工具架上的工具或材质球，显示一个确认对话框，指示图标文件已使用 TIFF 格式写入到 UserPrefs 下的 bitmaps \ small 文件夹，单击"继续"（Continue）按钮。使用选择的图像

编辑器应用程序修改图像文件，将其重新保存为相同的名称并保存到相同位置，重新启动ALIAS，即可更新为修改后的图标。

2.2.7　ALIAS 图层组织对象

通过层将相关的对象成组，既可以方便拾取、显示和编辑个别对象，也可以拾取、显示和编辑对象组。如果没有显示图层编辑栏，可以通过选择图层菜单栏"Layers>Toggle Layer Bar"命令，如图 2-4 所示，来调出 ALIAS 图层编辑栏。

（1）**创建新层**　选择图层菜单"Layers>New"命令。

（2）**重命名层**　在图层编辑栏中，双击需要重命名图层的名称，输入新名称。

（3）**设置当前图层**　在图层编辑栏中单击图层名，当前图层显示为黄色背景，如图 2-72所示，L1 为当前图层。

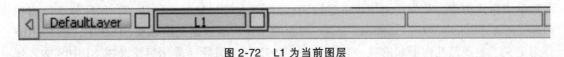

图 2-72　L1 为当前图层

（4）**将对象移至图层中**　选择要移动到某个图层的对象，在图层编辑栏中单击该层，从弹出的菜单中选择"指定"（Assign）命令。

（5）**创建空的图层文件夹**　选择菜单"Layers>New Folder"命令，在图层编辑栏的图层上单击鼠标右键，然后选择"新建图层文件夹"（New Layer Folder）命令。

（6）**将图层放入图层文件夹**　在图层编辑栏中，使用鼠标中键将图层拖动到图层文件夹中；或者选择要指定的图层，然后在图层文件夹上单击鼠标右键，选择"指定图层"（Assign Layers）命令。

（7）**创建包含选定图层的图层文件夹**　在图层编辑栏中，选择图层，单击鼠标右键，然后选择"插入包含选定图层的图层文件夹"（Insert New Layer Folder From Layers）命令。

（8）**复制图层文件夹及其内容**　在图层编辑栏中，选择图层文件夹，单击鼠标右键，然后选择"复制图层文件夹及其内容"（Duplicate Folder（s）and Contents）命令。

本 章 小 结

本章主要解构了 ALIAS 2017 的基本布局，讲解了 ALIAS 的主要功能模块、基本界面和界面设置。ALIAS 是一个专业领域的设计工具软件，操作界面比较复杂，需要读者用较长的时间来适应其操作方式。只有当熟悉了 ALIAS 的操作界面后，才能发挥出这个工具的功效。作为初学者，没有必要对本章内容死记硬背，而是通过本章的学习，大致了解 ALIAS 的基本知识，在后续学习中遇到一些操作或设置的问题时，再回本章来查阅。随着软件的不断的完善更新，有些操作方式会发生变化，本章内容可以作为未来学习的参考资料。

第3章

曲线曲面基础

3.1 NURBS 曲线曲面基础

NURBS (Non-Uniform Rational B-Splines) 是指非均匀有理 B 样条，NURBS 曲线和曲面由数学表达式构建，是为使用计算机进行 3D 建模而专门构建的。1991 年，国际标准化组织 (International Standard Organization, ISO) 颁布的工业产品数据交换标准 STEP 中，把 NURBS 作为定义工业产品几何形状的唯一数学方法。1992 年，国际标准化组织又将 NURBS 纳入规定独立于设备的交互图形编程接口的国际标准 PHIGS（程序员层次交互图形系统）中，作为 PHIGS Plus 的扩充部分，Bezier、有理 Bezier、均匀 B 样条和非均匀 B 样条都被统一到 NURBS 中。

3.1.1 NURBS 的意义

NURBS 可以分成三部分来理解。

1. 非均匀性

NURBS 中每个 CV 点都有权重。权重是指一个控制顶点的影响力范围。曲线的均匀性是指 CV 点的权重是否一致，如果一致就是均匀的，否则就是非均匀（Non-Uniform）的。CV 点的权重（weight）可以改变（选中 CV 点后打开 Information window 修改）。这样有利于创建不规则曲面，但修改后的模型属性会变复杂，可编辑性变差，因此需要谨慎修改。图 3-1 所示为非均匀的和均匀的 NURBS。

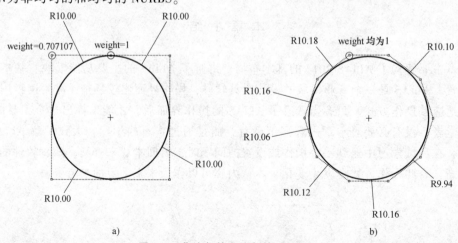

图 3-1　非均匀的和均匀的 NURBS

a) 非均匀的 NURBS　b) 均匀的 NURBS

2. 有理性

有理性（Rational）指每个 NURBS 物体都可以用有理多项式表达。ALIAS 中提到的曲线或曲面阶数（Degree）就是该多项式中的最大指数。因此根据数学常识，在 ALIAS 中，直线的阶数为 1，抛物线的阶数为 2，阶数越高，曲线越圆滑。一般来讲，如果采用多跨度（Span，连续编辑点之间的曲线部分为一个跨度），那么 3 阶多项式就能表达大多数曲线了，ALIAS 中默认曲线的阶数就是 3。每个曲线跨度的 CV 点个数受曲线阶数的控

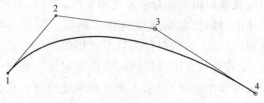

图 3-2　一个跨度的 3 阶曲线

制，图 3-2 所示为一个跨度的 3 阶曲线，包括 4 个 CV 点，其中点 1 和点 4 既是 CV 点，也是与其他曲线相邻的两个编辑点。NURBS 曲线在 CV 点数量不变的情况下，可以用更高的曲线阶数来精简跨度。

增大曲线阶数可以实现高阶连续性，汽车设计中常使用阶数为 5 和 7 的曲线，这些曲线更平滑，内部连续性更好，可以进行更精确的控制。注意，ALIAS 软件可支持的最高曲线或曲面阶数为 9，但曲线曲面阶数不大于 7 是行业内的普遍规定，同时曲线的阶数可能会影响 CAD 软件间的数据传输，某些软件可能无法接收阶数大于 3 的曲线。在曲面 U 和 V 两个方向上可以采用不同的阶数。例如，在曲面 U 方向上可以采用阶数 3，而在 V 方向上可以采用阶数 5。图 3-3 表达了阶数对曲线光滑程度的影响。

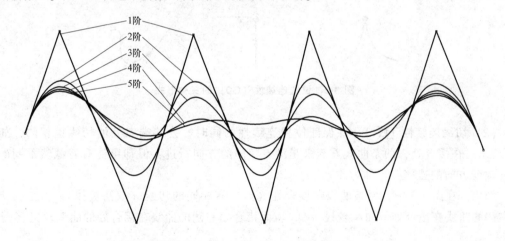

图 3-3　相同 CV 点不同阶数曲线对比

NURBS 除可表示自由曲线外，还可以表示精确的二次曲线，如抛物线、圆和椭圆。

3. B 样条（基本样条）曲线

B 样条（Basis-Spline）曲线是采用参数表示法的分段多项式曲线，是非常平滑的近似样条曲线。B 样条曲线是 Beizer 曲线的一般化，是 NURBS 的重要基础，它涉及到较深的数学领域的知识，不需要设计师掌握。

NURBS 是当前主流建模软件中描述和定义曲线的通用标准，大多数工业产品造型总是由 NURBS 曲线和曲面来表达的。我们可以使用 NURBS 做出各种复杂的曲面造型和表现特殊的效果，如人的皮肤、面貌或流线型的跑车等。

3.1.2 连续性

连续性是对两个曲线或曲面相互衔接的情况的几何意义的表达。提高连续性级别可以使曲线或曲面相交处看起来更加平滑。汽车 A 面模型的主要关键大面需要保证 G3 连续性，如车体的对称处和前后保险杠大面等。行业中都不采用 G3 以上的费时费力且不实用的连续方式，而且 G3 连续性也不是任何部位都需要的，模型上的相关连续性达到 G2 后人眼看起来就没有什么区别了。连续性没有好坏之分，不是说 G3 连续性就一定好于 G1 连续性，要在合适的部位选择合适的连续方式。例如，在光顺造型的汽车发动机盖对称处应保证大面的 G3 连续性，而在中央棱线造型的汽车发动机盖对称处先设置大面为 G0 连续性，再进行倒角处理。

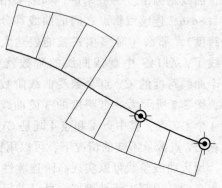

图 3-4　位置连续性（G0）

ALIAS 包含五种连续性类型：G0～G4。注意，G3 和 G4 连续性只适用于过渡曲线或曲面。

（1）位置连续性（G0） 两条曲线的端点完全重合，如图 3-4 所示。图 3-5 所示为位置连续性（G0）的三种形式。

图 3-5　位置连续性（G0）的三种形式

（2）切线连续性（G1） 在保证位置连续性的同时，公共端点处的切线也相同，如图 3-6 所示。在接合处，两条曲线看起来是沿着相同的方向行进，但却可能有着截然不同的速度（改变方向的速率，也称为曲率）。

例如，在图 3-7 中，两条曲线在接合处（点）有相同的切线（双箭头线）。但是，接合处左侧的曲线在接合处的曲率较慢（低），而接合处右侧的曲线在接合处的曲率较快（高）。

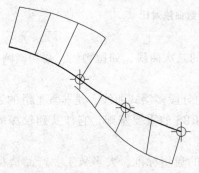

图 3-6　切线连续性（G1）

图 3-7　位置切线相同而
曲率不同的一种形式

（3）**曲率连续性（G2）** 在保持切线相同的同时，在公共端点处两条曲线的曲率也相同，如图 3-8 所示。两条曲线在接合处具有相同的曲率。

（4）**曲率变化率连续性（G3）** 在保持曲率连续性（G2）的同时，曲线之间的曲率变化率也相同，如图 3-9 所示。

（5）**曲率变化率的变化率连续性（G4）** 在保持 G3 连续性的同时，曲线之间曲率变化率的变化率也相同，如图 3-10 所示。这是最平滑的接合类型。

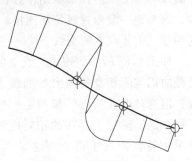

图 3-8 曲率连续性（G2）

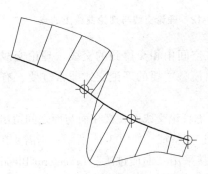

图 3-9 曲率变化率连续性（G3）

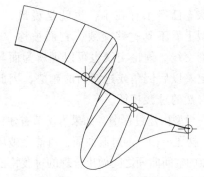

图 3-10 曲率变化率的变化率连续性（G4）

曲线之间的连续性差异主要表现为曲率变化，不同的连续性对于曲面衔接时的光影效果会产生直接的影响，可以通过斑马线检测检查曲面的光影变化，G2 以上的连续性对光影的影响已经不太显著，如图 3-11 所示。

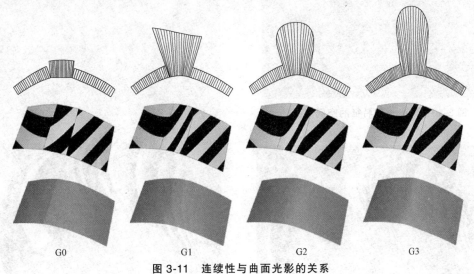

图 3-11 连续性与曲面光影的关系

3.1.3 理论交线

理论上，面是没有边界的，面与面只有平行和相交两种状态，面与面相交得到的共有重

合曲线称为交线。在模型制作过程中，由于设计需要，面有边界，不平行也没有出现实体交线，面与面一般由过渡特征连接。为了做出具有真实效果的模型，过渡特征的制作必须参考这种理论上才存在的交线。

如图 3-12 所示，理论交线上的点就是曲面实际相交所得到的曲线上的点，但这种点在所做的模型上一般是不存在的，模型上存在的相对应的点是图中特征曲线上的点。这是因为，在模型制作的最后阶段，运用过渡特征和倒角细化模型后，面与面实际相交的状态已经不存在了，也就是说最终模型上看不到这些交线，它们被称

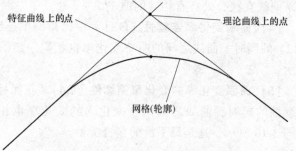

图 3-12　理论交线与理论曲线上的点

为理论交线。理论交线也可以理解为面与面延伸后在空间中相交得到的交线。理论交线的趋势决定着以后倒角或过渡面的趋势，因此准确定义出模型主要的理论交线非常重要，有利于做出自然的过渡特征。

在模型构建过程中，如果为了节省建模时间，不考虑理论交线而直接在面与面之间留出大致缝隙，构建出相应的过渡曲面，可能会破坏模型的相关造型特征。如图 3-13 所示；当需要在两个有缝隙的空间曲面之间做出合理的过渡特征时，如果直接采用"曲面过渡"（Freeform Blend）工具构建这个过渡曲面，会出现图 3-14 所示效果，显然不够自然。如果使用"延伸对象"（Extend）工具先将两个空间曲面延伸，做出真实的相交状态，并使用"曲面倒角"（Surface Fillet）工具对两个相交曲面进行倒角，如图 3-15 所示，制作出的过渡特征更加自然。

图 3-13　缺少过渡特征的空间曲面

图 3-14　使用曲面过渡（Freeform Blend）
　　　　　工具在缝隙处构建过渡曲面

图 3-15　通过理论交线制作过渡特征

之所以会发生这样的偏差，主要是由于预留的缝隙和现在的倒角边界的位置与趋势相差比较大。为了避免这种偏差，应该在考虑理论交线的基础上制作过渡自然的过渡特征。

3.2　ALIAS 常用曲线曲面工具

3.2.1　曲线绘制工具

1. ⚪ **"圆形"曲线工具**

工具箱的"圆形"（Circle）（Curves>Primitives>Circle）曲线工具可以创建平面圆形 NURBS 曲线。双击"圆形"工具图标，弹出图 3-16 所示的"圆形选项"（Circle Options）对话框。

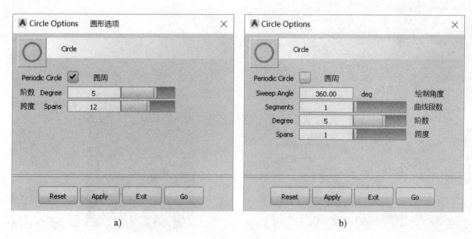

图 3-16　"圆形选项"对话框

（1）勾选"圆周"（Periodic Circle）选项（图 3-16a）　圆形为闭合曲线，其第一个跨距和最后一个跨距重叠。

阶数（Degree）：NURBS 曲线的阶数，值的范围为 1~7，默认值为 5。

跨度（Spans）：曲线上的细分数，默认值为 12，可对其操作的基本体形状通常具有 4 个细分，通常不需要使用 20 个以上的细分。

（2）取消勾选"圆周"（Periodic Circle）选项（图 3-16b）　圆形为开放的圆弧曲线，在第一个 CV 点和最后一个 CV 点相接触时，也可以通过将首尾两个 CV 点移开而获得开放的曲线。

绘制角度（Sweep Angle）：围绕圆的中心旋转的度数。例如，如果输入 180°，ALIAS 软件将创建一个半圆弧。

曲线段数（Segments）：所绘制圆弧的曲线段数。

阶数（Degree）：所绘制圆弧的阶数，值的范围为 2~7，默认值为 5。

跨度（Spans）：所绘制圆弧的跨度数，值的范围为 1~14，默认值为 1。

2. 🖉 **新建控制点曲线**

工具箱的"新建控制点曲线"（New CV Curve）（Curves>New Curves>New CV

Curve）工具可以通过放置控制（CV）点来创建新的 NURBS 曲线。双击"新建控制点曲线"工具图标，弹出图 3-17 所示的"新建控制点曲线选项"（New CV Curve Options）对话框。

节点间距（Knot Spacing）是编辑点的参数类型，默认为"统一"（Uniform）。曲线阶数（Curve Degree）默认值为 3。勾选"先于阶数"（Progressive Degree）选项后，在放置 2 个 CV 点之后显示曲线，否则需要放置（阶数+1）个 CV 点后才会生成曲线。

绘制曲线的第一个 CV 点显示为方形，第二个 CV 点显示为"U"形，第三个及其后面的 CV 点显示为"十"字形，如图 3-18 所示这有助于表现曲线的方向。

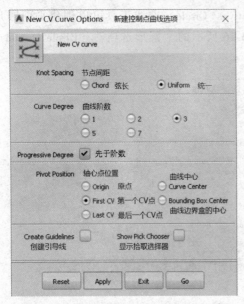

图 3-17 "新建控制点曲线选项"对话框

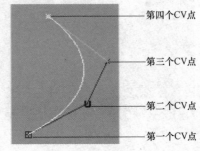

图 3-18 三阶曲线的 CV 点

3. 新建编辑点曲线

工具箱的"新建编辑点曲线"（New Edit Point Curve）（Curves>New Curves>New Edit Point Curve）工具可以通过放置编辑点来创建新的 NURBS 曲线。双击"新建编辑点曲线"工具图标，弹出图 3-19 所示的"新建编辑点曲线选项"（New Edit Point Curve Options）对话框。

（1）**绘制新曲线**　设置好选项后，选择该工具可以开始绘制曲线。在视图窗口中单击可以放置新曲线的编辑点，或在命令提示栏输入编辑点的位置坐标。如果绘制 4 个编辑点，如图 3-20 所示，CV 点有 6 个，首尾的编辑点与 CV 点重合。当再次选择该工具时，可以开始绘制另一条曲线。

提示：可以在不同的视图窗口之间绘制曲线。例如，在顶视（Top）窗口绘制曲线的第一个点，在后视（Back）窗口绘制曲线的第二个点，依此类推。

（2）**使用直线连接两个点**　选择"新建编辑点曲线"工具，捕捉第一个点，然后再捕捉第二个点，新曲线是两个点之间的一条直线。如果想要使曲线具有切线连续性或曲率连续性，可以使用工具箱中的"Align"工具（Object Edit>Align>Align）设置新曲线与原有对象对齐。

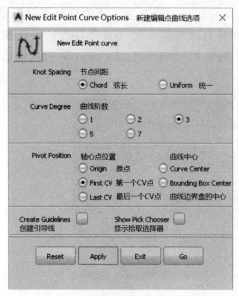

图 3-19 "新建编辑点曲线选项"对话框

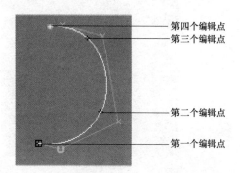

第四个编辑点
第三个编辑点

第二个编辑点

第一个编辑点

图 3-20 三阶曲线的编辑点

4. 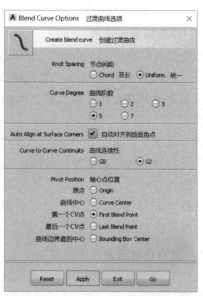 过渡曲线工具

如图 3-21 所示,"过渡曲线"(Blend Curve Create)工具是通过放置曲线形状约束来绘制的特殊自由曲线。对于过渡曲线是 NURBS 曲线,所有曲线工具都对它都适用。

可以通过设置约束来创建过渡曲线,如过渡曲线应通过空间中的哪些点、过渡曲线应与哪些曲面相切、过渡曲线应与哪些现有曲线相交、过渡曲线在某个点应沿着哪个方向行进等。使用过渡曲线工具可以绘制符合约束的曲线,并且当约束本身或约束对象发生变化时,系统自动更新该过渡曲线。

双击"新建过渡曲线"(new)图标 ,弹出图 3-22 所示的"过渡曲线选项"(Blend Curve Options)对话框。

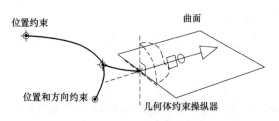

位置约束

曲面

位置和方向约束

几何体约束操纵器

图 3-21 过渡曲线的约束

图 3-22 "过渡曲线选项"对话框

当"自动对齐到曲面角点"（Auto Align at Surface Corners）选项处于勾选状态（默认）时，与曲面（或修剪曲面）的角点对齐的过渡曲线将自动与某个边（或修剪边）保证曲率连续性。图3-23所示为"自动对齐到曲面角点"（Auto Align at Surface Corners）选项勾选与否的两种效果。

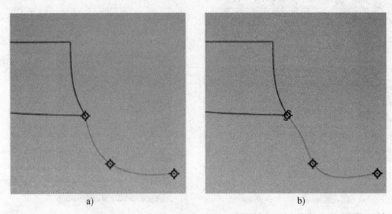

a)   b)

图 3-23 "过渡曲线自动对齐到曲面角点"选项勾选与否的两种效果

a）未勾选 b）勾选

双击"新建过渡曲线"（new）图标 ∿，单击左键，放置起点。如果起点放置在曲线、曲面或网格上，则系统自动将过渡曲线在起点（用一个稍有不同的图标显示）处与该几何体连接，用户可以按住鼠标左键的同时在几何体上拖动新约束（过渡点）。默认情况下，新的过渡曲线与其连接的曲线或曲面具有曲率连续性（G2）。

提示：如果几何体重叠，该工具无法识别具体捕捉到哪个几何体，将显示拾取选择器，由用户选择希望捕捉到的几何特征即可。

3.2.2 曲线编辑工具

1. ∿ 复制曲线工具

双击工具箱中"复制曲线"（Duplicate Curve）（Curve Edit>Create>Duplicate Curve）工具图标，弹出图3-24所示的"复制曲线"（Duplicate Curve）属性选项设置对话框。

复制曲线共有6种复制类型（Duplicate Type），除第一种外其他类型均在复制曲线之后重建曲线。

控制选项（Control Options）有5个。其中，勾选"交互式"（Interactive）选项后，应指定需要复制的任意曲面等参曲线，而不是可见曲线。勾选"链式选择"（Chain Select）选项后，选择曲线时，还会选择与其切线连续的所有其他曲线。

选择"复制曲线"工具，可以复制之前拾取的所有曲线，以及在该工具处于激活状态时拾取所有的曲线。

2. ⬚ 自由过渡曲线工具

利用"自由过渡曲线"（Freeform Curve Blend）工具可以在两条现有曲线、面上线或边之间创建过渡曲线。

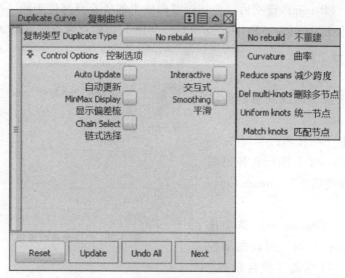

图 3-24 "复制曲线"属性选项设置对话框

双击工具箱中"自由过渡曲线"（Curve Edit > Create > Freeform Curve Blend）工具图标，显示图 3-25 所示的"自由过渡曲线"（Freeform Curve Blend Control）属性选项设置对话框。

关于 A、B 边连续性设置（Side A/B Continuity）时，可以选择"G0 位置连续"（G0 Position）、"G1 切线连续"（G1 Tangent）、"G2 曲率连续"（G2 curvature）或"G3 曲率连续"（G3 curvature），以确定过渡曲线和原曲线之间的连续性类型，并且可以分别对 A 边和 B 边（过渡曲线和原曲线之间）指定不同的连续性设置。当设置为"G2 曲率连续"（G2 curvature）或"G3 曲率连续"（G3 curvature）时，工具会调整过渡曲线的阶数，使曲线有足够的 CV 点提供所需的连续

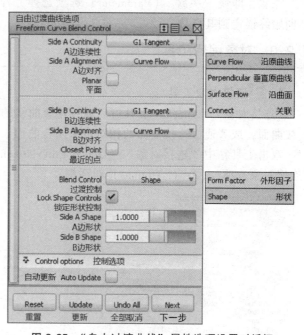

图 3-25 "自由过渡曲线"属性选项设置对话框

性。例如，当保证一边按 G2 连续时，过渡曲线自动设置为 4 阶；当保证两边按 G2 连续时，过渡曲线自动设置为 5 阶。

关于 A、B 边对齐设置（Side A/B Alignment）时，有四种方式：沿原曲线（Curve Flow）对齐；垂直原曲线（Perpendicular）对齐；沿曲面（Surface Flow）对齐，在过渡点处将过渡曲线对齐于边或面上线、等参线等；关联（Connect）对齐，在过渡点处将过渡曲线对齐到主曲线，以使其与相反的过渡点一致。

勾选"平面"（Planar）选项后，会使过渡曲线上的所有点都位于同一平面上。

勾选"最近的点"（Closest Point）选项后，会使 B 边的过渡点最靠近 A 边的过渡点。

3. 拉伸曲线工具

"拉伸曲线"（Stretch）工具通过移动曲线的控制柄来拉伸曲线或重塑曲线形状。

双击工具箱中"拉伸曲线"（Curve Edit>Modify>Stretch）工具图标，弹出图 3-26 所示的拉伸曲线选项"（Stretch Curve Options）对话框。

如果"参数"（Parameter）选项选择"浮动"（Floating）时，可以拖动控制柄沿曲线滑动，以调整"拉伸曲线"

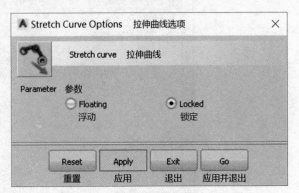

图 3-26 "拉伸曲线选项"对话框

（Stretch）工具对曲线的调节位置；如果选择"锁定"（locked），则控制柄无变化。

注意，即使"参数"（Parameter）选项选择"浮动"（Floating），第一个和最后一个控制柄始终锁定到其参数。

3.2.3 对象编辑工具

1. 连接对象工具

"连接对象"（Attach）工具可以通过连接曲线的端点来连接曲线，通过连接曲面的边来连接曲面，或者通过连接曲面的相对边来闭合曲面。

双击工具箱中"连接对象"（Object Edit>Attach>Attach）工具图标，弹出图 3-27 所示"连接对象选项"（Attach Options）对话框。

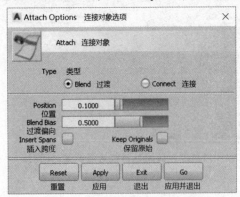

图 3-27 "连接对象选项"对话框

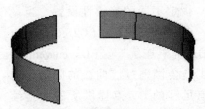

图 3-28 两个待连接的对象

连接对象（Attach）共有两种类型（Type），过渡（Blend）型和直接连接（Connect）型。

过渡（Blend）型连接：用过渡的方式将两个待连接对象（图 3-28）的端点/边连接在一起，如图 3-29 所示，并且可以通过"过渡偏向"（Blend Bias）选项控制两个对象的偏移程度。

直接型连接（Connect）是创建一个平直跨度，将两个待连接对象（图 3-28）连接在一起，如图 3-30 所示。直接连接（Connect）型不会修改原始对象的形状。

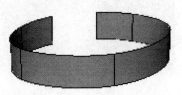

图 3-29 过渡（Blend）型连接

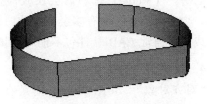

图 3-30 直接连接（Connect）型

2. 打断对象工具

利用"打断对象"（Detach）工具可以在任意点将曲线或曲面分离为两个或更多个对象。

双击工具箱中"打断对象"（Object Edit>Attach>Detach）工具图标，弹出图 3-31 所示的"打断对象选项"（Detach Options）对话框。

勾选"保留原始"（Keep Originals）选项后，除生成打断后的新对象外，还保留原始对象。

3. 延伸对象工具

"延伸对象"（Extend）工具是通过添加新几何体延伸曲线或曲面，使其超出当前端点或边。

双击工具箱中"延伸对象"（Object Edit>Extend）工具图标，弹出图 3-32 所示的"延伸对象选项"（Extend Object Options）对话框。

图 3-31 "打断对象选项"对话框

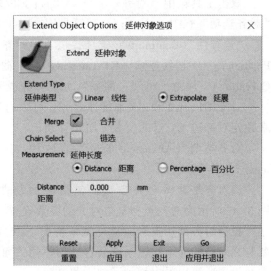

图 3-32 "延伸对象选项"对话框

延伸类型（Extend Type）有两种：线性（Linear）延伸型和延展（Extrapolate）型。线性延伸型是沿直线延伸曲线或曲面。如图 3-33 所示的原曲面，其线性延伸效果如图 3-34 所示，其延展效果如图 3-35 所示。可以看出，两种延伸方式产生的效果截然不同。

勾选"合并"（Merge）选项后，延伸部分与原始曲面将合并成为一个对象。该选项默认。注意，勾选"合并"（Merge）选项后会在线性延伸的交点处创建一个多余节点，而有多余节点的曲线不可用作构建曲线，且通常 CAD 软件包不能导入该类曲线。

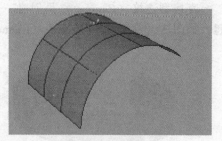

图 3-33 原曲面

4. 对齐对象工具

"对齐对象"（Align）工具是在 ALIAS Studio 2009 中引入的，旨在替代该工具的旧版本的 Align 2008，即 Align 08。利用"对齐对象"工具可以将一条曲线或曲面边与另一条曲线或曲面边按照连续性设定对齐。

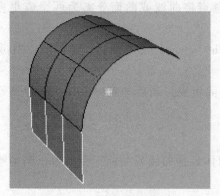

图 3-34 曲面线性延伸效果

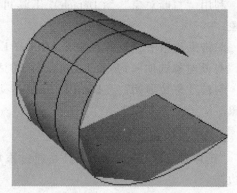

图 3-35 曲面延展效果

双击工具箱中"对齐对象"（Object Edit>Align>Align）弹出图标，弹出图 3-36 所示的"对齐选项"（Align Options）对话框。

"连续性"（Continuity）选项提供 4 种对齐几何体之间的连续性级别：G0 位置连续（G0 Position）、G1 切线连续（G1 Tangent）、G2 曲率连续（G2 Curvature）和 G3 曲率连续（G3 Curvature）。注意，出现"曲率"如无特殊说明，包括 G2 和 G3 两种曲率连续情况。

对于 G1、G2 和 G3 连续性对齐，可以通过勾选"锁定位置"（Lock Position Row）选项来锁定对齐边 CV 点的位置，防止移动。

对齐类型（Alignment Type）有两种：边对齐（Edge，默认选项）和投影对齐（Project）。

边对齐是默认对齐类型，包括曲面与曲面的边、等参线或面上线（CoS）的对齐，图 3-36a 所示为对齐类型是边对齐的参数设置。图 3-37 所示为边对齐效果。

投影对齐使用投影向量（默认情况下沿当前视图）将边与曲面对齐，曲面上不必存在要与之对齐的面上线，系统会自动创建相关面上线，图 3-36b 所示为对齐类型是投影对齐的参数设置，可以看出增加了"向量选项"（Vector Options）部分，用户可以定义向量，默认向量方向基于当前视图。图 3-38 所示为投影对齐效果。

5. 构建历史工具

利用工具箱的"构建历史"（Qurery Edit）（Object Edit>Query Edit）工具，可以通过单击对象打开其"构建历史选项"对话框，或者在一个对象上右击以显示有关其几何体的

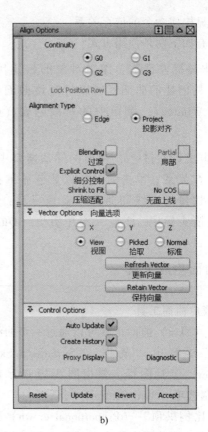

图 3-36 "对齐选项"对话框

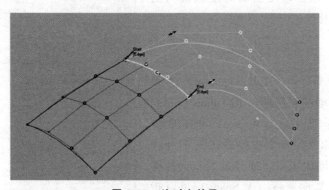

图 3-37 边对齐效果

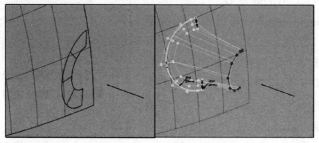

图 3-38 投影对齐效果

信息，并亮显构建命令的依存关系。

该工具有如下两种使用方式：

1）单击鼠标左键，编辑对象的构建历史。例如，单击使用"扫掠曲面"（Rail Surface）工具创建的曲面，可以打开该曲面的"构建历史选项"对话框。注意，也可以在窗口（Windows）菜单中的对象列表（Object Lister，Windows>Object Lister）中单击对象。

2）单击鼠标右键，弹出的浮动窗口中显示某个对象的模型信息，并高亮显示构建命令的依存关系。单击的对象以黄色显示；用于构建对象的曲线和曲面以绿色显示；基于该对象构建的曲线和曲面以蓝色显示；噪点将高亮显并带有红色箭头；壳中的开放边以红色箭头标记。注意，构建历史（Query Edit）拾取选择器菜单中仅显示带历史记录的项。

3.2.4 曲面生成工具

1. **蒙皮曲面工具**

"蒙皮"（Skin）曲面工具可以通过一组曲线创建曲面。

双击工具箱中"蒙皮"（Surfaces > Skin Surfaces>Skin）工具图标，弹出图 3-39 所示的"蒙皮"控制选项（Skin Control）对话框。

勾选"比例拱顶"（Proportional crown）选项后，可升高或降低两个输入曲线集之间曲面的中点，如图 3-40 所示，以使曲面高度或拱与曲线之间的距离成正比。

勾选"翻转"（Flip）选项后，可以翻转至反的方向。

勾选"精细控制"（Explicit control）选项后，可以打开"精确控制选项"（Explicit Control Options），通过 U 向阶数（U degree）和 V 向阶数（V degree）可以指定新蒙皮曲面在 U 向和 V 向的阶数，值的范围为 1~7，通过最大 U 向跨度（Max U Spans）和 V 向跨度（V Spans）可以指定蒙皮曲面在 U 向和 V 向的跨度数。

"流控制"（Flow Control）选项中，在指定"起始"（Start）和"结束"（End）选项中，可以通过每个输入曲线集上的捕捉点来定义曲面的范围。捕捉点可以定义到以下位置：①默认（Default），从一个曲线集端点到另一个曲线集端点的最近点。②延伸（Extend），延伸曲面的末端以匹配相反曲面的端点。③端点相连（Connect ends），将初始曲线集的端点连接到第二个

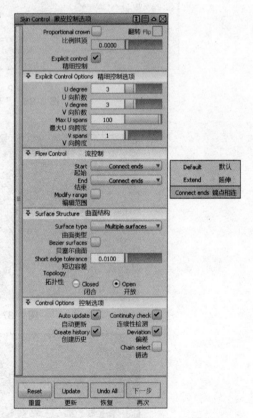

图 3-39 "蒙皮控制选项" 对话框

曲线集的端点，为默认选项。勾选 "编辑范围"（Modify range），可使用范围操纵器将每个曲线集的一部分定义为曲面输入。

"曲面结构"（Surface Structure）选项中，曲面类型（Surface type）有两种：单一蒙皮曲面（Single surface）和多蒙皮曲面（Multiple surfaces）。其中，选择 "多蒙皮曲面" 时，系统为选定的每条输入曲线创建一个单独的曲面，构建一个曲面组。

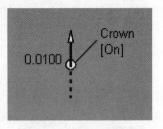

图 3-40 勾选 "比例拱顶" 选项的效果

2. 扫掠曲面工具

"扫掠曲面"（Rail Surface）工具顾名思义，是使用一条或两条 "轨道" 曲线来生成曲面的，如图 3-41 所示。在整个扫掠过程中，形状曲线与轨道保持在相同的点相接，就像火车在铁轨上行驶一样。确切来说，"扫掠曲面" 工具是通过沿一条或两条路径曲线（轨道）扫掠一条或多条轮廓曲线来创建曲面的。

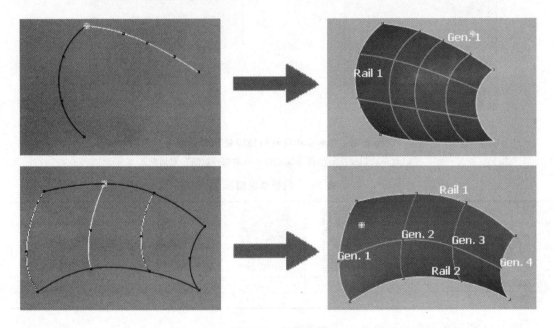

图 3-41 扫掠曲面

双击工具箱中 "扫掠曲面"（Surfaces>Swept Surfaces>Rail Surface）工具图标，弹出图 3-42 所示的 "单轨和双轨" 扫掠控制对话框。

"扫掠曲面" 工具图标的外观取决于扫掠曲面控制对话框中的形状曲线（Generation Curves）和轨道曲线（Rail Curves）设置，见表 3-1。

形状曲线是沿轨道曲线进行扫掠的曲线，可以有多条；轨道曲线一般只有一条或者两条。形状曲线 1 表示沿轨道曲线扫掠一条形状曲线；形状曲线 2 表示沿轨道曲线从起始形状曲线过渡到结束形状曲线，使用 "形状曲线过渡值"（Gen. Blend Value）滑块可以控制过渡曲线的中点；形状曲线 2+ 表示沿轨道曲线过渡一系列形状曲线。

计算机辅助汽车造型设计——ALIAS实例教程

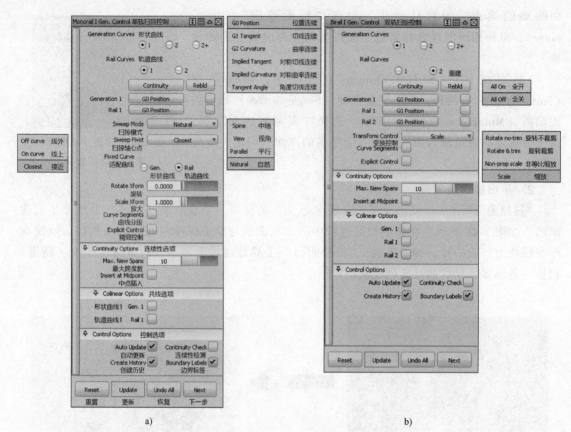

a)   b)

图 3-42   "单轨和双轨扫掠控制"对话框

a)"单轨扫掠控制"对话框   b)"双轨扫掠控制"对话框

表 3-1   扫掠曲面图标

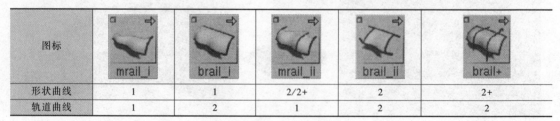

图标	mrail_i	brail_i	mrail_ii	brail_ii	brail+
形状曲线	1	1	2/2+	2	2+
轨道曲线	1	2	1	2	2

图 3-43 所示为扫掠曲面时的连续性设置。

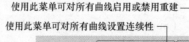

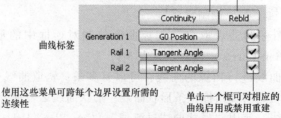

图 3-43   扫掠连续性设置

对曲线的重建可以优化参数以及在曲线非常复杂时降低新曲面的复杂性，还可以移除多余节点以及将轨道曲线中所有 CV 点的权重重置为 1，使用"重建"（Rebld）菜单可一次性为所有曲线启用或禁用重建功能。"重建所有内部形状曲线"（Rebuild Interior Gen. Curves）选项仅当形状曲线（Generation Curves）设置为 2+时才可用。

"连续性"（Continuity）设置有三种特殊方式：①对称切线连续（Implied Tangent，图 3-44），表示尽量与共享此边的对称曲面（指通过镜像新曲面创建的曲面）保持相切；②对称曲率连续（Implied Curvature），表示尽量保持与共享此边的对称曲面之间的曲率连续性；③角度切线连续（Tangent Angle），表示尽量以一定角度与共享此边的曲面保持相切。

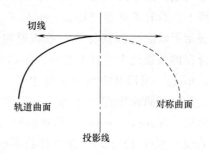

图 3-44　对称切线连续

对称切线连续（Implied Tangent）和对称曲率连续（Implied Curvature）功能很有用，可为对称曲面（如车身）的一半进行建模，并保持缝隙处的连续性，当复制曲面以创建对称曲面时，缝隙将已处于连续状态。

一条轨道的扫掠模式（Sweep Mode）有 4 种：①中轴（Spine），表示在形状曲线沿轨道进行扫掠时，使用中心曲线控制形状曲线的方向；②视角（View），表示当形状曲线沿轨道进行扫掠时，只在一个平面中旋转，保持形状曲线和轨道曲线之间的视角；③平行（Parallel），表示当形状曲线沿轨道进行扫掠时，保持其原始方向；④自然（Natural），表示当形状曲线沿轨道进行扫掠时，会进行旋转，从而保持与轨道曲线之间的角度不变。

扫掠轴心点（Sweep Pivot）仅当"轨道曲线"选项设置为 1 时才可用，可以自动或手动设置。当选择"线外"（Off curve）选项时，将轴心点设在轨道曲线外，并将形状曲线的轴心点设置为空间中的三维点，可以使用"轨道轴心点参数"（Rail Pivot Parameter）滑块为轨道曲线设置参数，使用"形状空间轴心点"（Gen. 1Space Pivot）框为形状曲线设置三维轴心点，如图 3-45 所示。

当选择"线上"（On curve）选项时，将轴心点设在两条曲线上。使用"轨道轴心点参数"（Rail Pivot Parameter）和"形状轴心点参数"（Gen. 1Pivot Parameter）滑块为每条曲线设置参数，如图 3-46 所示。

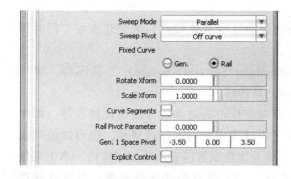

图 3-45　轴心点选择为"线外"（Off curve）

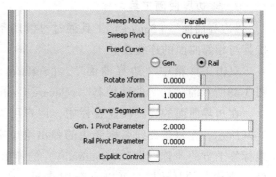

图 3-46　轴心点选择为"线上"（On curve）

当选择"最近"（Closest）选项时，将轴心点设置为两条曲线上最靠近的点。此选项是默认选项，当形状曲线靠近轨道曲线的起点或终点时，选择此选项可获得最佳效果。

如图 3-42b 所示，仅当"轨道曲线"选项设置为 2 时"变换控制"（Transform Control）才可用，用于修改形状曲线，使其在扫掠期间始终位于轨道曲线上。旋转不裁剪（Rotate no-trim），当形状曲线为 1 时才可用，表示形状曲线围绕与第一条轨道曲线的交点进行旋转，一直保持在两条轨道上，且不缩放，新曲面不裁剪。旋转裁剪（Rotate & trim），当形状曲线为 1 时才可用，大部分与旋转不裁剪相同，但是将新曲面中超出任意一条轨道曲线的部分修剪掉。非等比缩放（Non-prop scale），沿连接轨道曲线的向量非等比缩放形状曲线。缩放（Scale），按等比将形状曲线缩放至所需的尺寸，以使该曲线保持在两条轨道曲线上。

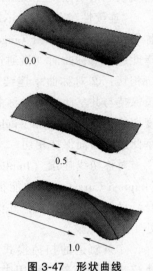

图 3-47　形状曲线
过渡值的设置效果

"过渡控制"（Blend Control）在形状曲线为 2 时显示，可以通过形状曲线过渡值（Gen. Blend Value）滑块来控制两条形状曲线间过渡部分的中点。图 3-47 所示为形状曲线过渡值的设置效果。

"最大跨度数"（Max. New Spans）指定尝试保持所要求的连续性级别时可以添加到曲面中的最大跨度数（在 U 方向和 V 方向上），如果此数字设置太小，在某些边上可能会出现不连续的情况。当勾选"精细控制"选项时，最大跨度数不可用。

"中点插入"（Insert at Midpoint）可以在连续性偏差最大的跨度的中点处插入额外的编辑点，它是默认设置，可以使等参曲线分布更好。当勾选"精细控制"选项时，不可用中心插入。

"共线选项"（Colinear Options）可以设置新曲面的等参曲线通过哪些边界与相邻曲面对齐。

"控制选项"（Control Options）中的边界标签（Boundary Labels）可以在视图窗口中为形状曲线、轨道曲线和中心曲线设置标签，显示所需的连续性种类、连续性是否失败，以及哪些对称切线。

3. 边界曲面工具

"边界曲面"（Square）工具通过过渡四条边界曲线（或曲线段）来创建曲面，同时保持其与相邻曲面的连续性。

双击工具箱中"边界曲面"（Surfaces > Boundary Surfaces > Square）工具图标，弹出图 3-48所示的"边界曲面控制"（Square Control）对话框。

在边界曲面的连续性设置栏中，用户可以针对操作中的每条边界曲线设置参数，如图 3-49 所示，在每条曲线名称旁边的弹出菜单中可以设置曲线的连续性级别，也可以使用曲线标签上方的"连续性"（Continuity）的弹出菜单一次性设置所有曲线的连续性。单击末尾处"重构"的复选框，可以重新构建相应的曲线，以精简数据并优化参数。也可以使用"重建"（Rebld）弹出菜单一次性为所有曲线启用或禁用重建功能。

图 3-48 "边界曲面控制"对话框

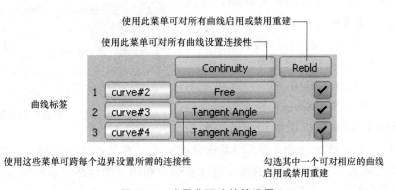

曲线标签

使用此菜单可对所有曲线启用或禁用重建
使用此菜单可对所有曲线设置连接性
使用这些菜单可跨每个边界设置所需的连接性
勾选其中一个可对相应的曲线
启用或禁用重建

图 3-49 边界曲面连续性设置

  边界曲面的过渡类型（Blend Type）有两种：线性（Linear）过渡和立方（Cubic）过渡。线性过渡指仅使用边界曲线的相关信息构建曲面的内部，边界的插值为线性，利用四条边界曲线的自由 CV 点（CV 点不由连续性选项控制）进行过渡，如图 3-50 所示。立方过渡指使用切线（对于切线连续性边）或切线和曲率信息（对于曲率边）构建曲面内部，边界的插值是 3 次（满足切线连续性）或 5 次（满足曲率连续性），如图 3-51 所示。根据切线和曲率功能区的变化程度，立方过渡的稳定性可能会比线性过渡差很多。

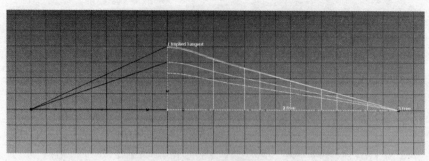

图 3-50　线性过渡

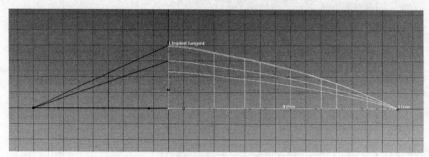

图 3-51　立方过渡

"1-3 边过渡"（1-3 Boundary Blend）和"2-4 边过渡"（2-4 Boundary Blend）的滑块可控制相对边界的相等影响力，也就是边 1 和边 3 之间以及边 2 和边 4 之间过渡部分的中点，值的有效范围为 0.17~0.83。由于需要重新计算连续性，使用边过渡滑块更改曲面时，软件的反应速度将非常慢，对于非常复杂的曲面，或者当使用曲率连续（G2 Curvature）或角度切线连续（Tangent Angle）时，可能需要禁用"自动更新"（Auto Update）选项。

勾选"精细控制"（Explicit Control）选项后打开"精确控制选项"（Explicit Control Options），如图 3-52 所示，用户可以明确指定曲面在 U 方向和 V 方向的阶数和跨度数。

"连续性"（Continuity Options）选项里的"最大跨度数"（Max. New Spans）指定尝试保持所要求的连续性级别时可以添加到曲面中的最

Explicit Control Options	精确控制选项	
U 向阶数　U degree	3	
V 向阶数　V degree	3	
U 向跨度数　U spans	1	
V 向跨度数　V spans	1	

图 3-52　精确控制选项

大跨度数（在 U 方向和 V 方向上），如果此数字太小，在某些边上可能会出现不连续的情况。如果只有在插入多于允许数量的跨度时才能实现相切，则会在提示行显示错误。当勾选"精细控制"选项时，最大跨度数不可用。

余下各选项的使用细则可参看"扫掠曲面"工具。

4. 曲面倒角工具

"曲面倒角"（Surface Fillet）工具可以在两个曲面或两组曲面之间创建倒角曲面。

双击工具箱中"曲面倒角"（Surfaces>Multi-Surface Fillet>Surface Fillet）工具图标，弹出图 3-53 所示的"曲面倒角控制"对话框。

曲面倒角的构建类型（Construction Type）有两种：半径（Radius）型和弦长（Chord）

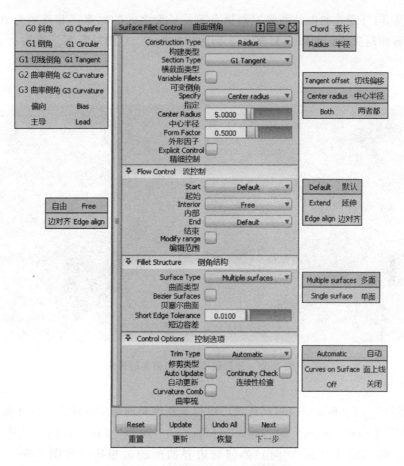

图 3-53 "曲面倒角控制"对话框

型，半径型是在倒角中心或切线位置处生成半径值可控的球面；弦长型是在倒角的两条边之间生成距离可控的球面。

曲面倒角的横截面类型（Section Type）中，可以对输入曲面的边设置 7 种不同的连续性类型，控制倒角的横截面形状。其中，"偏向"（Bias）指使用顶点半径和切线偏移创建倒角，其中心偏向一组曲面；"主导"（Lead）指使用顶点半径和切线偏移创建倒角，可定义与输入曲面的触点，且可保持曲面任意一边的切线连续性。

勾选"可变倒角"（Variable Fillets）选项后，可在倒角横截面上不同的点设置半径、弦长和切线长度（见图 3-54）。

"指定"（Specify）选项提供不同的方式来指定顶点、中心半径或引线距离。其中，引线距离是指倒角延伸到相邻的平板曲面上的距离，引线距离越长，过渡越平滑，连续性越好。

"外形因子"（Form Factor）可用于调整倒角的形状，

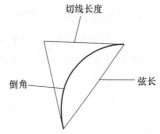

图 3-54 曲面倒角的半径、弦长和切线长度

可指定倒角 V 向外壳线的内外两侧控制顶点转臂长度之间的比率，其范围为 0.1~2.0，值越小，倒角弯曲越尖锐，如图 3-55 所示，同为 G2 倒角，左图外形因子值为 0.1，右图外形因子值为 2.0。

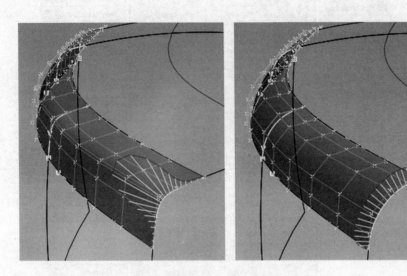

图 3-55　外形因子对曲面倒角的影响

"精细控制"（Explicit Control）选项可以控制新倒角曲面中的曲面阶数和最大跨度。

"流控制"（Flow Control）的"起始"（Start）、"内部"（Interior）、"结束"（End）选项可以控制倒角曲面边（在 V 向）如何与边界曲面的边相接（见图 3-56）。"边对齐"（Edge align）选项可以以共线方式在 V 向将倒角曲面的边或等参线（对于一个曲面）与边界曲面边对齐；"延伸"（Extend）选项可以延伸倒角，使其到达最长的边界曲面端（起始端和结束端）；"默认"（Default）或"自由"（Free）选项可以将倒角的边（V 向）以 90°角与边界相交。

勾选"编辑范围"（Modify range），将显示起始（Start）和结束（End）滑块，选定的倒角上将显示箭头操纵器，拖动箭头可修改输入曲面中的倒角范围。

"倒角结构"（Fillet Structure）栏中的曲面类型（Surface Type）有两种："多面型"（Multiple surfaces），创建多个与原始曲面的边界相对应的曲面，根据切线或曲率要求可添加小于最大跨度数的额外跨度；"单面型"（Single surface），构建单一倒角曲面。当曲面类型设置为"多面型"时，会显示"贝塞尔曲面"（Bezier Surfaces）选项，勾选它可以使每个曲面成为贝塞尔细分面片（仅有一个跨度，且在 U 向的最大阶数由"精细控制"设置，默认值为 5 阶）。

"短边容差"（Short Edge Tolerance）可在插入交叉节点的情况下，设置系统允许的最小跨度长度。

"控制选项"（Control Options）栏中的修剪类型（Trim Type）可设置为："自动"（Automatic），自动修剪原始曲面，使其重新到达接触线的位置；"面上线"（Curves on Surface），沿接触线在曲面上创建曲线，允许手动修剪；"关闭"（Off），不修剪原始曲面。

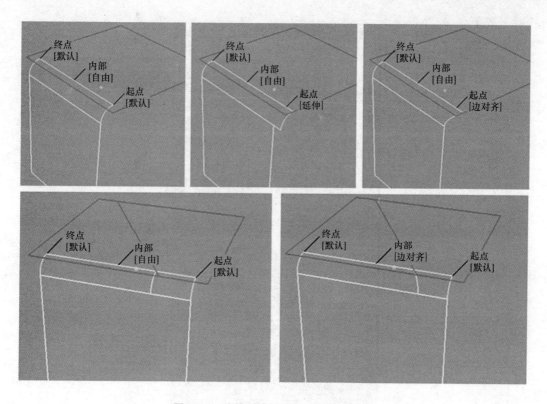

图 3-56　流控制设置对曲面倒角的影响

5. 自由过渡曲面工具

"自由过渡曲面"（Freeform Blend）工具可以根据两条输入的接触线创建过渡曲面，这些接触线可以是曲面曲线或自由曲线。如果接触线全是自由曲线，则还原为 G0 位置连续，且不能进行边对齐。如果接触线既有自由曲线也有曲面曲线，则允许为 G1 切线连续，对曲面曲线可进行边对齐。

双击工具箱中"自由过渡曲面"（Surfaces>Multi-Surface Blend>Freeform Blend）工具图标，弹出图 3-57 所示的"自由过渡曲面控制"（Freeform Blend Control）对话框。

"边 1 连续性"（Side 1 Continuity）和边 2 连续性（Side 2 Continuity）允许单独指定两组边界的连续性设置，以确定过渡曲面和主曲面之间使用的连续性类型。

"过渡控制"（Blend Control）可以选择控制过渡形状的模式："外形因子模式"（Form Factor）和"形状模式"（Shape）。

勾选"锁定形状控制"（Lock Shape Controls）时，边 1 和边 2 的形状值（Side 1 Shape 和 Side 2 Shape）相同。边 1 和边 2 的形状值用来控制过渡曲面对于边界的松散度或紧密度，当值大于 1.0 时，为更严密地与输入曲面的角点拟合的过渡，当值小于 1.0 时，为与曲面边更紧密拟合的倒角过渡，如图 3-58 所示。

"比例拱顶"（Proportional Crown）可参看"蒙皮"（Skin）工具相关内容。

图 3-59 所示是"流控制"（Flow Control）设置对过渡曲面的影响，详细内容可参看"曲面倒角"（Surface Fillet）工具。"端点相连"（Connect ends）是指过渡曲面的边与边界

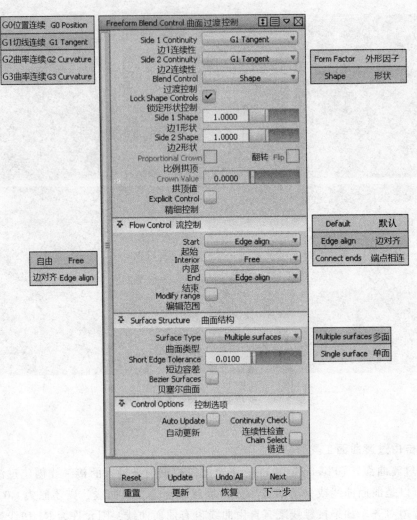

图 3-57　"自由过渡曲面控制"对话框

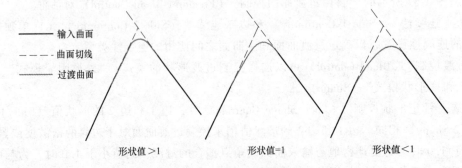

图 3-58　形状值对过渡曲面的影响

的起点和终点相交。

　　其余详细内容可参看"曲面倒角"（Surface Fillet）工具。

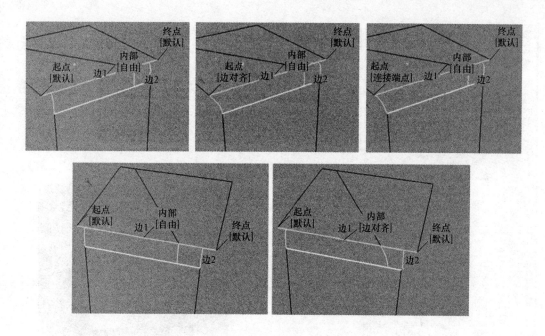

图 3-59 "流控制"设置对过渡曲面的影响

6. 多曲面拔模工具

"多曲面拔模"（Multi-Surface Draft）工具可以使用曲面边、面上线、等参曲线及自由曲线，创建与原始曲面（或曲线）成一定角度向外延伸的拔模曲面（或曲面组），当输入曲线切线连续时可以跨所有输入曲线构建一个曲面。

双击工具箱中"多曲面拔模"（Surfaces>Multi-Surface Draft）工具图标，弹出图 3-60 所示的"多曲面拔模控制"（Multi-Surface Draft Control）对话框。

多曲面拔模的类型（Type）有两种：标准（Normal）型和拉伸向量（Draft）型。标准型是指创建与基本曲面的法线成指定角度向外延伸的曲面（图 3-61a），默认新曲面垂直于基本曲面；拉伸向量型是指创建与指定的拉伸向量成一定角度向外延伸的曲面（图3-61b），默认新曲面与拉伸向量平行，可使用"Construction>Vector"创建向量对象。

7. 接缝和缝合工具

"接缝和缝合"（Stitch and Seam）工具可以自动创建接缝和缝合。

双击工具箱中"接缝和缝合"（Surfaces>Stitch and Seam）工具图标，弹出图 3-62 所示的"接缝和缝合控制"（Stitch and Seam Control）对话框，该命令的详解见本书 5.2.2。

3.2.5 曲面编辑工具

1. 投影工具

"投影"（Project）工具通过将现有曲线投影到曲面上来创建面上线。

双击工具箱中"投影"（Surface Edit>Create Curves On Surface>Project）工具图标，弹出图 3-63 所示的"投影控制"（Project Control）对话框。

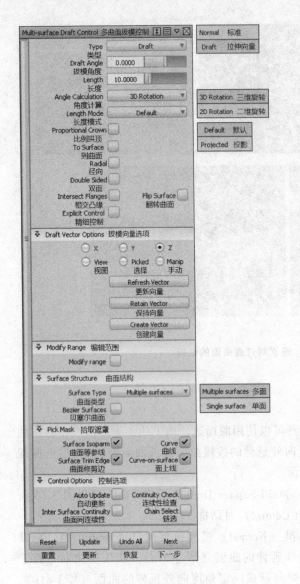

图 3-60 "多曲面拔模控制"对话框

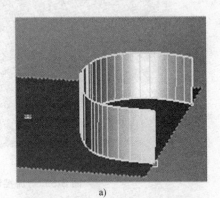

a)

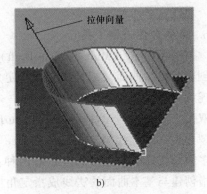

b)

图 3-61 多曲面拔模的两种类型

a) 类型 = Normal，角度 = 0.0

b) 类型 = Draft，角度 = 0.0

2. 相交工具

"相交"（Intersect）工具是在现有曲面之间的相交位置创建面上线。

双击工具箱中"相交"（Surface Edit>Create Curves On Surface>Intersect）工具图标，弹出图 3-64 所示的"相交选项"（Intersect Options）对话框。

3. 修剪曲面工具

"修剪曲面"（Trim Surface）工具使用面上线或横断面修剪或分割曲面。

双击工具箱中"修剪曲面"（Surface Edit>Trim>Trim Surface）工具图标，弹出图 3-65 所示的"修剪控制"（Trim Control）对话框。

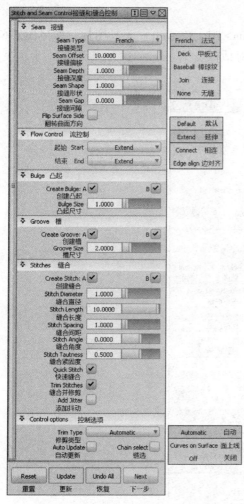

图 3-62 "接缝和缝合控制" 对话框

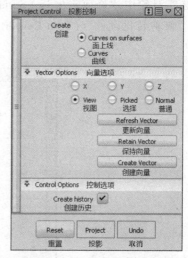

图 3-63 "投影控制" 对话框

图 3-64 "相交选项" 对话框

"三维修剪"（3D Trimming）栏可以沿投影曲线和横断面修剪曲面，也可以选择曲面并从该曲面与目标曲面的交点自动生成修剪曲线，有两种方式："投影"（Project）方式通过将选定曲线投影到目标曲面来创建修剪曲线；"相交"（Intersect）方式从选定曲面与目标曲面的交点创建修剪曲线。

"延伸"（Extend）栏可以自动或手动延伸未完全投影在面片上的曲线，并继续修剪操作。

"自动"（Auto）选项在修剪失败时，可以根据面上线或边界的容差（Tolerance）进行延伸，并尝试重新进行修剪。

"选择"（Selected）选项可以在需要延伸的曲线上显示修剪延伸箭头，单击箭头可将曲线的端点捕捉到面片边界，如图 3-66 所示。

4. 修剪转化工具

"修剪转化"（Trim Convert）工具可以修剪曲面，并将已修剪的四边曲面转化为非剪切

的自然曲面。

　　双击工具箱中"修剪转化"（Surface Edit>Trim>Trim Convert）工具图标，弹出图 3-67 所示的"修剪转化设置"（Trim Convert Settings）对话框。

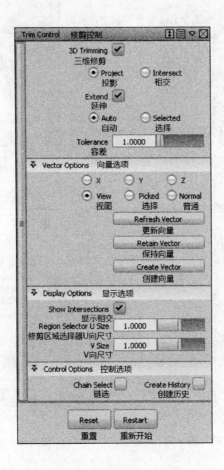

图 3-65　"修剪控制"对话框

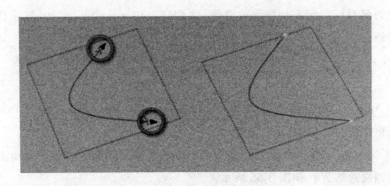

图 3-66　选择并进行延伸

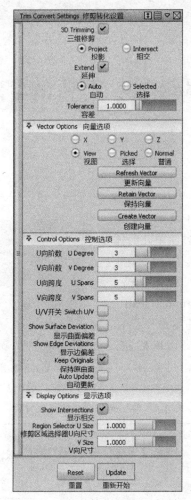

图 3-67　"修剪转化设置"对话框

本 章 小 结

　　本章主要介绍了 NURBS 曲线曲面的基本知识和 ALIAS 常用曲线曲面工具，在使用 ALIAS 工具进行模型构建时往往是非常复杂的，我们不应受限于本章中介绍的工具类型、数量和操作过程，使用工具高效、简洁地完成模型制作才是真正需要努力的方向。例如，对于可以复制生成或再进行少量修改就可以使用的重复曲线，也没有必要重新绘制。

　　此外，在模型构建过程中，应该先对产品模型进行建模分析，将其划分为若干面片，根据先整体后局部、先主后次及先易后难的顺序分步生成，尤其是可以将复杂的过渡特征和细节放在最后处理，这样不但可以增加模型制作的信心，往往还可以提高模型的精确度。

第4章

汽车相关产品的制作

4.1 制作玩具卡车

玩具卡车着色效果如图 4-1 所示，它由简单几何体拼合而成。本节通过简单几何体的制作熟悉 ALIAS 的基本操作。

"移动"（Move）、"旋转"（Rotate）、"缩放"（Scale 和 Non-proportional scale）命令是三维建模中最常用的基本命令，在 ALIAS 中执行这些命令时，使用鼠标左、中、右键时都有不同的意义，见表 4-1~表 4-4。

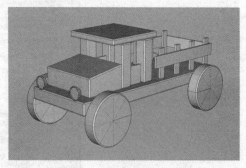

图 4-1 玩具卡车着色效果

表 4-1 "Move" 命令的操作方式

操作对象 \ 鼠标方式			
正交视图（Top、Bottom、Left、Right、Front、Back）	自由移动	水平移动	垂直移动
透视图（Perspective）	绝对坐标 X 轴移动	绝对坐标 Y 轴移动	绝对坐标 Z 轴移动

表 4-2 "Rotate" 命令的操作方式

操作对象 \ 鼠标方式			
正交视图（Top、Bottom、Left、Right、Front、Back）	绝对坐标 X 轴旋转	绝对坐标 Y 轴旋转	绝对坐标 Z 轴旋转
透视图（Perspective）	绝对坐标 X 轴旋转	绝对坐标 Y 轴旋转	绝对坐标 Z 轴旋转

表 4-3 "Non-proportional scale" 命令的操作方式

操作对象 \ 鼠标方式			
正交视图（Top、Bottom、Left、Right、Front、Back）	绝对坐标 X 轴缩放	绝对坐标 Y 轴缩放	绝对坐标 Z 轴缩放
透视图（Perspective）	水平及垂直方向自由缩放	水平方向缩放	垂直方向缩放

表 4-4 "Scale" 命令的操作方式

操作对象 \ 鼠标方式			
正交视图（Top、Bottom、Left、Right、Front、Back）	等比例缩放	水平缩放	垂直缩放
透视图（Perspective）	等比例缩放	等比例缩放	等比例缩放

通过本例的制作，希望读者能熟练掌握这些操作方式，并养成良好的操作习惯和意识。

Step 1：单击"Surfaces"工具栏中的"cube"命令 ，在 Left 视图中，用<Alt>键捕捉网络，用鼠标左键在坐标原点创建立方体，如图 4-2 所示。

创建完成后，选择"Pick"工具栏中的"pick nothing" ，再选择"pick object" ，退出"cube" 命令。更常用的方式是用<Ctrl+Shift>组合键+鼠标左键调出"market menu"（标记）菜单，向上滑动选择"Nothing"，再向下滑动选择"Object"，退出刚执行的命令（需要把这个动作变成操作习惯），如图 4-3 所示。

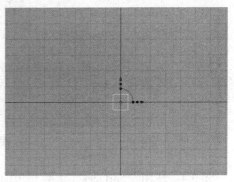

图 4-2　Step 1

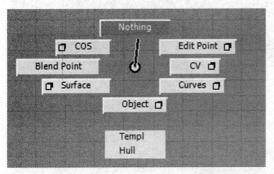
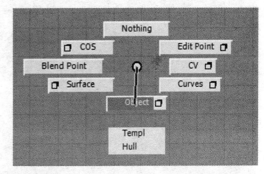

图 4-3　退出命令的操作习惯

Step 2：选择菜单"Windows>Information>Information Windows"，或者使用组合键<Ctrl+5>打开"Information Window"对话框，如图4-4所示。

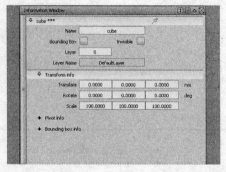

图4-4　Step 2

Step 3：选中立方体，在"Transform info"栏的"Scale"（缩放）中输入1600、600、100，其他不变，如图4-5所示。

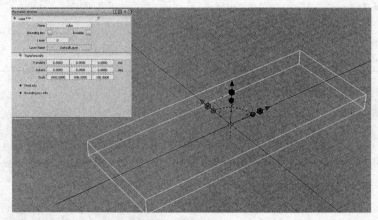

图4-5　Step 3

Step 4：使用"Surfaces"工具栏中的"round"工具对立方体所有的边进行倒角，在命令行中输入倒角值为10，如图4-6所示。

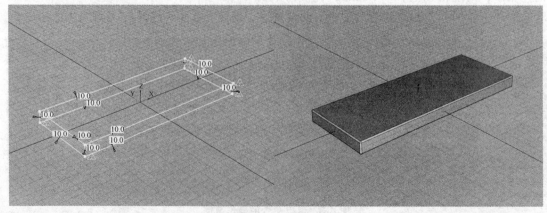

图4-6　Step 4

Step 5：双击"Curves"工具栏中的"ep crv"工具 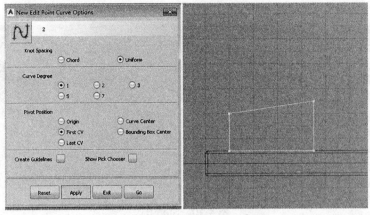，设置"Curve Degree"（曲线阶数）为1阶，用<Alt>键捕捉网格点，在Left视图中绘制4段1阶曲线，如图4-7所示。

图 4-7　Step 5

Step 6：选择该4段曲线，单击"Surfaces"工具栏中的"msdrft"命令，设置参数，勾选"Double Sided"，选择垂直于曲线所在平面方向，如图4-8所示。

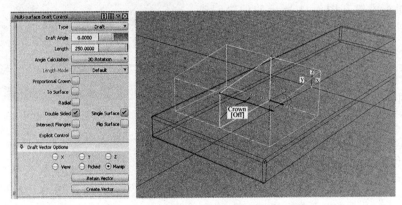

图 4-8　Step 6

Step 7：选择边缘4段直线，单击"Surfaces"工具栏中的Planar命令，选择生成平面（两侧），如图4-9所示。

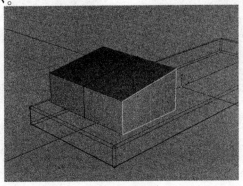

图 4-9　Step 7

Step 8：再次使用"Surfaces"工具栏中的"round"工具 对 Step 7 生成的梯形的所有边进行倒角，在命令行输入倒角值为 10，如图 4-10 所示。

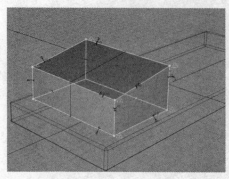 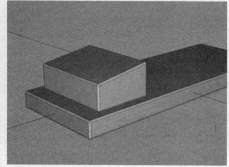

图 4-10　Step 8

Step 9：单击"Surfaces"工具栏中的"cube"命令 ，在 Left 视图中，用<Alt>键捕捉网格，用鼠标左键在图 4-11 所示的位置创建立方体。

Step 10：选择"Transform"工具栏中的"pivot"命令 ，或者用<Ctrl+Shift>组合键+鼠标中键调出"market menu"菜单，选择"move pivot"，在 Left 视图中通过<Ctrl+Alt>键+鼠标右键捕捉立方体底面，使轴心点处于图 4-12 所示位置。

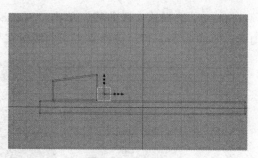

图 4-11　Step 9

Step 11：选择"Transform"工具栏中的"Scale"命令 ，或者用<Ctrl+shift>键+鼠标中键调出"market menu"菜单，选择"Scale"，在 Left 视图中通过鼠标右键向上缩放立方体，如图 4-13 所示位置。

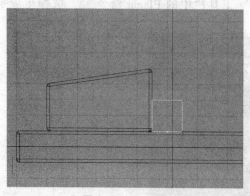 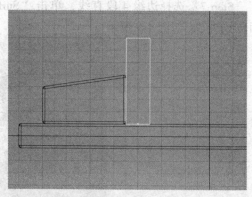

图 4-12　Step 10　　　　　　　　　　　图 4-13　Step 11

Step 12：再次使用"round"工具对上一步中生成的立方体的所有边进行倒角，如图 4-14 所示。

Step 13：选择"Transform"工具栏中的"Move"命令，或者用<Ctrl+shift>键+鼠标中键调出"market menu"菜单，选择"Move"命令，在 Top 视图中用<Alt>键+鼠标右键将立方体及其倒角向下移动，如图 4-15 所示。

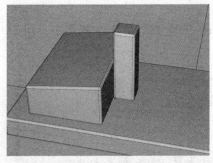

图 4-14　Step 12

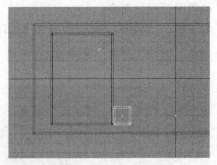

图 4-15　Step 13

Step 14：选择"Edit>group"命令，将上一步生成的立方体及其倒角群组，再复制并粘贴 3 次，在 Top 视图中，用<Alt>键捕捉格点分别将其移动到图 4-16 所示位置。

Step 15：选择"cube"命令，在 Left 视图中，用<Alt>键捕捉网格，用鼠标左键在图 4-17 所示位置创建立方体。

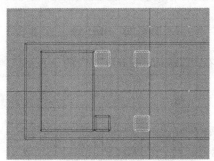

图 4-16　Step 14

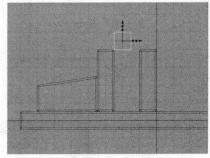

图 4-17　Step 15

Step 16：选择菜单"Windows>Information>Information Windows"命令，或者用<Ctrl+5>键打开"Information Window"对话框，在"Transform info"的"Scale"中输入 500、500、50，如图 4-18 所示。

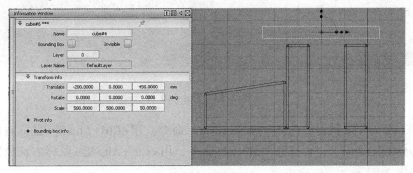

图 4-18　Step 16

Step 17：同 Step 10 一样，在 Left 视图中将立方体轴心（Pivot）点移动到底面，再执行"Move"命令，用<Ctrl+Alt>键+鼠标右键，使 Step 16 生成的立方体刚好与 Step 14 生成的立方体组对齐，再对立方体各边进行倒角，如图 4-19 所示。

Alias 中的"Move"命令、"Rotate"命令、"Scale"命令都是围绕轴心点执行的，所以在执行对齐时，首先通过选择"Move Pivot"命令将物体的轴心点移动到需要对齐的工作面，再利用捕捉键对齐。

Step 18：选择"Surfaces"工具栏中的"cylinder"命令 ![icon]，在 Left 视图中，用<Alt>键捕捉网格，创建圆柱体，如图 4-20 所示。

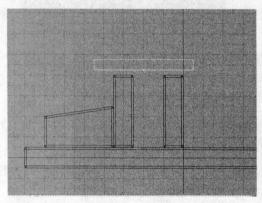

图 4-19　Step 17

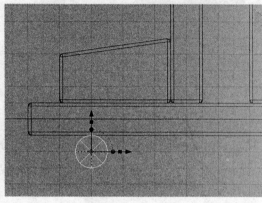

图 4-20　Step 18

Step 19：打开"Information Window"对话框，在"Transform info"栏的"Scale"中输入 400、100、400，如图 4-21 所示。

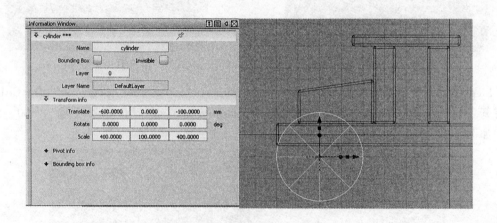

图 4-21　Step 19

Step 20：进入 Top 视图，选择"Move pivot"命令，用<Ctrl+Alt>键+鼠标右键将圆柱的轴心点移动到圆柱顶面上，再选择"Move"命令，用<Ctrl+Alt>键+鼠标右键使圆柱与立方体对齐，如图 4-22 所示。

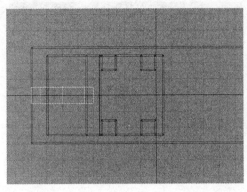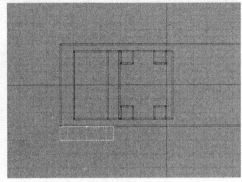

图 4-22　Step 20

Step 21：用"round"工具对上一步中的圆柱体的边进行倒角，如图 4-23 所示。

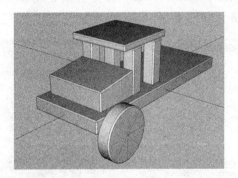

图 4-23　Step 21

Step 22：在 Top 视图中选择圆柱及其倒角，选择"Edit>Duplicate>Mirror"命令，弹出"Mirror Options"对话框，在"Mirror Across"栏中点选 XZ，如图 4-24 所示。

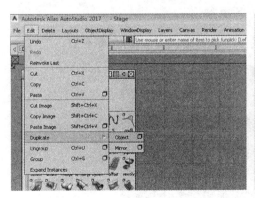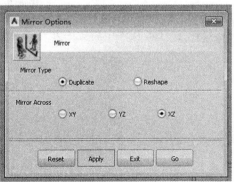

图 4-24　Step 22

Step 23：选择 Top 视图中在 Step 22 生成的两个圆柱，继续选择"Edit">Duplicate>Mirror"命令，在弹出的"Mirror Options"对话框中点选择 YZ 为镜像平面，如图4-25所示。

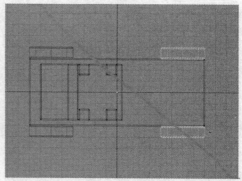

图 4-25　Step 23

Step 24：在 Left 视图中单击"cube"命令 ，通过"Information Window"对话框调整"Scale"为 50、20、250，再用"Move pivot"命令将轴心点移动到左下角，用"Move"命令使其与下面的立方体对齐，如图 4-26 所示。

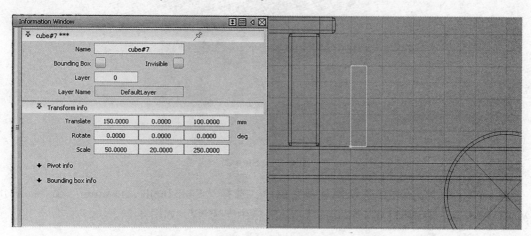

图 4-26　Step 24

Step 25：在 Top 视图中将上一步中绘制的立方体移动到图 4-27 所示位置。

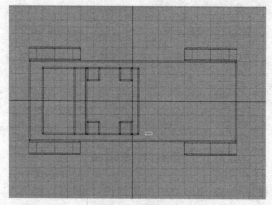

图 4-27　Step 25

Step 26：在 Top 视图中选择 Step 24 中绘制的立方体，选择 "Edit>Duplicate>Object" 命令，弹出 "Duplicate object" 对话框，"Number" 设置为 3，"Translation" 为 200、0、0，生成另外 3 个立方体，如图 4-28 所示。

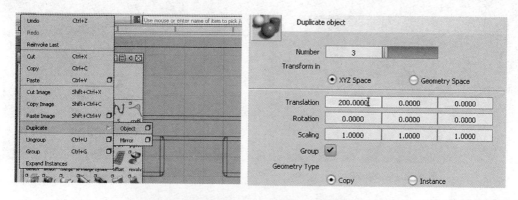

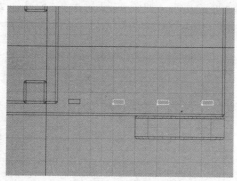

图 4-28　Step 26

Step 27：在 Left 视图中绘制立方体，如图 4-29 所示，"Scale" 设为 750、20、100。

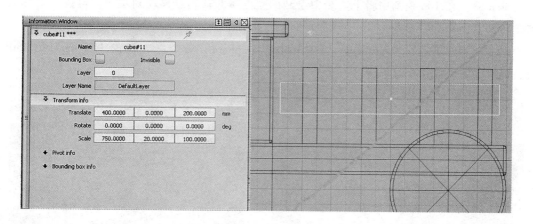

图 4-29　Step 27

Step 28：在 Top 视图中将上一步中生成的立方体的轴心点移动到顶部，再用 "Move" 命令将立方体移动到与 Step 26 绘制的立方体对齐的位置，如图 4-30 所示。

Step 29：在 Top 视图中选择 Step 25～Step 28 绘制的立方体组，选择"Edit>Duplicate>Mirror"命令，选择 XZ 面为镜像平面进行镜像，如图 4-31 所示。

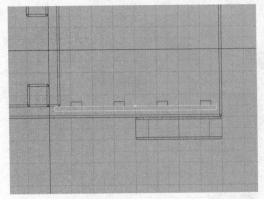

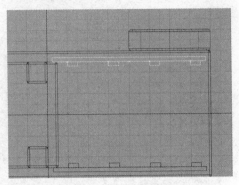

图 4-30　Step 28　　　　　　　　　　图 4-31　Step 29

Step 30：在 Back 视图中绘制立方体，如图 4-32 所示，"Scale"设为 20、500、100。

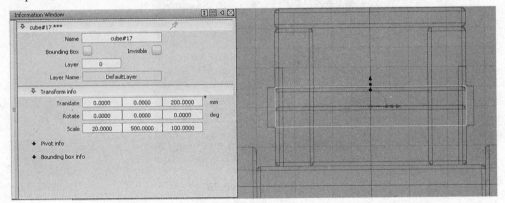

图 4-32　Step 30

Step 31：在 Top 视图中将上一步中绘制的立方体的轴心点移动到左侧，再执行"Move"命令将立方体移动到与 Step 26 生成的最右侧立方体对齐，如图 4-33 所示。

Step 32：双击选择"Surfaces"工具栏中的"sphere"命令，设置"Sweep"为 180°，"Spans"为 4，如图 4-34 所示。

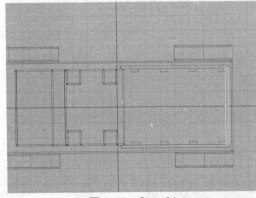

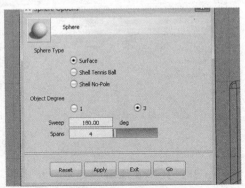

图 4-33　Step 31　　　　　　　　　　图 4-34　Step 32

Step 33：在 Left 视图中，用<Alt>键捕捉网格点，创建半球，如图 4-35 所示。

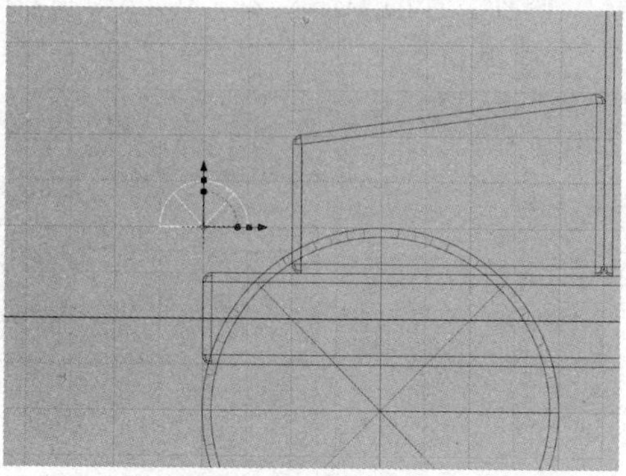

图 4-35　Step 33

Step 34：选择“Surfaces”工具栏中的“planar”命令，选择半球的边缘，生成平面，如图 4-36 所示。

图 4-36　Step 34

Step 35：在 Left 视图中将上一步中绘制的半球和平面群组，并调节轴心点，单击“Transform”工具栏中的“Rotate”命令，或者用<Ctrl+shift>键+鼠标中键调出“market menu”菜单，选择“Rotate”命令，在命令行输入“0 90”（0 与 90 之间有空格），按<Enter>键，如图 4-37 所示。

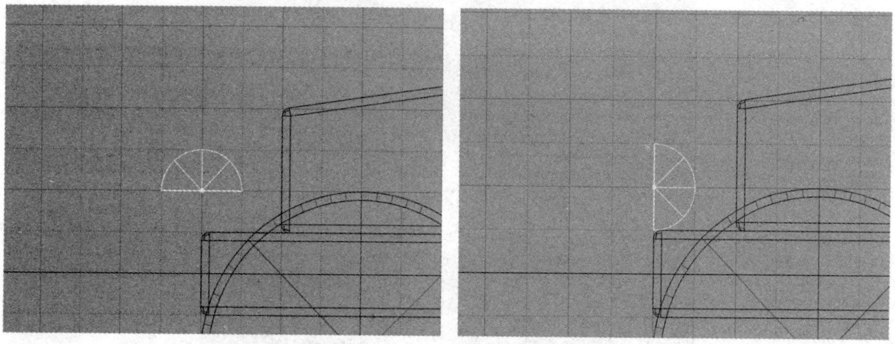

图 4-37　Step 35

Step 36：双击 "Surfaces" 工具栏中的 "torus" 命令 ，设置 "Major radius"（圆环半径）为 0.5，"Minor radius"（圆环上环的半径）为 0.05，0.5 和 0.05 均指格数。在 Back 视图中用 <Alt> 键捕捉网格，与半球球心对齐，创建圆环，如图 4-38 所示。

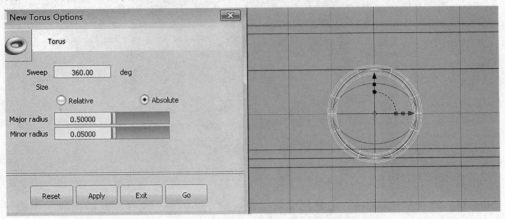

图 4-38　Step 36

Step 37：在 Left 视图中将圆环移动到图 4-39 所示位置。

Step 38：在 Top 视图中将半球群组与圆环一起用鼠标右键向下移动，再进行关于 XZ 面的镜像，如图 4-40 所示。

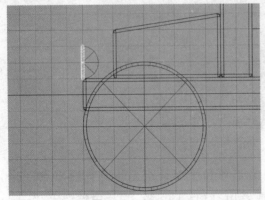

图 4-39　Step 37

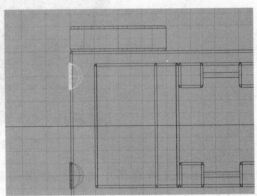

图 4-40　Step 38

最终着色结果如图 4-41 所示。

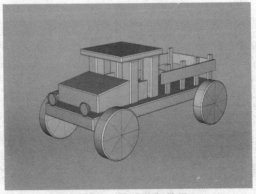

图 4-41　最终着色效果

本节主要讲解了基本操作的方式，描述得比较细致，在后续教程中对重复的操作将简化介绍。本节主要练习的是基本几何体的创建、编辑、移动、旋转、缩放等，是后续练习的基础。同样的效果可以有不同的制作方法，如复制、粘贴和镜像。绘制几何图形也有不同做法，可以多去尝试。

4.2　制作变速杆

4.2.1　变速杆建模分析

变速杆（图4-42）是汽车内饰中重要的组成部件，为了保证舒适性和操作效率，变速杆经常采用圆润的曲面造型，并从人机角度设计为适合手的形态。变速杆是常见的曲面造型案例，它由若干曲面拼合而成，通过这个练习主要学习曲面之间的相交、修剪和倒角。ALIAS中的NURBS曲面建模很少采用基于实体的编辑方式，曲面之间关系的编辑和整理往往是通过曲线进行的，这使得操作变得比较烦琐，但是也更加精确可控。

图4-42　常见变速杆造型

ALIAS中用曲线修剪曲面时，需要先用"Surface Edit"工具栏中的"project"工具把曲线投影到曲面上，生成面上线（COS），再用"Surface Edit"工具栏中的"trim"工具修剪或分割曲面，如图4-43所示。

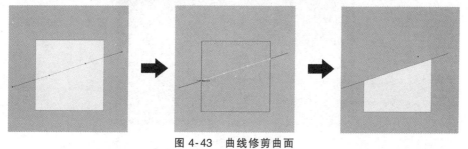

图4-43　曲线修剪曲面

ALIAS 中进行面面修剪时，需要先用"Surface Edit"工具栏中的"intersect"工具使曲面相交，生成面上线，再用"Surface edit"工具栏中的"trim"工具修剪或分割曲面，如图 4-44 所示。

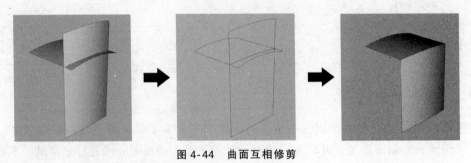

图 4-44　曲面互相修剪

4.2.2　变速杆建模实例

Step 1：在 Left 视图中用"Curve"工具栏中的"ep crv"工具绘制 3 阶曲线，打开控制点，选择"Move"命令，调整 CV 点分布，如图 4-45 所示。

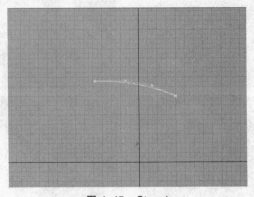

图 4-45　Step 1

Step 2：在 Top 视图中，选择"Move"命令，使用鼠标右键将曲线向下平移，并选择"Edit>Duplicate>Mirror"命令，以 XZ 平面为镜像平面，生成曲线如图 4-46 所示。

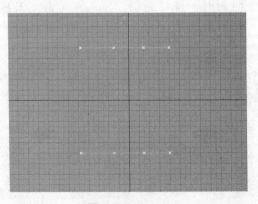

图 4-46　Step 2

Step 3：用"Surfaces"工具栏中的"skin" 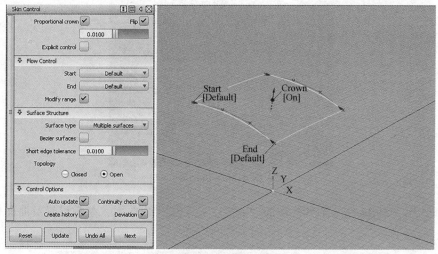工具，生成曲面，参数设置及曲面效果如图 4-47 所示。

图 4-47 Step 3

Step 4：选择曲面，打开控制点，在控制面板（Control Panel）中将曲面的"Degree"改为 3×2（会提示是否删除历史，选择"是"），选择中间的一排 4 个点（或者用"Pick"工具栏中的"Hull"工具选择），选择"Move"命令，将点向上移动，如图 4-48 所示。

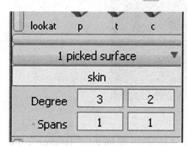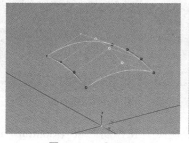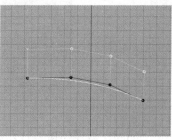

图 4-48 Step 4

Step 5：在 Left 视图中用"Curves"工具栏中的"ep crv"工具绘制 3 阶曲线，打开控制点，选择"Move"命令，调整 CV 点分布，如图 4-49 所示。

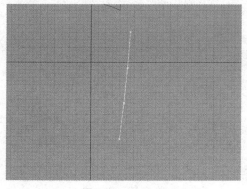

图 4-49 Step 5

Step 6：在 Top 视图中，选择"Move"命令，用<Ctrl+Alt>键捕捉曲面边缘，用鼠标右键将曲线平移至图 4-50 所示位置。

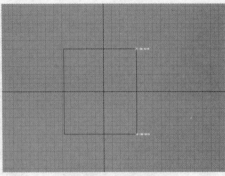

图 4-50　Step 6

Step 7：用"Surfaces"工具栏中的"skin"工具生成曲面，参数设置及曲面效果如图 4-51 所示。

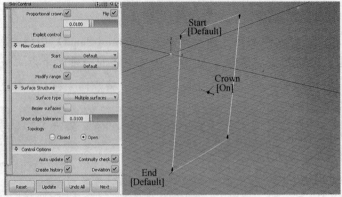

图 4-51　Step 7

Step 8：选择曲面，打开控制点，在控制面板（Control Panel）中将曲面的"Degree"改为 3×2，选择中间的一排 4 个点（或者用"Pick"工具栏中的"Hull"工具选择），选择"Move"命令，将点向右移动，如图 4-52 所示。

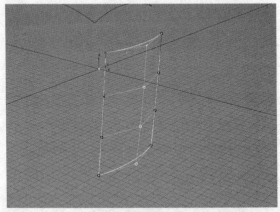

图 4-52　Step 8

Step 9：用"Surfaces"工具栏中的"ffblnd"工具 ，选择 Step 1 ~ Step 8 制作的两块曲面的对应边界，生成过渡曲面，设置两边的连续性均为 G2，参数设置及曲面效果如图 4-53 所示。

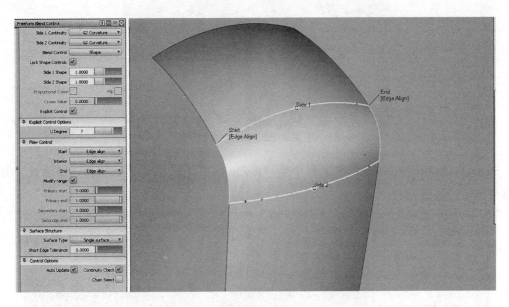

图 4-53　Step 9

Step 10：在 Top 视图中用"ep crv"工具 绘制 3 阶曲线，调整 CV 点，并沿 XZ 平面生成镜像曲线，如图 4-54 所示。

Step 11：在 Left 视图中，对上一步中绘制的曲线执行"Move"命令，用<Ctrl+Alt>键+鼠标右键将其捕捉到 Step 7 生成的曲面底端，如图 4-55 所示。

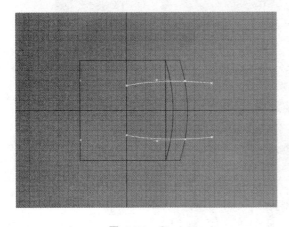

图 4-54　Step 10

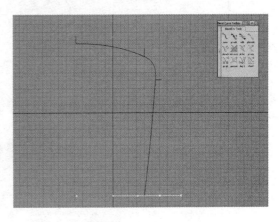

图 4-55　Step 11

Step 12：使用"Curves"工具栏中的"blend"工具组 ，单击"new"图标 ，新建过渡曲线，如图 4-56 所示。

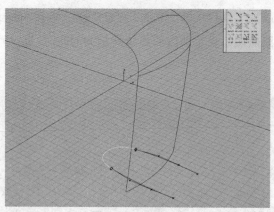

图 4-56　　Step 12

Step 13：使用"Surfaces"工具栏中的"msdrft"工具 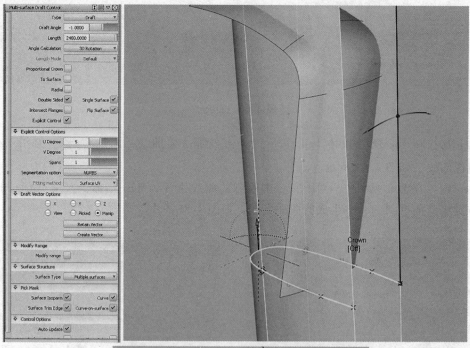，沿 Z 轴拉伸 3 条曲线，并使其略微倾斜，如图 4-57 所示。

图 4-57　　Step 13

Step 14：使用"Object Edit"工具栏中的"Detach"工具，打断上一步中拉伸出来的3块曲面，按住<Alt>键，以保证从中点打断，如图4-58所示。

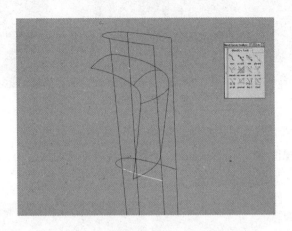

图 4-58　Step 14

Step 15：使用"Surfaces"工具栏中的"srfillet"工具，对两组曲面进行倒角，参数设置及倒角效果如图4-59所示。

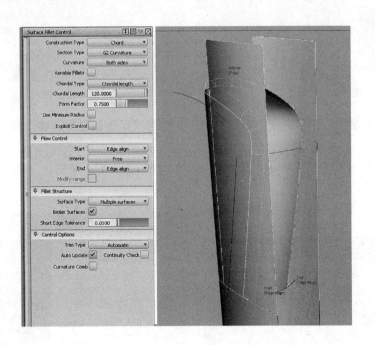

图 4-59　Step 15

Step 16：如果曲面未能自动完成修剪，使用"Object Edit"工具栏中的"extend"工具延长倒角面和面上线，重新用"trim"工具进行修剪，如图4-60所示。（如果曲面完成自动修剪，此步可忽略）

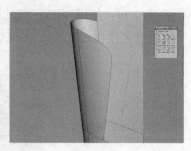

图 4-60　Step 16

Step 17：对另一侧也完成手动修剪，如图 4-61 所示。

Step 18：在 Left 视图中，用 "ep crv" 工具 绘制 1 阶曲线，上端捕捉曲面端点，下端用鼠标右键保证垂直，如图 4-62 所示。

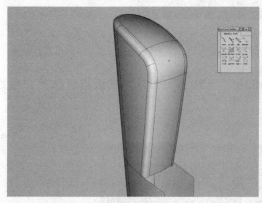

图 4-61　Step 17

图 4-62　Step 18

Step 19：复制并粘贴上一步中绘制的曲线，并利用端点捕捉将其移动到对称位置，如图 4-63 所示。

Step 20：用 "Surfaces" 工具栏中的 "skin" 工具 ，生成曲面，参数设置及曲面效果如图 4-64 所示。

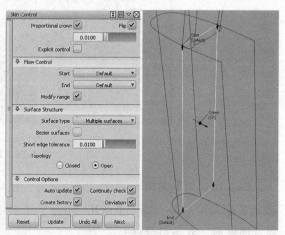

图 4-63　Step 19

图 4-64　Step 20

Step 21：选择曲面，打开控制点，在控制面板（Control Panel）中将曲面的"Degree"改为1×2，选择中间的一排2个点，执行"Move"命令，将点向右移动，如图4-65所示。

Step 22：使用"Surfaces"工具栏中的"msdrft"工具 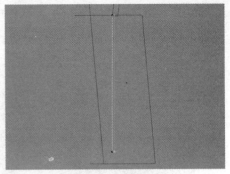，沿Z轴拉伸Step 20和Step 21中生成的曲面边界，并使其倾斜，如图4-66所示。

图4-65　Step 21

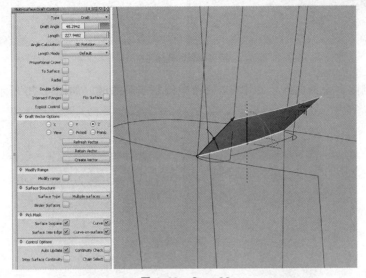

图4-66　Step 22

Step 23：用"Surface Edit"工具栏中的"intersect"工具使上一步中拉伸的曲面与其他曲面相交，生成面上线，并用"trim"工具修剪，如图4-67所示。

Step 24：使用"Object Edit"工具栏中的"extend"工具收缩下半部的各个曲面，如图4-68所示。

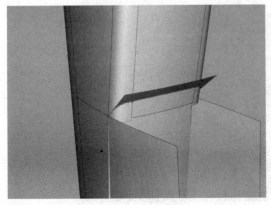

图4-67　Step 23

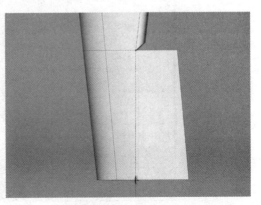

图4-68　Step 24

Step 25：用"Surface Edit"工具栏中的"intersect"工具 使收缩后的各个曲面相交，生成面上线，并用"trim"工具 修剪，如图 4-69 所示。

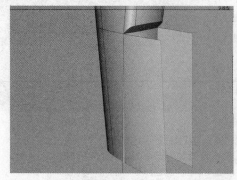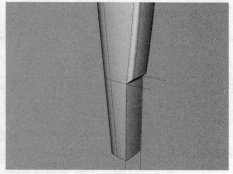

图 4-69　Step 25

Step 26：删除多余的曲线，在 Back 视图中绘制 1 阶曲线，如图 4-70 所示。

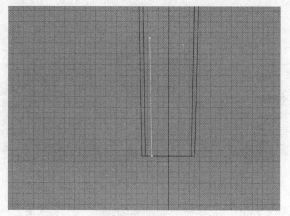

图 4-70　Step 26

Step 27：绘制 3 阶曲线，并用"Object Edit"工具栏中的"align"工具 使其与上一步中绘制的 1 阶曲线为 G2 连续性，参数设置及对齐效果如图 4-71 所示。

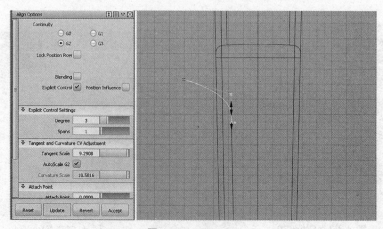

图 4-71　Step 27

Step 28：通过"Surfaces"工具栏中的"msdrft"工具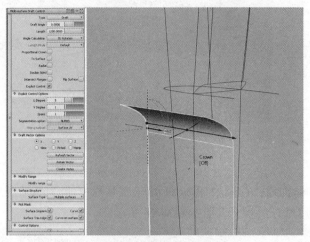，沿 X 轴拉伸 Step 26 和 Step 27 中绘制 2 条曲线生成曲面，参数设置及曲面效果如图 4-72 所示。

图 4-72　Step 28

Step 29：以 XZ 平面为镜像平面，复制上一步中生成的曲面，如图 4-73 所示。

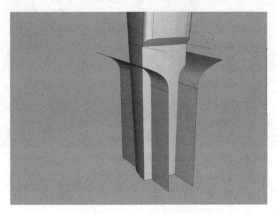

图 4-73　Step 29

Step 30：用"Surface Edit"工具栏中的"intersect"工具使 2 组曲面相交，生成面上线，并用"trim"工具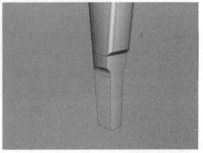修剪，如图 4-74 所示。

图 4-74　Step 30

Step 31：删除多余的曲线，在 Left 视图中绘制 1 阶曲线，如图 4-75 所示。

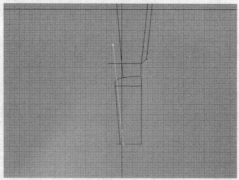

图 4-75　Step 31

Step 32：绘制 3 阶曲线，并用 "Object Edit" 工具栏中的 "align" 工具使其与上一步中绘制的 1 阶曲线为 G2 连续性，参数如图 4-76 所示。

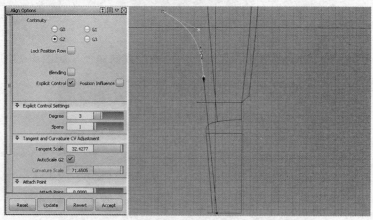

图 4-76　Step 32

Step 33：在 Top 视图中将上一步中绘制的曲线向下平移，并以 XZ 面为镜像平面，复制曲线组，如图 4-77 所示。

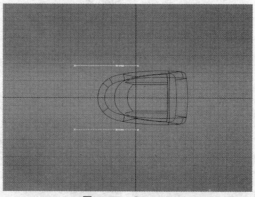

图 4-77　Step 33

Step 34：用 "Surfaces" 工具栏中的 "skin" 工具，生成曲面，参数设置及曲面效果如图 4-78 所示。

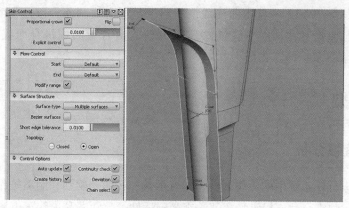

图 4-78 Step 34

Step 35：选择 2 块曲面，打开控制点，在控制面板（Control Panel）中将曲面的"Degree"改为 1×2 和 3×2，选择中间一列 CV 点，执行"Move"命令，用鼠标中键向左侧平移，如图 4-79 所示。

Step 36：用"Object Edit"工具栏中的"align"工具保证曲面之间为 G2 连续性，如图 4-80 所示。

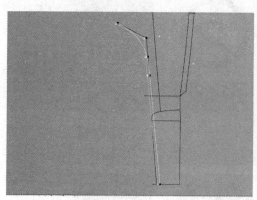

图 4-79 Step 35

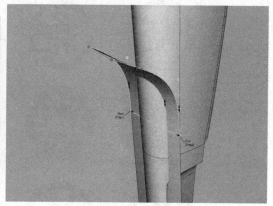

图 4-80 Step 36

Step 37：用"Surface Edit"工具栏中的"intersect"工具使曲面相交，生成面上线，并用"trim"工具修剪，如图 4-81 所示。

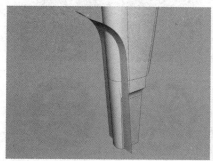

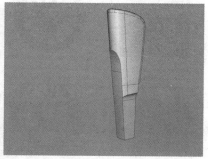

图 4-81 Step 37

本案例主要练习了 ALIAS 基本曲面成型思路，包括由线到面，以及面和面相交、修剪、倒角等操作。任何复杂的曲面在 ALIAS 中都可分解为由若干面块拼合而成，分面策略是数模工作人员必须学习掌握的工作能力。

4.3 制作轮毂

4.3.1 轮毂建模分析

轮毂作为汽车行驶系统中的重要部件，起着承载、转向、驱动和制动等作用，其性能的好坏直接影响汽车行驶安全性、操纵稳定性、乘坐舒适性等。随着私人购车市场的膨胀及人们对个性化的追求，越来越多的中国消费者开始注重轮毂的款式选择，因此，集款式多样、美观大方、安全舒适等诸多特点于一身的铝合金轮毂正成为汽车轮毂最主要的发展方向。国际上对于车轮造型的设计已趋于成熟，每个国家在设计过程中都融入了自己的民族文化特色。

作为汽车造型的组成部分之一，轮毂的造型（图 4-82）需要与车身造型风格以及具体车型相匹配，轮毂的造型变得日益丰富而多样。目前轮毂从轮辐的数量来分，有 4 辐、5 辐、6 辐、7 辐不等，出于结构和工艺要求，奇数轮毂更常见，其中 5 辐轮毂最普遍。

图 4-82　常见轮毂造型

5 辐轮毂建模时，只需要构建其 1/5，通过复制阵列来生成其他部分，其角度为 72°，如图 4-83 所示。

有些轮毂看起来比较复杂，但仍源于 5 辐轮毂，建模时仍然只需要构建其 1/5，然后通过复制阵列来生成其他部分，如图 4-84 所示。

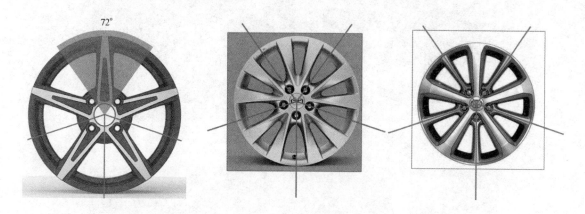

图 4-83　5 辐轮毂的建模思路　　　　　　　图 4-84　复杂的 5 辐轮毂变形

图 4-85 所示为 5 辐轮毂建模分析。首先制作一个 36°的小单元，再将其镜像，构成 1/5 的大单元，再将大单元围绕原点复制阵列，生成整个轮毂。在此过程中，特别要注意阵列之后单元之间边界的连续性。

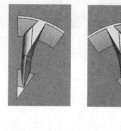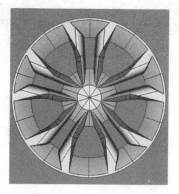

图 4-85　5 辐轮毂建模分析

4.3.2　制作轮毂主体曲面

Step 1：首先选择一个 5 辐轮毂（图 4-86），分析其造型。这里由于篇幅限制，省去了倒角和螺孔、螺母的制作。在 Left 视图中，选择菜单"File>Import>Canvas Image"导入参考图片"lungu"，或者打开案例文件"lungu 01"。在控制面板（Control Panel）中，将"Transparency"下"Canvases"的透明度提高（推荐 0.6），如图 4-87 所示。

图 4-86　5 辐轮毂建模实例

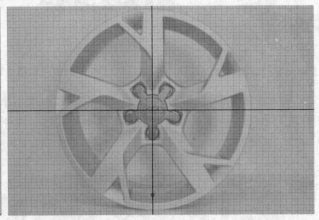

图 4-87　Step 1

Step 2：在 Left 视图中，使用"Curves"工具栏中的"Circle"工具 绘制 7 阶单跨度（span）的半圆形，轴心点在坐标原点，参数设置及半圆形如图 4-88 所示。

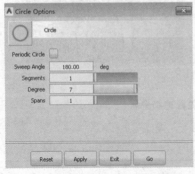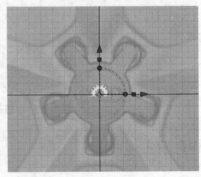

图 4-88　Step 2

Step 3：用<Ctrl+Shift>键+鼠标中键选择"marking menus"菜单中的"Scale"命令，用鼠标左键滑动缩放，使上一步中绘制的曲线与背景图轮毂的外边缘匹配，保持轴心点在坐标原点，如图 4-89 所示。

Step 4：使用"Curves"工具栏中的"ep crv"工具绘制1阶直线，轴心点在坐标原点，如图4-90所示。

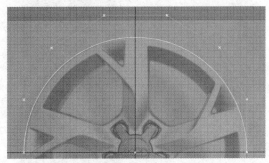
图4-89　Step 3

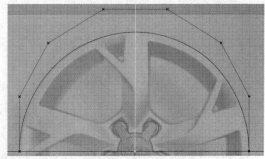
图4-90　Step 4

Step 5：复制并粘贴直线，再用<Ctrl+Shift>键+鼠标中键选择"marking menus"菜单中的"Rotate"命令，在命令行输入"0 36"（0与36之间有空格），使直线旋转36°，如图4-91所示。

Step 6：复制并粘贴中间的直线，再次执行"Rotate"命令，在命令行输入"0 36 "（0与36之间有空格），使直线反向旋转36°，如图4-92所示。

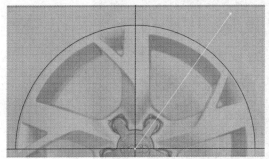
图4-91　Step 5

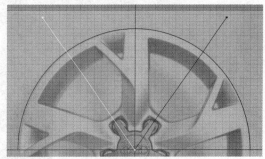
图4-92　Step 6

Step 7：使用"Curve Edit"工具栏中的"crvsct"工具修剪中间的半圆，使其成为72°的圆弧，参数设置及操作结果如图4-93所示。

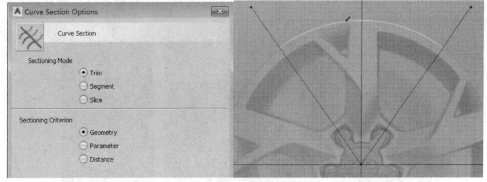
图4-93　Step 7

Step 8：复制并粘贴上一步中生成的圆弧，再用<Ctrl+Shift>键+鼠标中键选择"marking menus"菜单中的"Scale"命令，用鼠标左键滑动缩放，将小圆弧缩放到图4-94所示位置。

Step 9：在 Back 视图中，用<Ctrl+Shift>键+鼠标中键选择"marking menus"菜单中的"Move"命令，用鼠标中键平移小圆弧使其移动到图 4-95 所示位置（可用<Alt>键捕捉网格）。

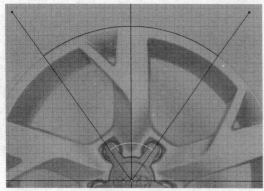

图 4-94　Step 8

图 4-95　Step 9

Step 10：使用"Surfaces"工具栏下的"Skin"工具 ，在两个小圆弧之间生成曲面，"Flow Control"栏下的"Start"和"End"选项必须是"Connect ends"，如图 4-96 所示。

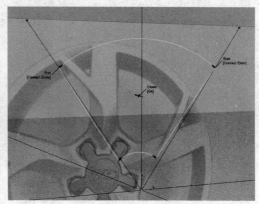

图 4-96　Step 10

Step 11：用<Ctrl+Shift>键+鼠标右键选择标记菜单中的"CV on"，打开曲面控制点，选中中间的一排 CV 点，再执行"Move"命令，在 Back 视图中用鼠标中键使该排 CV 点稍向左平移，使曲面产生弧度，如图 4-97 所示。

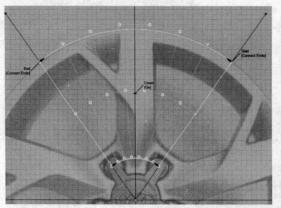

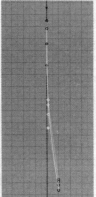

图 4-97　Step 11

Step 12：选择调整后的曲面，选择菜单命令"Edit>Duplicate>Object"实现圆心阵列，"Number"为4，其他参数不变，"Rotation"为0、72、0，如图4-98所示。

 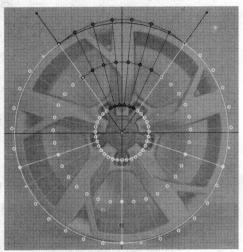

图4-98　Step 12

Step 13：使用"Evaluate"工具栏中的"srfcon"工具，检查各单元之间的连续性是否达到G2，如果达到则删除多余的4个曲面，进行后续制作，如图4-99所示；否则就要检查前面的步骤。

Step 14：复制并粘贴最外侧圆弧，再执行"Scale"命令将其缩放到图4-100所示位置。

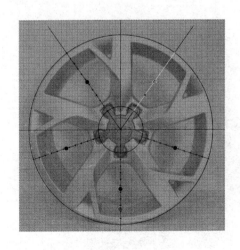 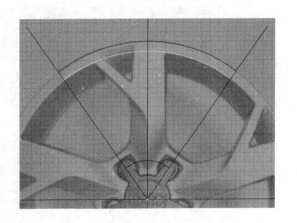

图4-99　Step 13　　　　　　图4-100　Step 14

Step 15：复制并粘贴上一步中的圆弧，再执行"Scale"命令缩放到图4-101所示位置。

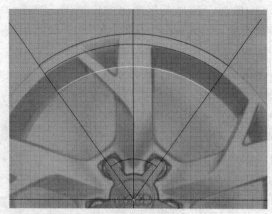

图 4-101　Step 15

Step 16：在 Top 视图中，对 Step 15 中生成的曲线执行"Move"命令，使用鼠标右键将其向上移动到图 4-102 所示位置（可用<Alt>键捕捉网格）。

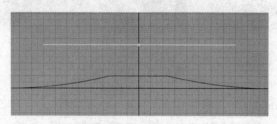

图 4-102　Step 16

Step 17：使用"Surfaces"工具栏中的"Skin"工具 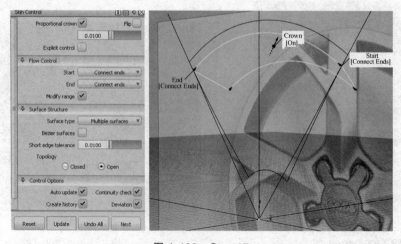，根据 Step 14、Step 15 中生成的两条曲线生成曲面，"Flow Control"栏下的"Start"和"End"选项仍是"Connect ends"，如图 4-103 所示。

图 4-103　Step 17

Step 18：同 Step 11 一样，用<Ctrl+Shift>键+鼠标右键选择"marking menus"菜单中的"CV on"，打开曲面控制点，选中中间的一排 CV 点，再执行"Move"命令，

在 Back 视图中用鼠标中键使该排 CV 点稍向左平移，使曲面产生弧度，如图 4-104 所示。

Step 19：同 Step 12 和 Step 13 一样，将曲面复制阵列，进行连续性检查，如果达到 G2 连续性，则删除多余的 4 个曲面，继续后续建模，如图 4-105 所示。

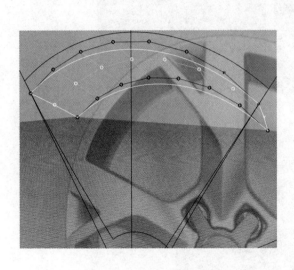

图 4-104　Step 18

图 4-105　Step 19

Step 20：使用"Curves"工具栏中的"ep crv"工具在 Left 视图中绘制 1 阶直线，如图 4-106 所示。

Step 21：复制并粘贴右边斜线，再执行"Move"命令，在 Left 视图中用鼠标右键将斜线向上平移至图 4-107 所示位置。

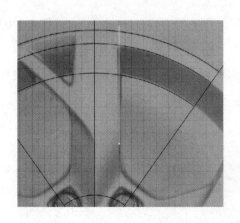

图 4-106　Step 20

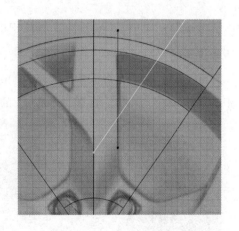

图 4-107　Step 21

Step 22：使用"Curve Edit"工具栏中的"crvsct"工具相互修剪两段曲线，如图 4-108 所示。

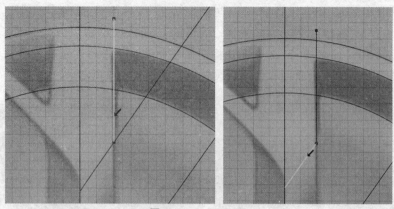

图 4-108　Step 22

Step 23：使用"Curves"工具栏中的"ep crv"工具 在 Left 视图中绘制 2 阶直线，打开曲线控制点，并调整 CV 点，如图 4-109 所示。

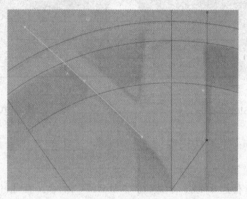

图 4-109　Step 23

Step 24：使用"Curves"工具栏中的"blend"工具组 下的"new" ，在图 4-110 所示位置建立过渡曲线，用"edit" 调整曲线的 CV 点分布，如图 4-110 所示。

Step 25：在 Left 视图中，将 Step 20～Step 24 绘制的四条曲线用"Surface Edit"工具栏中的"project"工具 投影到 Step 11 的扇形曲面上，如图 4-111 所示。

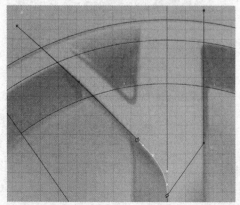

图 4-110　Step 24

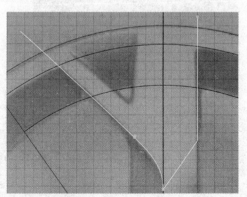

图 4-111　Step 25

Step 26：用"Surface Edit"工具栏中的"intersect"工具 使 Step 11 和 Step 18 两个曲面相交，得到面上线，如图 4-112 所示。

Step 27：使用"Surface Edit"工具栏中的"trim"工具 ，对 Step 18 的曲面进行修剪，如图4-113所示。

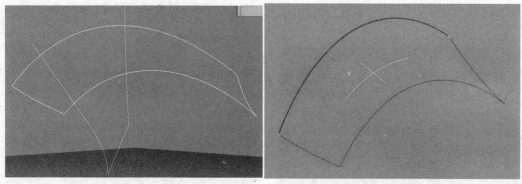

图 4-112　Step 26　　　　　　　　　　　　　图 4-113　Step 27

Step 28：使用"Surface Edit"工具栏中的"trim"工具 ，对 Step 11 的扇形曲面进行修剪，由于面上线相互交叉贯穿，需要用鼠标确认 4 个区域进行保留，效果如图 4-114 所示。

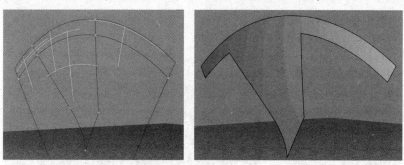

图 4-114　Step 28

Step 29：在 Left 视图中，用"Surfaces"工具栏中的"plane"工具 ，用<Alt>键捕捉坐标原点，绘制矩形平面，如图 4-115 所示。

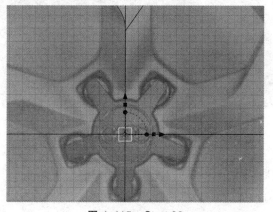

图 4-115　Step 29

Step 30：用<Ctrl+Shift>键+鼠标中键选择"marking menus"菜单中的"Scale"命令，用鼠标左键缩放矩形平面，效果如图4-116所示。

Step 31：使用"Curves"工具栏中的"ep crv"工具 在 Left 视图中绘制 2 阶直线，如图 4-117 所示。

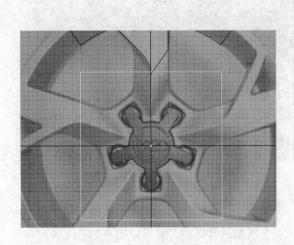

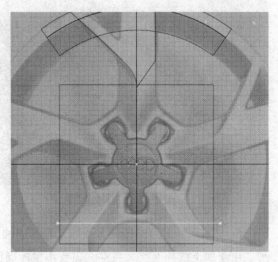

图 4-116　Step 30　　　　　　　　图 4-117　Step 31

Step 32：在 Left 视图中，选择菜单命令"Edit>Duplicate>Object"，进行圆心阵列，"Number"为 4，其他参数不变，"Rotation"为 0、72、0，如图 4-118 所示。

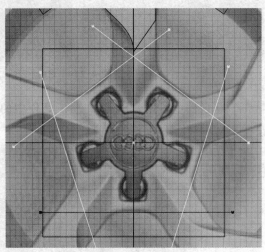

图 4-118　Step 32

Step 33：将生成的曲线用"Surface Edit"工具栏中的"project"工具 投影到 Step 30 的矩形平面上，如图 4-119 所示。

Step 34：使用"Surface Edit"工具栏中的"trim"工具 ，对平面进行修剪，如图 4-120所示。

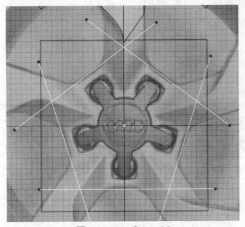

图 4-119 Step 33

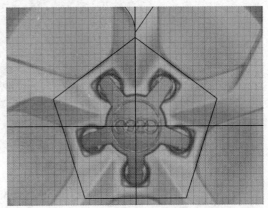

图 4-120 Step 34

Step 35：将 Step 5、Step 6 中制作的直线调出，并用"project"工具将其 投影在剪切后的矩形平面上，如图 4-121 所示。

Step 36：再次用"trim"工具 修剪平面，如图 4-122 所示。

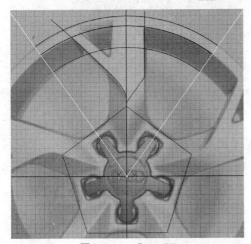

图 4-121 Step 35

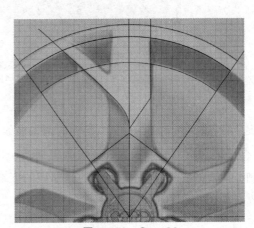

图 4-122 Step 36

Step 37：在 Top 视图中，执行"Move"命令，用鼠标右键使剪切后的平面向上平移至图 4-123 所示位置。

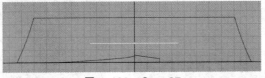

图 4-123 Step 37

Step 38：在 Left 视图中，复制并粘贴 Step 22 中修剪出的小斜线段，再执行"Move"命令，用鼠标右键将其向下平移至图 4-124 所示位置。

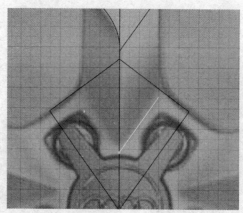

图 4-124　Step 38

Step 39：选择菜单命令"Edit>Duplicate>Mirror"，对小线段进行 YZ 平面镜像操作，如图 4-125 所示。

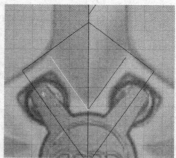

图 4-125　Step 39

Step 40：在 Top 视图中，执行"Move"命令，使用鼠标右键，并利用<Alt+Ctrl>键捕捉，使 Step 38 和 Step 39 中得到的两条曲线与矩形平面对齐，如图 4-126 所示。

Step 41：利用<Alt+Ctrl>组合键捕捉，使用"Curves"工具栏中的"ep crv"工具 绘制 3 阶直线，连接 Step 28 中剪切曲面的下端尖点与 Step 38、Step 39 中绘制的两条曲线的交点，如图 4-127 所示。

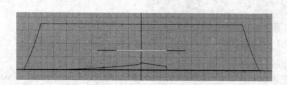

图 4-126　Step 40

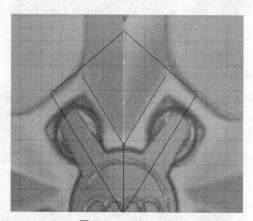

图 4-127　Step 41

Step 42：将 Step 4 中绘制的直线调出，并用"project"工具将其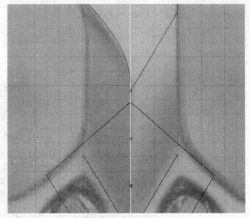投影在剪切后的曲面上，生成面上线，如图 4-128 所示。

Step 43：使用"Object Edit"工具栏中的"align"工具，使 Step 41 中绘制的 3 阶曲线与 Step 42 中生成的面上线匹配，达到 G2 连续性，如图 4-129 所示。

图 4-128　Step 42

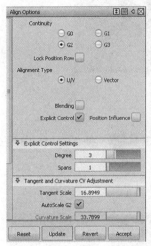
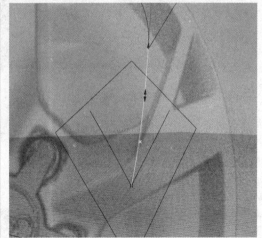

图 4-129　Step 43

Step 44：复制并粘贴 Step 43 中绘制的曲线，执行"Move"命令，并利用<Alt+Ctrl>组合键捕捉，将该曲线移动到图 4-130 所示位置。

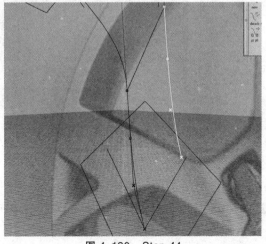

图 4-130　Step 44

Step 45：使用"Curve Edit"工具栏中的"stretch"工具，配合<Alt+Ctrl>组合键捕捉，使曲线两端分别对齐到曲线和曲面端点位置，如图4-131所示。

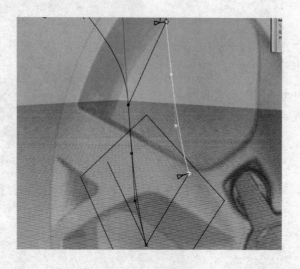

图 4-131　Step 45

Step 46：使用"Object Edit"工具栏中的"align"工具，使 Step 45 中生成的曲线的上端与曲面匹配，达到 G2 连续性，如图 4-132 所示。

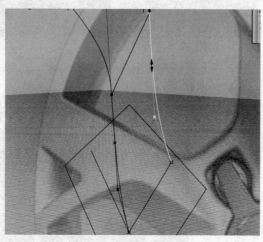

图 4-132　Step 46

Step 47：使用"Surfaces"工具栏中的"rail"工具生成曲面，"Generation Curves"和"Rail Curves"均点选 2（Brail 模式），设置"Generation 1"的连续性（Continuity）为"G2 Curvature"，如图4-133所示。

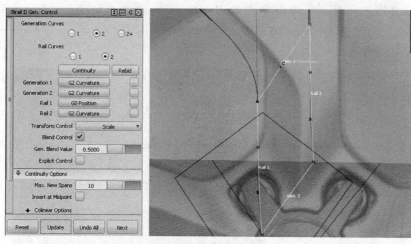

图 4-133　Step 47

Step 48：复制并平移 Step 23、Step 24 中绘制的曲线，编辑 CV 点，最后生成 3 条曲线，如图 4-134 所示。

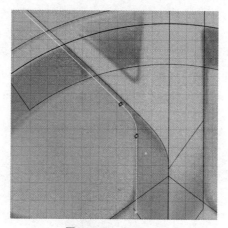

图 4-134　Step 48

Step 49：使用 "Curve Edit" 工具栏中的 "crvsct" 工具 修剪下部斜线，如图 4-135 所示。

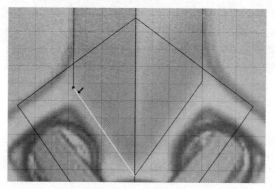

图 4-135　Step 49

Step 50：使用"Surfaces"工具栏中的"rail"工具 生成曲面，"Generation Curves"点选1，"Rail curves"点选2（Brail模式），如图4-136所示。

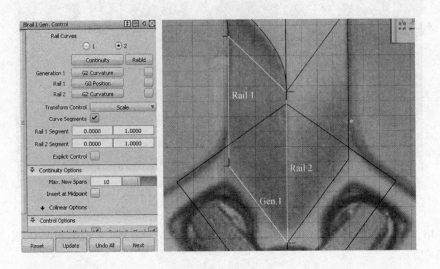

图 4-136　Step 50

Step 51：再次使用"Surfaces"工具栏中的"rail"工具 生成曲面，"Generation Curves"点选1，"Rail Curves"点选2（Brail模式），"Generation 1"的连续性设为"G2 Curvature"勾选"Explicit Control"，rail方向为7阶，gen方向为2阶，如图4-137所示。

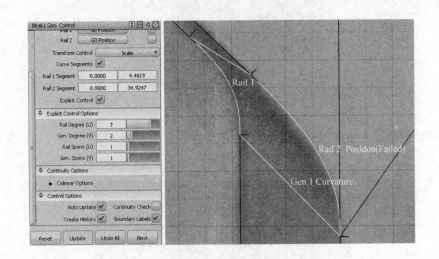

图 4-137　Step 51

Step 52：继续使用"Surfaces"工具栏中的"rail"工具 生成曲面，保持上一步的设置，尽管rail的连续性做不到也没有关系，后面可以通过倒角解决，如图4-138所示。

至此，大面制作完成，其关系效果如图 4-139 所示。

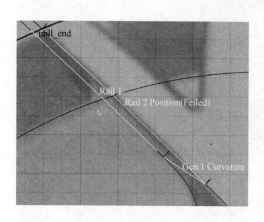

图 4-138　Step 52

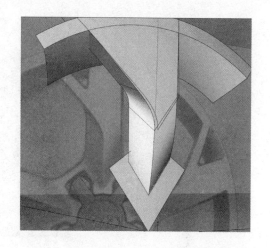

图 4-139　大面关系效果

4.3.3　制作轮毂的细节

Step 53：使用"Surfaces"工具栏中的"srfillet"工具对两组面的交界进行倒角，大面无法被自动剪切，如图 4-140 所示。

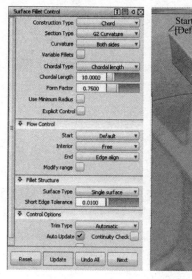
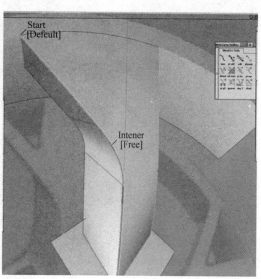

图 4-140　Step 53

Step 54：使用"Object Edit"工具栏中的"extend"工具延长曲面，如图 4-141 所示。

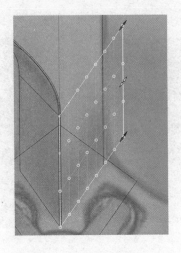

图 4-141　Step 54

Step 55：使用"Surface"工具栏中的"srfillet"工具 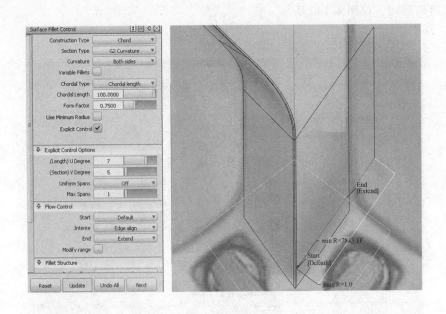 对上一步中延伸的曲面及其下部 Step 36 被修剪的矩形平面进行倒角，如图 4-142 所示。

图 4-142　Step 55

Step 56：在 Left 视图中用"ep crv"工具 绘制 1 阶曲线，并用"blend"工具组 中的"new" 绘制过渡曲线，与背景图相匹配，注意过渡曲线的下部端点位于倒角曲面与矩形平面的边界交点处，如图 4-143 所示。

Step 57：使用"Surface Edit"工具栏中的"project"工具 ，将 Step 56 中绘制的两条

曲线投影到 Step 54 中延伸的曲面及其倒角面上，如图 4-144 所示。

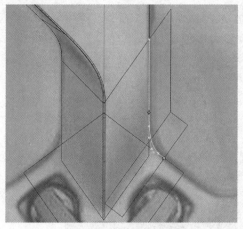
图 4-143 Step 56

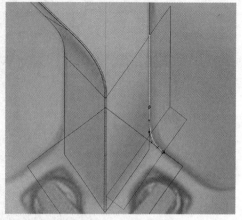
图 4-144 Step 57

Step 58：使用"Surface Edit"工具栏中的"trim"工具，对刚才两个曲面进行修剪，效果如图 4-145 所示。

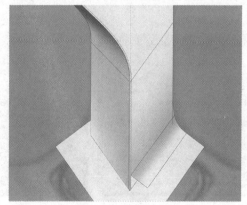
图 4-145 Step 58

Step 59：使用"Curve Edit"工具栏中的"dupl"工具，复制 Step 57 中生成的面上线，如图 4-146 所示。

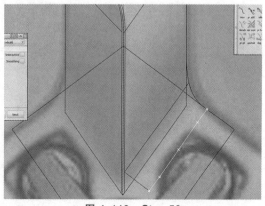
图 4-146 Step 59

Step 60：在控制面板（Control Panel）中修改曲线为 1 阶单跨度直线，如图 4-147 所示。

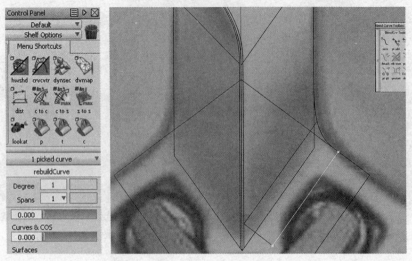

图 4-147　Step 60

Step 61：选择菜单命令"Edit>Duplicate>Mirror"，生成关于 YZ 平面的镜像曲线，如图 4-148所示。

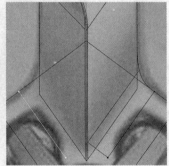

图 4-148　Step 61

Step 62：在 Left 视图中用"ep crv"工具绘制 1 阶曲线，使其上端点引导直线通过背景图上过渡线条的起点，下端点与右侧倒角面顶点对称，如图 4-149 所示。

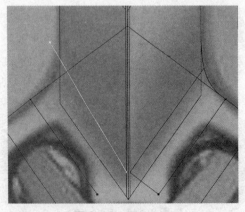

图 4-149　Step 62

Step 63：在 Left 视图中用"blend"工具组 中的"new" 绘制 2 条过渡曲线，如图 4-150 所示。

Step 64：使用"Surface Edit"工具栏中的"project"工具 ，将两条曲线投影到 Step 36 修剪后的矩形平面上，如图 4-151 所示。

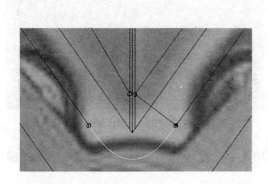
图 4-150 Step 63

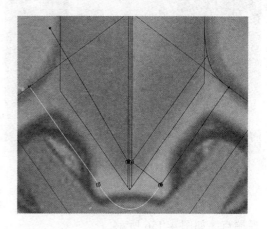
图 4-151 Step 64

Step 65：使用"Surface Edit"工具栏中的"trim"工具 ，对矩形平面再次修剪，效果如图 4-152 所示。

Step 66：使用"Surface Edit"工具栏中的"project"工具 ，将直线投影到曲面上，如图 4-153 所示。

图 4-152 Step 65

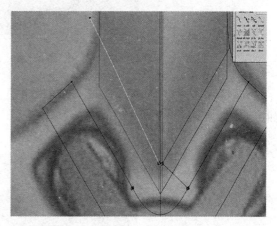
图 4-153 Step 66

Step 67：使用"Surface Edit"工具栏中的"trim"工具 完成修剪，效果如图 4-154 所示。

Step 68：在 Left 视图中，用"blend"工具组 中的"new" 绘制过渡曲线，如图

4-155所示。

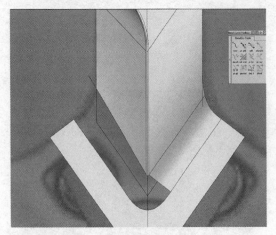

图 4-154   Step 67

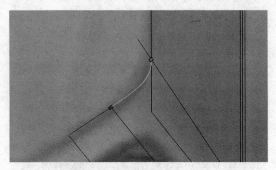

图 4-155   Step 68

Step 69：在 Left 视图中，用"ep crv"工具 绘制 5 阶曲线，利用<Alt+Ctrl>组合键捕捉端点，如图 4-156 所示。

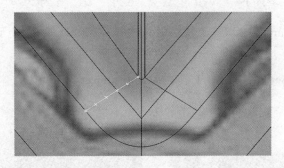

图 4-156   Step 69

Step 70：使用"Surface Edit"工具栏中的"untrim"工具 还原 Step 67 修剪的曲面，如图 4-157 所示。

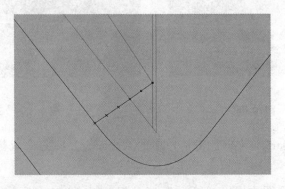

图 4-157   Step 70

Step 71：使用"Object Edit"工具栏中的"extend"工具延长曲线两端，如图 4-158 所示。

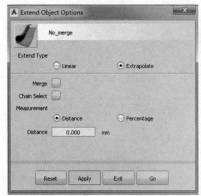
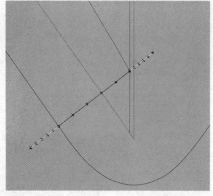

图 4-158　Step 71

Step 72：用"Surface Edit"工具栏中"project"工具将延长的线段分别投影在对应曲面上，生成面上线。删除延长的曲线，用"Object Edit"工具栏中的"align"工具，使中间线段的两端分别与该面上线达到 G2 连续性，如图 4-159 所示。

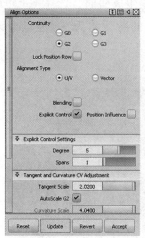
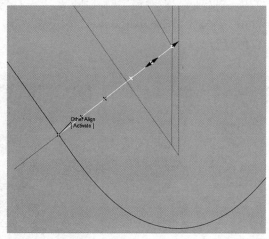

图 4-159　Step 72

Step 73：在 Left 视图中，用"blend"工具组中的"new"绘制过渡曲线，如图 4-160 所示。

Step 74：使用"Surface"工具栏中的"rail"工具生成曲面，"Generation Curves"和"Rail Curves"分别点选 2（Brail 模式）设置"Rail 1"和"Rail 2"的连续性均为"G2

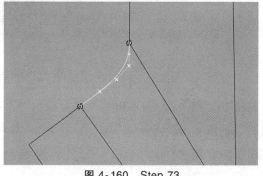

图 4-160　Step 73

Curvature"，如图 4-161 所示。

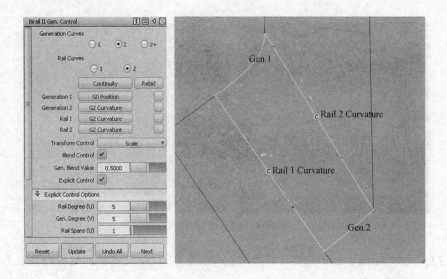

图 4-161　Step 74

Step 75：用 "Surface" 工具栏中的 "square" 工具 生成曲面，选择 4 个边的连续性均为 "G2 Curvature"，勾选 "Explicit Control"，U、V 方向的阶数均为 7，连续性没达到也没关系，如图 4-162 所示。

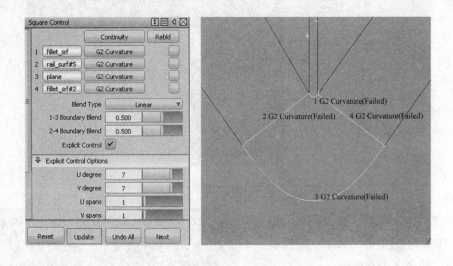

图 4-162　Step 75

Step 76：用 "Object Edit" 工具栏中的 "detach" 工具 打断曲面，用<Alt>键捕捉中线位置，如图 4-163 所示。

Step 77：用 "Object Edit" 工具栏中的 "align" 工具 ，结合控制面板（Control

Panel）中的"transform CV"工具 ![icon]，调整曲面边界的连续性，使其至少达到"T"标识，即 G1 连续性，如图 4-164 所示。

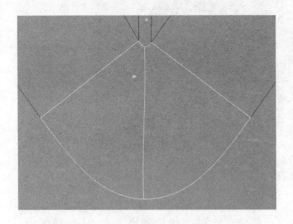

图 4-163　Step 76

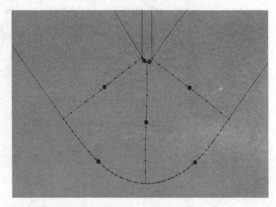

图 4-164　Step 77

Step 78：使用"Surface"工具栏中的"msdrft"工具 ![icon]，将曲面边界向内垂直拔出一定距离，可在 Top 视图中借助<Alt+Ctrl>键捕捉，用鼠标右键使其与现有曲面上边界对齐，如图 4-165 所示。

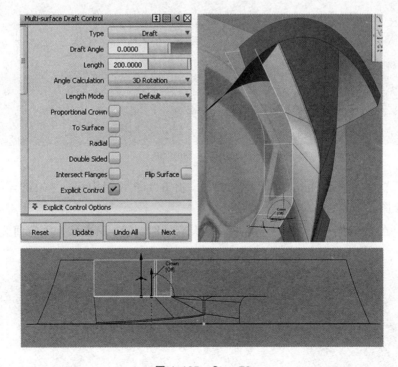

图 4-165　Step 78

Step 79：同样使用"msdrft"工具 ![icon]，将曲面右侧边界向内垂直拔出一定距离，此时不用捕捉，如图 4-166 所示。

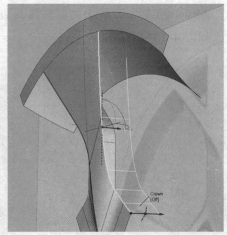

图 4-166　Step 79

Step 80：打开上一步中生成曲面组的控制点，选择向内侧一排控制点，在 Back 视图中，借助<Alt+Ctrl>键捕捉，用鼠标中键平移至与其他曲面对齐，如图 4-167 所示。

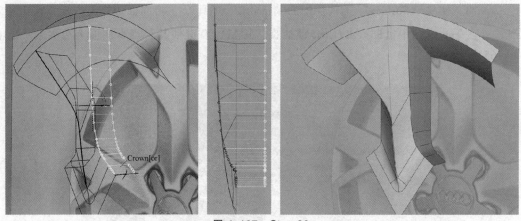

图 4-167　Step 80

Step 81：复制并粘贴 Step 7 中生成的曲线，并在 Left 视图中用 "Scale" 命令和鼠标左键将其缩放至图 4-168 所示位置。

Step 82：在 Left 视图中，用 "ep crv" 工具 分别绘制 1 阶曲线和 2 阶曲线，略微调整其 CV 点位置，如图 4-169 所示。

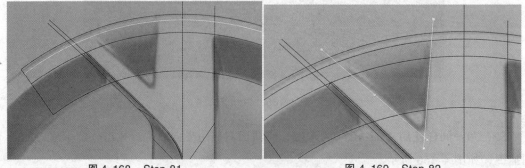

图 4-168　Step 81　　　　　　　　　　　　　图 4-169　Step 82

Step 83：使用"blend"工具组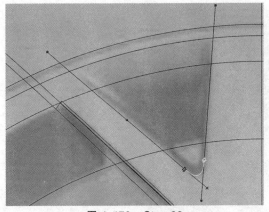中的"new"工具生成过渡曲线，效果如图4-170所示。

Step 84：用"crvsct"工具修剪曲线，效果如图4-171所示。

图4-170　Step 83

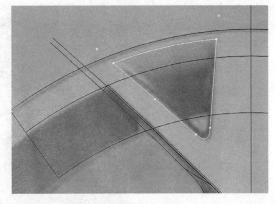

图4-171　Step 84

Step 85：使用"Surfaces"工具栏中的"msdrft"工具，将Step 81～Step 84中绘制的曲线组向内垂直拔出一定距离，可在Top视图中。借助<Alt+Ctrl>键捕捉，用鼠标右键使其与现有曲面的上边界对齐，如图4-172所示。

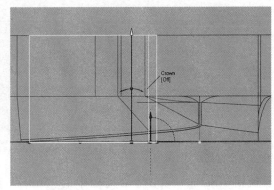

图4-172　Step 85

Step 86：使用"Surface Edit"工具栏中的"intersect"工具，使刚拉伸出的曲面与原有曲面——相交，得到面上线，如图4-173所示。

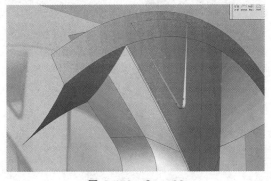

图4-173　Step 86

Step 87：使用"Surface Edit"工具栏中的"trim"工具，对曲面进行修剪，如图 4-174所示。

图 4-174　Step 87

Step 88：再次用"intersect"工具使图中曲面一一相交，得到面上线，如图 4-175 所示。

图 4-175　Step 88

Step 89：使用"Surface Edit"工具栏中的"trim"工具，对曲面进行分割，如图 4-176所示。

图 4-176　Step 89

Step 90：使用"Object Edit"工具栏中的"detach"工具 打断曲面，如图 4-177 所示。

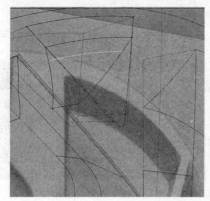 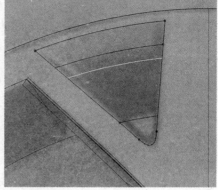

图 4-177　Step 90

Step 91：删掉打断后上部的曲面，如图 4-178 所示。

图 4-178　Step 91

Step 92：使用"Surfaces"工具栏中的"ffblnd"工具 连接曲面的边界，如图 4-179 所示。

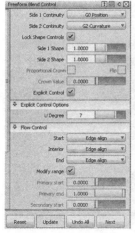 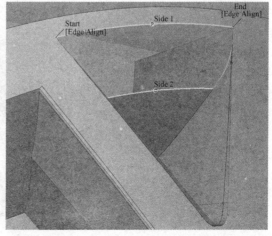

图 4-179　Step 92

Step 93：用"Object Edit"工具栏中的"extend"工具 🖌 延长曲面两端，如图 4-180 所示。

Step 94：用"intersect"工具 🖎 使延长曲面分别与其他曲面相交，如图 4-181 所示。

图 4-180　Step 93

图 4-181　Step 94

Step 95：使用"Surface Edit"工具栏中的"trim"工具 📄 分别修剪曲面，效果如图 4-182所示。

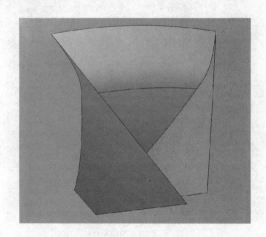

图 4-182　Step 95

Step 96：隐藏所有曲线，完成各处曲面的修剪，对所有曲面进行群组，如图 4-183 所示。

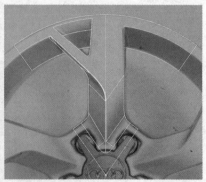

图 4-183　Step 96

Step 97：通过选择菜单命令"Edit>Duplicate>Object"，实现圆心阵列，"Number"为4，其他参数不变，"Rotation"为0、72、0，如图4-184所示。

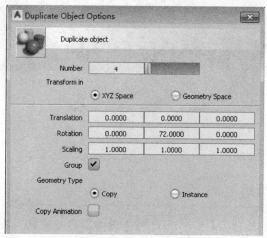

图4-184　Step 97

4.3.4　最终效果

最终效果如图4-185所示。

图4-185　最终效果

由于篇幅限制，本案例练习不包含倒角及附件制作。主要练习内容有：制作一个轮毂的单元，再进行阵列生成5辐轮毂。本案例练习中，要特别注意阵列后单元相交边界的连续性，要经过反复检测后才能进行后续步骤。

本 章 小 结

本章主要通过三个简单的练习，完成ALIAS的初级训练。案例由浅入深，在玩具车的练习中主要练习ALIAS基本操作方式，变速杆的练习主要强化曲面的基本构建思路，轮毂的练习比较复杂，涉及曲面的拼接和连续性问题。这些案例都是针对与汽车相关的产品设计展开的。本章的案例具有一定的代表性，学习者应不只以完成练习任务为目标，而是通过多次重复练习，深入思考，达到对软件的熟练应用。

第5章

汽车内饰的制作

5.1 制作转向盘

5.1.1 转向盘建模分析

随着中国社会经济的快速发展，汽车已经走进中国普通家庭，成为人们商务、生活、休闲等不可或缺的工具，汽车造型、舒适度、驾驶感受等要求也在逐步提升。作为与驾驶人互动最频繁的内饰零件，汽车转向盘除性能和实用性外，它的造型状态、材质应用、色彩搭配等方面都将引起消费者购买欲望和使用体验。

常见转向盘造型（图 5-1）主要有以下几点要素：

图 5-1　常见转向盘造型

图 5-1　常见转向盘造型（续）

1. 转向盘辐数

三辐和四辐结构的转向盘是最为常见的，二辐结构转向盘相对较少。三辐转向盘造型的特点是盘内部呈三角形基本骨架结构，有的是棱角分明的三角星形，有的是突出中部的圆形带三个较短的辐条。四辐转向盘造型比较拟人或者仿生，看起来很有趣味。二辐转向盘造型是四辐和三辐转向盘造型的延伸，在 20 世纪 80 年代的汽车上较常见。两个辐条支撑圆盘，这就要求它在结构上一定要稳固，因此两个辐条和中心部位一般都较厚重。

2. 转向盘盘体形状

市面上最多的转向盘盘体形状为倒梯形，其次为六边形。通过装饰件、组合按键"破"形，使得转向盘整体形状灵活多变。

3. 转向盘装饰件常见位置

转向盘上装饰件数量一般多于 3 个，混合出现，其分布按照使用频率大小依次为按键、"6 点钟"位置、盘体周圈、握把位置。当前流行的转向盘装饰件数量以 3~4 个为宜，通过材质变化或混搭、粗细变化、装饰件跨界等方式处理，使转向盘看起来各有不同。

4. 转向盘功能键

为了方便驾驶人操作，通常在转向盘两边或下方设置功能键。这些功能键一般包括音量调节键、菜单选择键和定速巡航键等，部分带车载电话的车型也会把接听键和话筒键设置在转向盘上。

5.1.2　转向盘建模思路

虽然概念车设计中，转向盘的造型不再局限于圆环形，但大部分量产车上由于结构、工艺、成本、习惯等方面因素，仍然采用圆环形转向盘，所以本例仍以圆环形转向盘为分析对象。如图 5-2 所示，去除功能键、装饰和过渡圆角，此类转向盘主体分为三个部分：外圈圆环部分、主体盘面部分和支撑辐条部分。

外圈圆环部分决定转向盘的粗细和大小，主要通过旋转生成。盘体的面形状各异，位于中心位置，主要用于与转向轴相连，成型方式需根据具体造型来选择。支撑辐条连接主体盘面和外圈圆环。过渡和倒角的制作是本例的重点和难点。

图 5-2　转向盘建模思路

141

5.1.3　制作转向盘主要曲面

本例省略了按键、装饰、分缝等细节，并简化了辐条的数量，主要完成外圈圆环、主体盘面和支撑辐条三个主体部分的制作，其思路和技巧对实际转向盘（图 5-3）的设计和建模具有一定的参考意义。

Step 1：在 Left 视图中，使用"Curve"工具栏中的"circle"工具○绘制 7 阶单跨度（span）的半圆形，用<Alt>键捕捉网格，使轴心（pivot）点在 X 轴上，如图 5-4 所示。

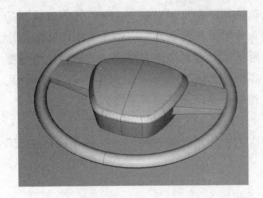

图 5-3　转向盘主体曲面

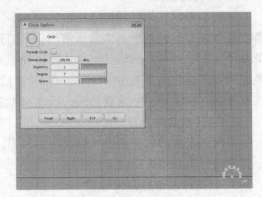

图 5-4　Step 1

Step 2：选择半圆，打开"Information Windows"对话框，调整"Transform info"参数，"Translate"为 1700、0、0，"Scale"为 200、200、200，使其放大至 2 倍，如图 5-5 所示。

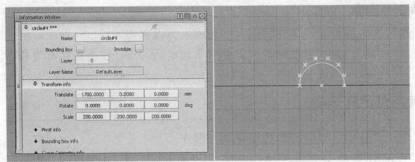

图 5-5　Step 2

Step 3：选择菜单命令"Edit>Duplicate>Mirror"，对半圆进行镜像，镜像平面为 XY 坐标平面，如图 5-6 所示。

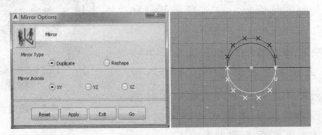

图 5-6　Step 3

Step 4：在 Left 视图中，选择两段曲线最右侧末端的两个点，用<Ctrl+Shift>键+鼠标中键选择 marking menus 菜单中的"Move"命令，用鼠标中键平移，使右侧形成尖突，如图 5-7 所示。

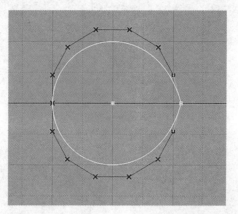

图 5-7　Step 4

Step 5：使用"Surfaces"工具栏中的"revolve"工具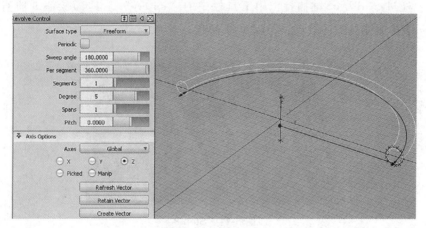，将 2 段曲线旋转生成曲面，只生成一半即可，参数设置如图 5-8 所示。

图 5-8　Step 5

Step 6：在 Left 视图中，使用"Curves"工具栏中的"ep crv"工具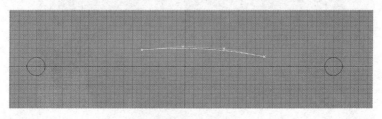绘制 3 阶直线，调整 CV 点，如图 5-9 所示。

图 5-9　Step 6

Step 7：复制并平移上一步中绘制的曲线，调整 CV 点，如图 5-10 所示。

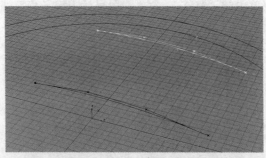

Perspective视图

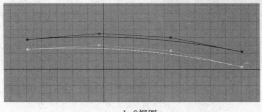

Left视图

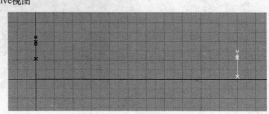

Back视图

图 5-10　Step 7

Step 8：通过<Ctrl+Alt>键捕捉，用工具栏中的"ep crv"工具 N 绘制 3 阶直线，连接 Step 6、Step 7 中生成曲线的端点，如图 5-11 所示。

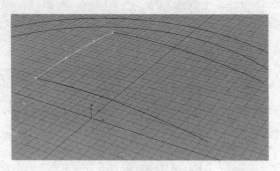

图 5-11　Step 8

Step 9：调整 CV 点，使对称显示后（用鼠标右键单击所在图层，选择"symmetry"）曲率梳分布如图 5-12 所示，并在对称处达到 G3 连续性。

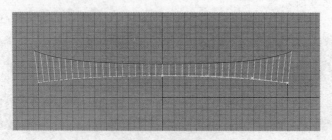

图 5-12　Step 9

Step 10：用同样的方法绘制另一端的曲线，调整曲线曲率，如图 5-13 所示。

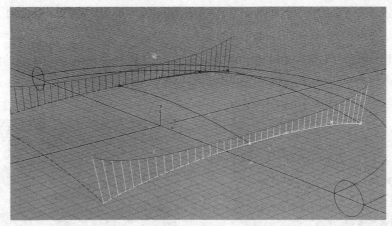

图 5-13　Step 10

Step 11：使用"Surfaces"工具栏中的"rail"工具，选择 Step 6~Step 10 中绘制的 4
条曲线生成曲面，参数设置及曲面效果如图 5-14 所示。

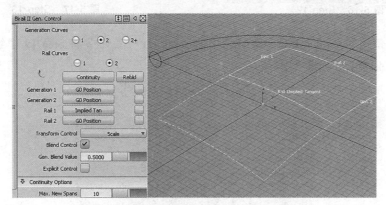

图 5-14　Step 11

镜像显示时，斑马线检测如图 5-15 所示。

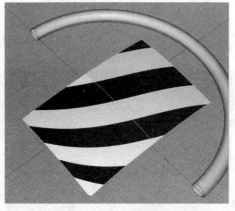

图 5-15　斑马线检测

Step 12：在 Top 视图中，用"ep crv"工具绘制 3 条 3 阶曲线，并调整 CV 点，保证对称处端点位于 XZ 平面上。用"blend"工具组中的"new"工具绘制 2 条过渡曲线，如图 5-16 所示。

Step 13：用"Object Edit"工具栏中的"extend"工具延伸 Step 11 中生成的曲面，使其完全遮盖上一步中所绘制的曲线（如果已经能够完全遮盖，本步可略），如图 5-17 所示。

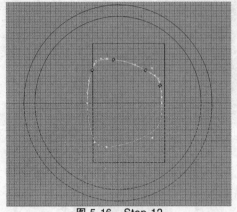
图 5-16　Step 12

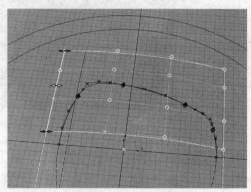
图 5-17　Step 13

Step 14：使用"Surface Edit"工具栏中的"project"工具将 Step 12 中绘制的曲线投影到延伸后的曲面上，如图 5-18 所示。

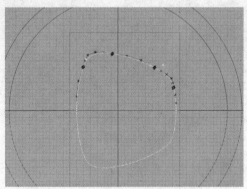
图 5-18　Step 14

Step 15：使用"Surface Edit"工具栏中的"trim"工具对曲面进行修剪，如图 5-19 所示。

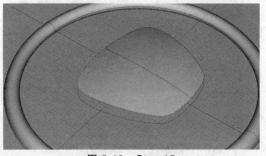
图 5-19　Step 15

Step 16：复制并粘贴 Step 12 中绘制的曲线，群组后用"scale"命令缩放（轴心点在坐标原点），解除群组后调整 CV 点，效果如图 5-20 所示。

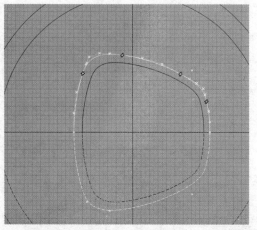

图 5-20　Step 16

Step 17：用"Surfaces"工具栏中的"msdrft"工具 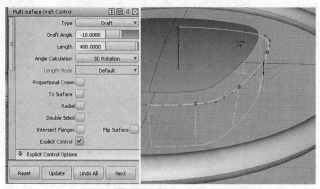，将曲线组向下垂直拔出一定距离，参数设置及效果如图 5-21 所示。

图 5-21　Step 17

注意检查各面之间连续性均为 G2 连续性，包括镜像边界。如果有没有达到 G2 连续性的部位，可用"Object Edit"工具栏中的"align"工具 调整，使其达到连续性要求，如图 5-22 所示。

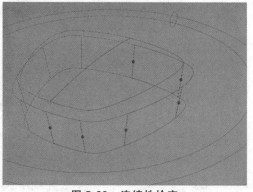

图 5-22　连续性检查

Step 18：使用"Surfaces"工具栏中的"skin"工具，在两组曲线对应的一段生成曲面，参数如图 5-23 所示。

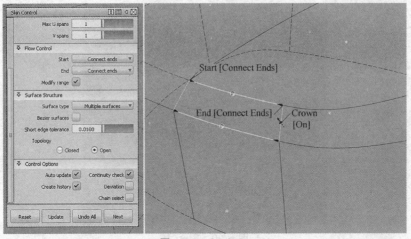

图 5-23　Step 18

Step 19：继续用 skin 工具在图 5-24 所示位置生成两个曲面，参数如图 5-24 所示。

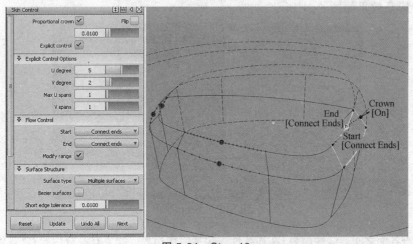

图 5-24　Step 19

注意检查镜像边界的连续性，应达到 G2。如果有没有达到 G2 的部位，可打开曲面控制点，对于每一排控制点，从对称平面处的端点 CV 点开始计为第 1，选择第 2 个 CV 点，在 Left 视图中，用<Ctrl>键+鼠标中键、<Ctrl>键+鼠标右键，使控制点逐个对齐，达到连续性要求，如图 5-25 所示。

Step 20：使用"Surfaces"工具栏中

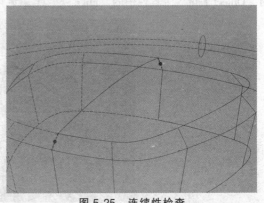

图 5-25　连续性检查

的"rail"工具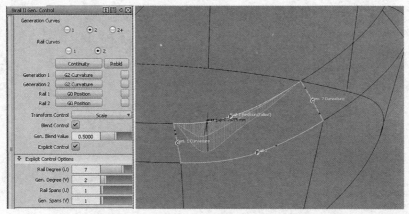生成曲面，"Generation Curves"和"Rail Curves"均点选2（Brail模式），设置"Generation 1"和"Generation 2"的连续性为"G2 Curvature"，设置"Rail 1"和"Rail 2"方向连续性为G0，参数如图5-26所示（rail方向连续性不到没有关系，后续可通过倒角解决）。

图 5-26　Step 20

Step 21：用同样的方法制作另一个曲面，如图5-27所示。

Step 22：使用"Surfaces"工具栏中的"srfillet"工具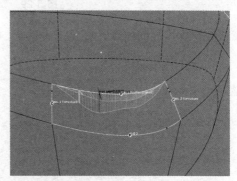对两组面的交界进行倒角，倒角类型为"Chord"，"Chord Length"为20，"Form Factor"为0.75，如图5-28所示。

图 5-27　Step 21

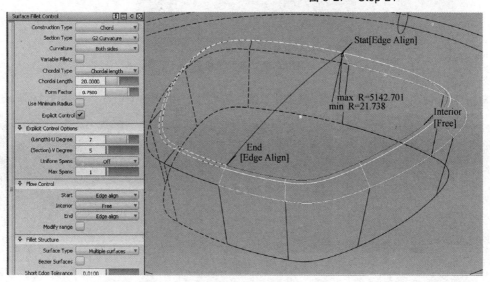

图 5-28　Step 22

Step 23：继续使用"srfillet"工具 对下面两组面的交界进行倒角，设置同上，如图5-29所示。

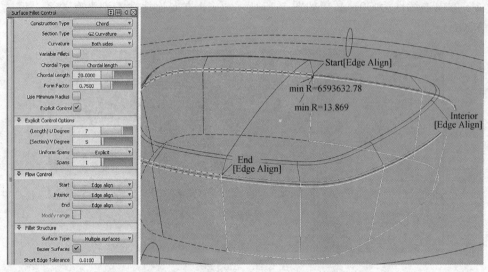

图 5-29　Step 23

注意检查镜像边界的连续性（见图 5-30），应达到 C 级，即 G2 连续性，否则要进行调点处理。

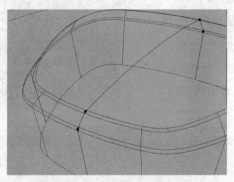

图 5-30　连续性检查

Step 24：使用"ep crv"工具 绘制 2 条 3 阶曲线，并调整 CV 点，如图 5-31 所示。

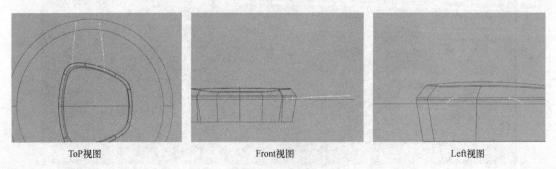

ToP视图　　　Front视图　　　Left视图

图 5-31　Step 24

Step 25：复制并粘贴上一步中绘制的两条曲线，平移并调整 CV 点，如图 5-32 所示。

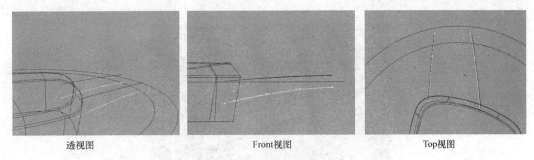

透视图　　　　　　　　Front视图　　　　　　　　Top视图

图 5-32　Step 25

Step 26：用"Surfaces"工具栏中的"skin"工具 ，在上部两根曲线间生成曲面，打开"Crown"且使曲面向上鼓，如图 5-33 所示。

Step 27：用同样的方法，在下部两根曲线间生成曲面，如图 5-34 所示。

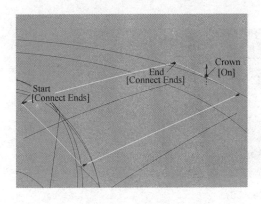

图 5-33　Step 26

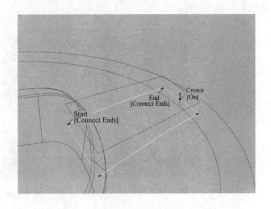

图 5-34　Step 27

检查斑马线，使曲面略微向上鼓，如图 5-35 所示。

Step 28：用同样的方法，在侧面两根曲线间生成曲面，使其略向外鼓，如图 5-36 所示。

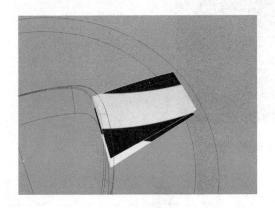

图 5-35　斑马线检查

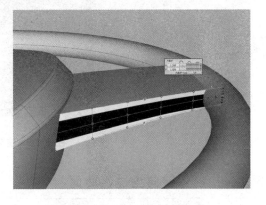

图 5-36　Step 28 及斑马线检查

Step 29：用同样的方法，在侧面另一侧两根曲线间生成曲面，使其略向外鼓，如图5-37所示。

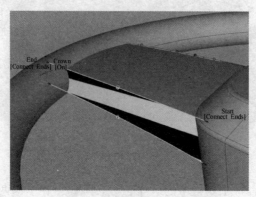

图 5-37　Step 29 及斑马线检查

Step 30：适当延伸 Step 26~Step 29 中生成的曲面，使其与主体盘面的侧面完全相交，如图 5-38 所示。

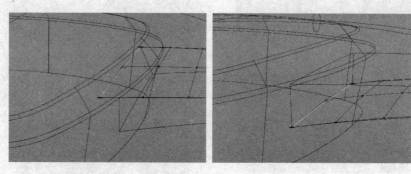

图 5-38　Step 30

至此主体曲面基本完成，效果如图 5-39 所示。

图 5-39　主体曲面完成效果

5.1.4　制作转向盘过渡曲面

Step 31：单独显示外侧半圆环，在 Back 视图中用"ep crv"工具绘制 2 阶曲线，用

鼠标中键保证该曲线处于水平位置，如图 5-40 所示。

图 5-40　Step 31

Step 32：选择菜单命令"Edit>Duplicate>Mirror"，生成镜像直线，镜像平面为 XY 坐标平面，如图 5-41 所示。

图 5-41　Step 32

Step 33：在 Back 视图中，将前两步绘制的两条曲线投影到半圆环上，如图 5-42 所示。

图 5-42　Step 33

Step 34：将半圆环内侧的两条面上线删掉，如图 5-43 所示。

Step 35：使用"Surface Edit"工具栏中的"trim"工具，对曲面进行修剪，如图5-44 所示。

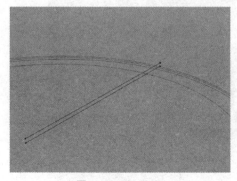

图 5-43　Step 34

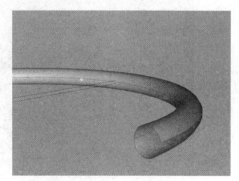

图 5-44　Step 35

Step 36：用"Object Edit"工具栏中的"detach"工具打断曲面，可以用<ctrl+Alt>键捕捉帮助上下打断时对齐，如图 5-45 所示。

Step 37：使用"Object Edit"工具栏中的"extend"工具 延伸曲面边缘至图 5-46 所示位置，两侧都需要延长。

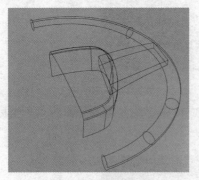

图 5-45　Step 36

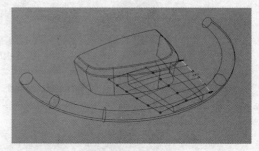

图 5-46　Step 37

Step 38：用同样的方法延长其他曲面边缘至图 5-47 所示位置。

Step 39：使用"Surfaces"工具栏中的"srfillet"工具 对两组面进行倒角，参数设置如图 5-48 所示，"Chordal Length"为 130，"Form Factor"为 0.75，勾选"Explicit Control"，U 向阶数为 7 阶，V 向阶数为 5 阶，"Flow Control"的"Start"和"End"均为"Default"，"Surface Type"为"Multiple sur-faces"，"trim type"为"curves on surface"，保证连续性为 G2，即 C 级。

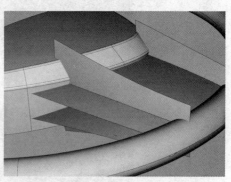

图 5-47　Step 38

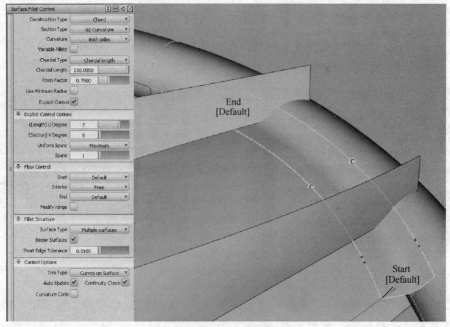

图 5-48　Step 39

Step 40：用同样的方法对下部进行倒角，除"Chord Length"为 140 外，其他参数与上步相同，如图 5-49 所示。保证连续性为 G2。

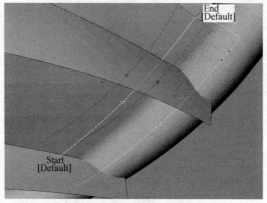

图 5-49　Step 40

Step 41：用同样的方法将垂直方向的面也与半圆环倒角，并设置合适的倒角弦长值，使面尽量简化，如图 5-50 所示，保证连续性为 G2。

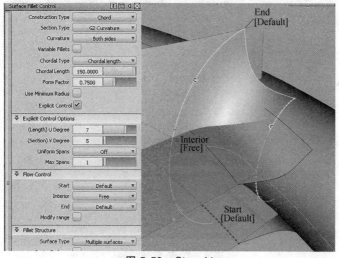

图 5-50　Step 41

Step 42：用同样的方法在另一侧生成倒角面，并设置合适的倒角弦长值，使面尽量简化，如图 5-51 所示。

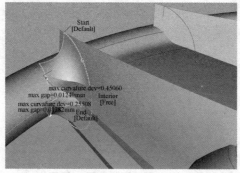

图 5-51　Step 42

如果出现连续性不到 G2 的情况，可将倒角面用"extend"工具收缩，如图 5-52 所示，但是必须保证与刚才横向平面生成的倒角有交叉关系。

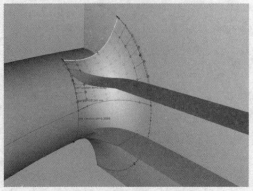

图 5-52　收缩倒角曲面边界

再用"Object Edit"工具栏中的"align"工具对齐，使其达到 G2 连续性，参数设置及对齐效果如图 5-53 所示。

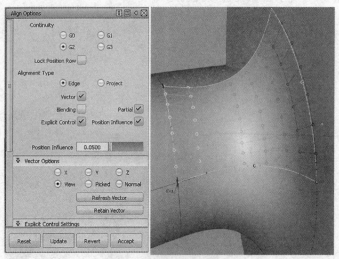

图 5-53　匹配连续性

用同样的方法调整下部曲面，使连续性达到要求，如图 5-54 所示。

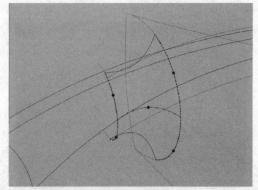

图 5-54　调整下部曲面达到要求

Step 43：横向两个曲面与纵向两个曲面相交，利用已有的面上线修剪横向曲面，如图 5-55所示。

Step 44：利用已有面上线修剪纵向曲面，如图 5-56 所示。

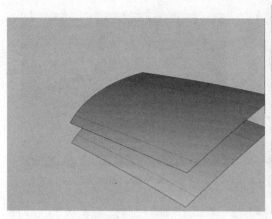
图 5-55　Step 43

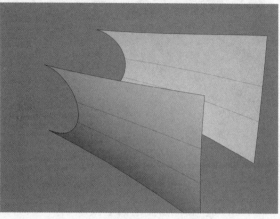
图 5-56　Step 44

Step 45：曲面组 A 与曲面组 B 相交，生成面上线，如图 5-57 所示。

曲面组A

曲面组B

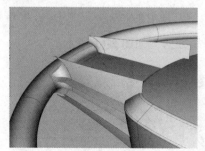
两组曲面的面上线

图 5-57　Step 45

Step 46：利用上一步中生成的面上线修剪曲面，如图 5-58 所示。

Step 47：由于倒角与圆环的连续性均为 G2，倒角面的相交面上线就会出现异常，如图 5-59 所示，面上线端点不能汇聚在交点上，需要手动重新绘制。

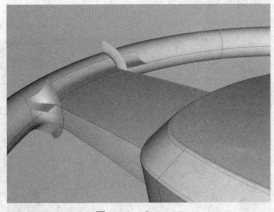

图 5-58　Step 46

图 5-59　Step 47

Step 48：删除重叠的面上线中的一条，再将剩余一条面上线的控制点显示出来，在图 5-60所示位置打断，并删除。

图 5-60　Step 48

Step 49：使用"blend"工具组中的"new"工具重新绘制曲线，连接交点和端点，并用"edit"工具调整曲线方向，如图 5-61 所示。

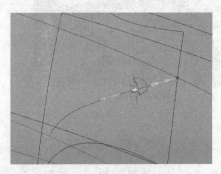

图 5-61　Step 49

Step 50：将透视图设置为正交（orthographic）模式，将过渡曲线和 Step 48 中保留下来的面上线投影到倒角曲面上，如图 5-62 所示。

Step 51：使用"trim"工具 修剪倒角曲面，如图 5-63 所示。

图 5-62　Step 50

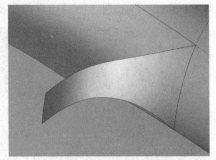

图 5-63　Step 51

Step 52：用同样的方法对另外三个倒角曲面相交处进行处理，效果如图 5-64 所示。

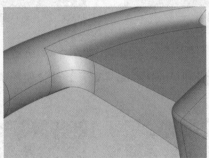

图 5-64　Step 52

5.1.5　制作转向盘倒角及部分细节

本例中有很多三边倒角的应用，对于细节制作能力的提升很有帮助。

Step 53：使用"Surfaces"工具栏中的"srfillet"工具 对图 5-65 所示两组面的交界进

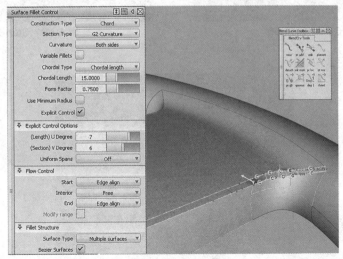

图 5-65　Step 53

行倒角，倒角弦长为15。

Step 54：使用"align" 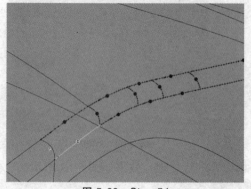和"transform CV"工具，使所有曲面连续性达到G2，如图 5-66 所示。

Step 55：将末端曲面的边界投影到半圆环曲面上，如图 5-67 所示。

图 5-66　Step 54

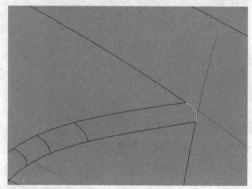

图 5-67　Step 55

Step 56：用"crvsct"工具 修剪面上线，如图 5-68 所示。

Step 57：使用"align" 和"transform CV"工具，使所有曲面连续性达到G2，如图 5-69 所示。

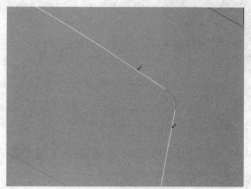

图 5-68　Step 56

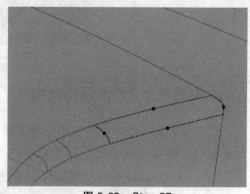

图 5-69　Step 57

着色效果如图 5-70 所示。

图 5-70　着色效果

Step 58：用同样的方法处理其他三个棱边的倒角，效果如图 5-71 所示。

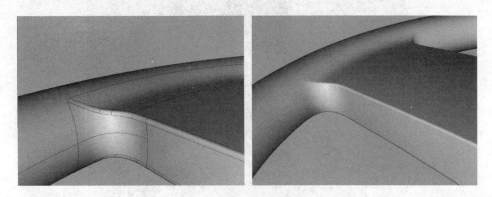

图 5-71　Step 58

Step 59：检查 Step 23 中生成的倒角与各边的连续性，如果连续性未达到 G2，可利用"detach"工具 和"align"工具 细分倒角面，使其连续性达到 G2，效果如图 5-72 所示。

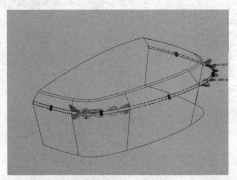

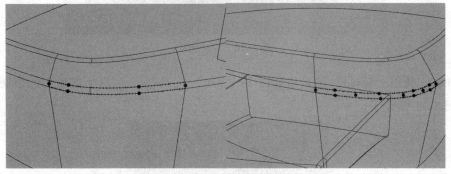

图 5-72　Step 59

Step 60：使用"Surfaces"工具栏中的"srfillet"工具 对顶面两组面进行倒角，由于曲面之间的间隙比较小，所以倒角面要延伸到 Step 23 中生成的倒角上，如果倒角继续加大，可以延伸到斜面上，那会使得问题变得更有趣，效果如图 5-73 所示。

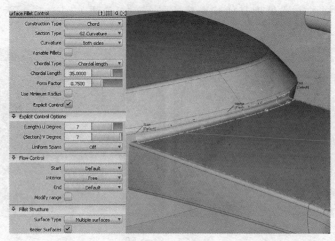

图 5-73　Step 60

Step 61：继续用"srfillet"工具 对侧面两组曲面进行倒角，参数设置及倒角效果如图 5-74 所示。

图 5-74　Step 61

Step 62：使用"blend"工具组 中的"new"工具 ，在两个倒角面间绘制过渡曲线，如图 5-75 所示。

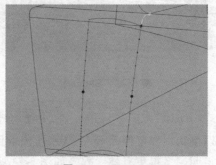

图 5-75　Step 62

Step 63：调整 Step 61 中生成的倒角弦长的大小，使上一步中绘制的过渡线 CV 点分布合理，如图 5-76 所示。

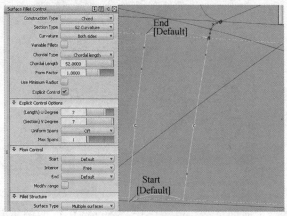

图 5-76　Step 63

Step 64：使用 "Object Edit" 工具栏中的 "extend" 工具 延长倒角面的下边缘，如图 5-77 所示。

Step 65：单独显示 Step 61～Step 64 中生成的倒角和支架侧面曲面，在 Back 视图中，将支架侧面曲面的边缘投影到倒角面上，如图 5-78 所示。

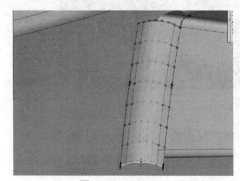

图 5-77　Step 64

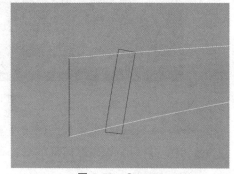

图 5-78　Step 65

Step 66：使用 "Surface Edit" 工具栏中的 "trimcvt" 工具 ，在 Step 65 中生成的带有面上线的倒角面基础上生成一个新的曲面，将原有倒角隐藏或删除，如图 5-79 所示。

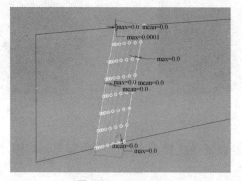

图 5-79　Step 66

Step 67：延长原有面上线，并检查连续性应达到 G2，如图 5-80 所示。

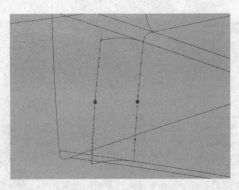

图 5-80　Step 67

Step 68：单独显示三个曲面，在 Top 视图中将 Step 3 生成的倒角面的左侧边缘投影到两个曲面上，如图 5-81 所示。

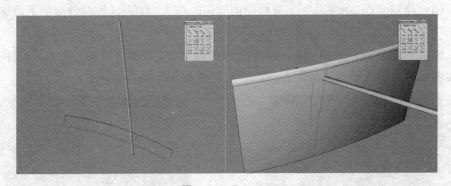

图 5-81　Step 68

Step 69：将 Step 60 中生成的倒角面左边打断一段，并删除，如图 5-82 所示。

Step 70：用<Ctrl+Alt>键捕捉端点，在图 5-83 所示位置绘制一小段 1 阶曲线。

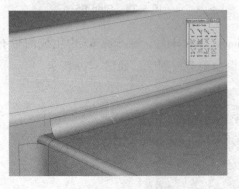

图 5-82　Step 69

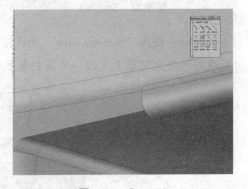

图 5-83　Step 70

Step 71：将上一步中绘制的曲线投影到后面的曲面上，并用"crvsct"工具 修剪该面上线，如图 5-84 所示。

Step 72：用<Ctrl+Alt>键捕捉该面上线端点，使用"Curves"工具栏中的"ep crv"工具绘制3阶直线，并用"align"工具使曲线与该面上线达到G2连续性，如图5-85所示。

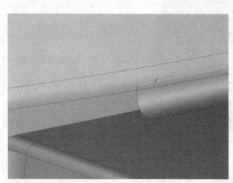

图 5-84　Step 71

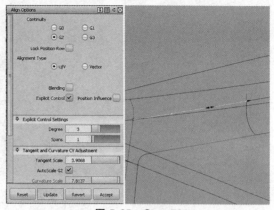

图 5-85　Step 72

Step 73：将上一步中绘制的曲线，在透视图（正交模式）中投影到背后曲面上，如图5-86所示。

Step 74：使用"blend"工具组中的"new"工具在图5-87所示位置绘制过渡曲线。

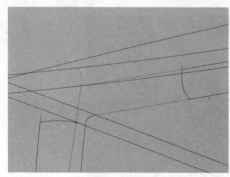

图 5-86　Step 73

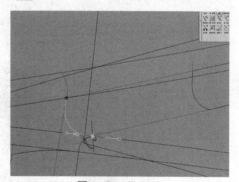

图 5-87　Step 74

Step 75：用"Surfaces"工具栏中的"square"工具生成曲面，选择各边的连续性如图5-88所示，勾选"Explicit Control"，U、V方向阶数均为7，调整连续性，使各边连续性

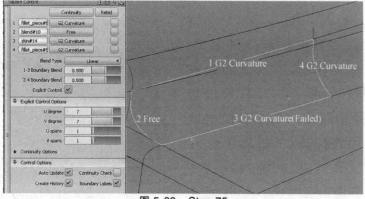

图 5-88　Step 75

均达到 G2。

Step 76：使用"blend"工具组 中的"new"工具 在图 5-89 所示位置绘制过渡曲线。

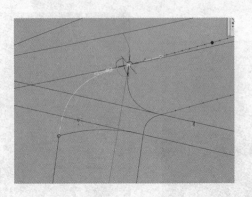

图 5-89　Step 76

Step 77：在 Top 视图中，将 Step 62 中绘制的过渡线投影到倒角面上，再用"Surface Edit"工具栏中的"trimcvt"工具 生成新的曲面，检查并保证新曲面与其他面的连续性不变，如图 5-90 所示。

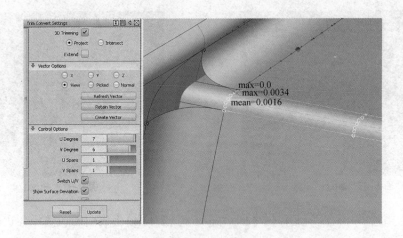

图 5-90　Step 77

Step 78：在透视图（正交模式）中将 Step 76 中绘制的过渡线投影到背后曲面上，如图 5-91 所示。

Step 79：用"Surfaces"工具栏中的"square"工具 生成曲面，选择各边的连续性均为 G2，勾选"Explicit Control"，U、V 方向阶数均为 7，在"Colinear Options"中将对应边界勾选，如图 5-92 所示。

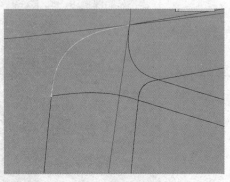

图 5-91　Step 78

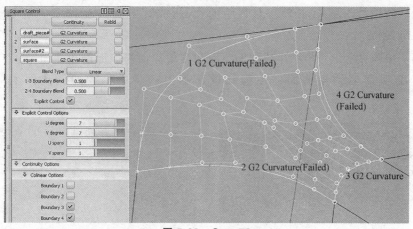

图 5-92　Step 79

Step 80：使用"align" 和"transform CV"工具使各个边界连续性达到 G2，可用"detach"工具将单个曲面打断，增加控制点数量，但要保证面的数量尽量少，如图 5-93 所示。

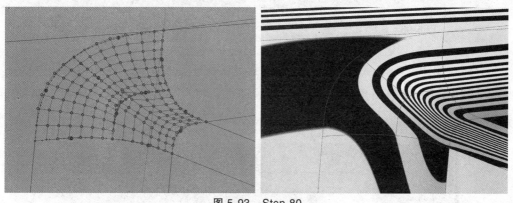

图 5-93　Step 80

Step 81：使用"Surfaces"工具栏中的"srfillet"工具对底面两组曲面进行倒角，参数设置及倒角效果如图 5-94 所示。

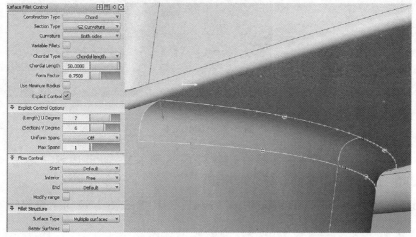

图 5-94　Step 81

Step 82：使用"Object Edit"工具栏中的"extend"工具 延伸上一步中生成的倒角面，如图 5-95 所示。

Step 83：单独显示上一步中生成的倒角面和支架底面与侧面倒角曲面，在 Top 视图中，将支架底面与侧面的倒角曲面的左边缘投影到上一步中生成的倒角面上，如图 5-96 所示。

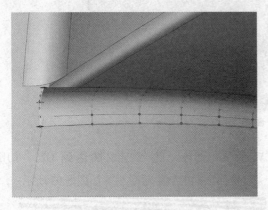
图 5-95　Step 82

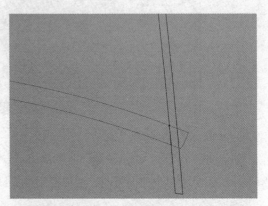
图 5-96　Step 83

Step 84：使用"Surface Edit"工具栏中的"trimcvt"工具 ，基于 Step 81～Step 83 中绘制的带有面上线的倒角面生成一个新的曲面，将原有倒角隐藏或删除，如图 5-97 所示。

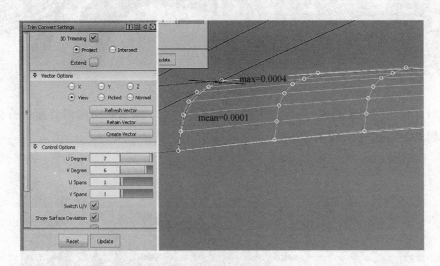
图 5-97　Step 84

Step 85：延长原有面上线，并检查连续性应达到 G2，如未达到，则用"align"和"transform CV"工具进行调整，如图 5-98 所示。

Step 86：使用"blend"工具组 中的"new"工具 在图 5-99 所示位置绘制 2 条过渡曲线。

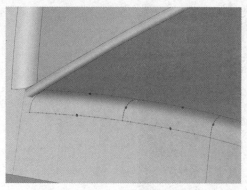

图 5-98　Step 85

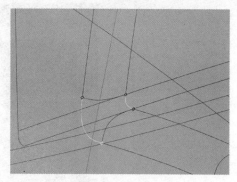

图 5-99　Step 86

Step 87：在 Top 视图中，将上一步中绘制的过渡曲线投影到倒角面上，再用"Surface Edit"工具栏中的"trimcvt"工具 生成新的曲面，检查并保证新曲面与其他面的连续性不变，如图 5-100 所示。

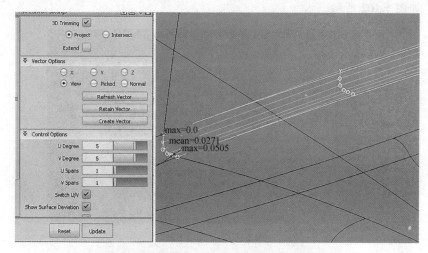

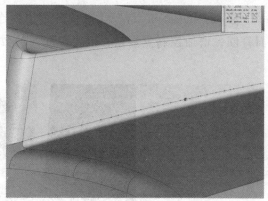

图 5-100　Step 87

Step 88：在透视图（正交模式）中将 Step 86 中绘制的过渡曲线投影背后曲面上，并修剪原有面上线，如图 5-101 所示。

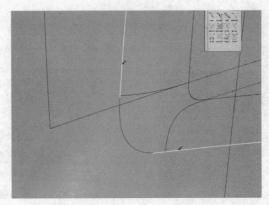

图 5-101　Step 88

Step 89：用"Surfaces"工具栏中的"square"工具生成曲面，选择各边的连续性均为 G2，勾选"Explicit Control"打开，U、V 方向阶数均为 7，在"Colinear Options"中勾选对应边界，如图 5-102 所示。

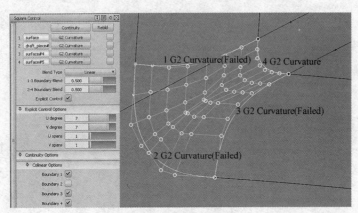

图 5-102　Step 89

Step 90：使用"align"和"transform CV"工具使各个边界连续性达到 C 级，可用"detach"工具将单个曲面打断，增加控制点数量，但要保证面的数量尽量少，如图 5-103 所示。

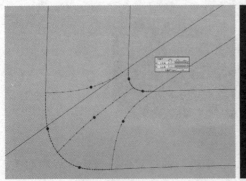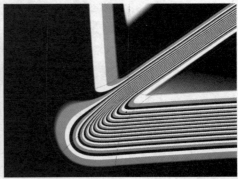

图 5-103　Step 90

Step 91：用同样的方法处理另外两处三边倒角，如图 5-104 所示。
倒角后的效果如图 5-105 所示。

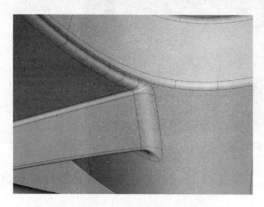

图 5-104　Step 91

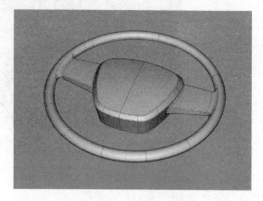

图 5-105　倒角后的效果

Step 92：用 "detach" 工具 在图 5-106 所示位置打断上下两个半圆环曲面。

Step 93：在控制面板（Control Panel）中，将阶数设置为 7 阶，如图 5-107 所示。

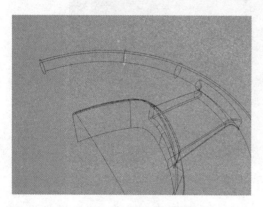

图 5-106　Step 92

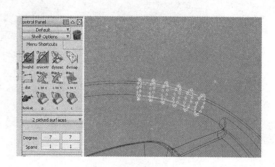

图 5-107　Step 93

Step 94：在 Top 视图中选择中间两列点向内移动，形成凸起（为了不影响连续性，两端三排点是不能动的），如图 5-108 所示。

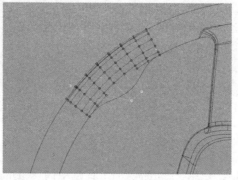

图 5-108　Step 94

Step 95：将邻近的两列点也向相应方向移动，如图 5-109 所示。

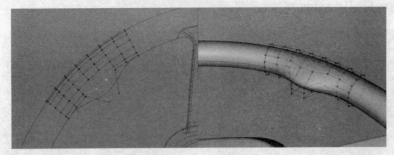

图 5-109   Step 95

Step 96：使用"Surfaces"工具栏中的"ffblnd"工具 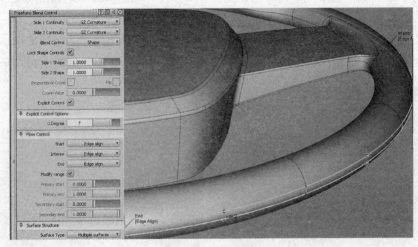，补齐上下半圆环的间隙，参数设置及效果如图 5-110 所示。

图 5-110   Step 96

Step 97：选择所有曲面所在的图层，将"Symmetry"设置为"On"，再选择菜单命令"Layers>Symmetry>Create Geometry"，生成另一侧的曲面，如图 5-111 所示。

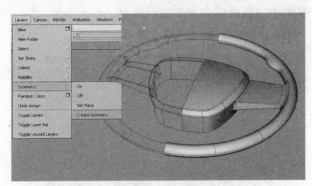

图 5-111   Step 97

Step 98：在 Top 视图中，使用"Surfaces"工具栏中的"plane"工具 绘制平面，如图

5-112 所示。

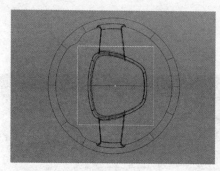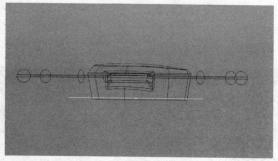

图 5-112　Step 98

Step 99：使用 "Surfaces" 工具栏中的 "srfillet" 工具 对底面与侧面进行倒角，如图 5-113 所示。

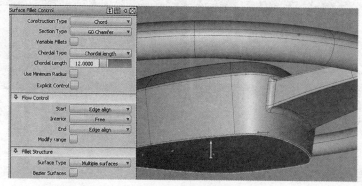

图 5-113　Step 99

最终效果如图 5-114 所示。

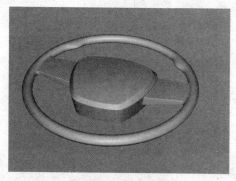

图 5-114　最终效果

倒角工作比较烦琐，也占用比较多的时间，一般在大面定型后再处理。

5.2　制作汽车座椅

座椅是一种非常重要的内饰件，它直接影响汽车的舒适感、个性感、品质感和安全

感等。

5.2.1 汽车座椅设计

常见汽车座椅造型如图 5-115 所示。

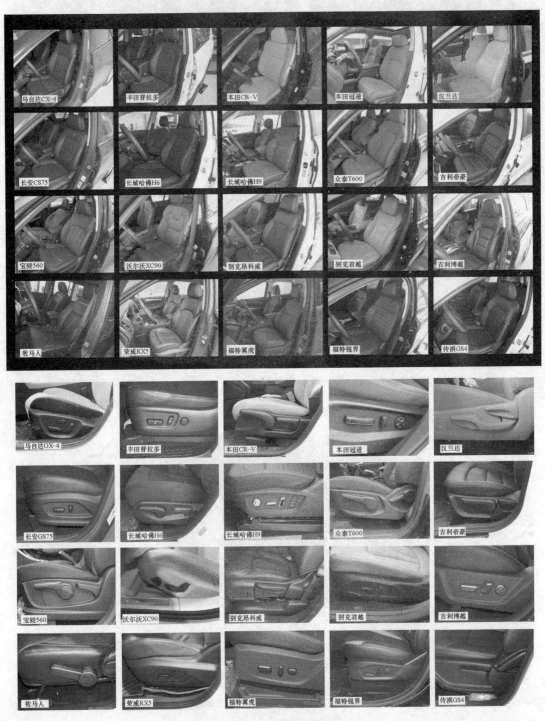

图 5-115 常见汽车座椅造型

1. 汽车座椅造型的分类

汽车座椅从形状特征可概括为以下几类：

（1）**整体式**　也可称为一体式，坐垫或靠背由一块或两块预制成型的曲面发泡形体构成。造型效果：曲线流畅、简练、前卫、具有运动感。

（2）**分体式**　即头枕、坐垫和靠背分别成型构成，是目前市场上常用的表现形式。造型效果：大气、经典、传统。

2. 汽车座椅的分块设计

根据不同的分块设计，座椅造型风格也存在着多样性，有以下几种常见的造型风格：

（1）**大气、经典型**　用简单的横竖线条进行分块区分，这是常见的分块形式，体现出大气、简约的风格。

（2）**动感、时尚型**　规则纹理——由几何形状等图案进行有规律的组织排列，形成一种有序的韵律，体现出动感、时尚的风格。

（3）**灵动、个性型**　通过形体的分块、面套上缝合的特征线等表达线条的律动感，体现出灵动、柔性。

（4）**前卫型**　通过造型的镂空、穿插、交汇等前卫的设计创意，体现座椅的科技感。

3. 座椅的色彩设计

根据座椅的造型设计、分块设计，同时搭配整车内饰的色系风格，确定座椅色彩风格定位。不同的色彩搭配体现出不同的色彩风格。几种常见的色彩搭配风格如下：

（1）**优雅、奢华感**　以浅米色、浅灰色等为代表的高明度与低彩度的色彩搭配风格，体现优雅、素净的感觉。

（2）**严谨、品质感**　以烟灰色、藏青蓝色等为代表的中低明度与低彩度的色彩搭配风格，凸显材料的质感，体现利落、严谨的感觉。

（3）**明亮、轻盈感**　以卡其色、暖棕色等为代表的高、中明度与中彩度的色彩搭配风格，体现通透、温和、光感好的感觉。

（4）**低调、沉稳感**　以巧克力色、深棕色等为代表的低明度与中彩度的色彩搭配分格，体现一种低调、神秘的感觉。

（5）**缤纷、强劲感**　以玫红色、明黄色等为代表的高明度与高彩度的色彩搭配风格，体现一种活泼、强劲感。

（6）**奔放、动感**　以红色、橘色等为代表的中明度与高彩度的色彩搭配风格，体现一种热情、奔放感。

（7）**高雅、浓郁**　以摩咖红、酒红等为代表的低明度与高彩度的色彩搭配风格，体现一种高雅、现代感。

座椅的色彩搭配中，选择一种主色作为基调，小范围地使用其他色彩进行搭配，使座椅设计更鲜活、更灵动。

4. 面料设计

（1）**面料要求**　汽车座椅面料需同时具有舒适性、功能性和装饰性。具体如下：舒适性主要包括手感、透气透湿性、气味、摩擦阻力等；功能性主要包括耐磨、色牢度、耐日晒、抗菌、抗紫外线、防污、阻燃、易清洁、尺寸稳定性等；装饰性主要包括织物外观风

格、花型色泽、织物结构等。

（2）**面料分类** 从表面材料上面料可概括分为织物、皮革等。织物具有外观丰满、挺括、耐磨等特点；皮革具有外观细腻、自然、手感柔软等特点。

（3）**面料的搭配组合设计** 织物座椅：机织与针织；皮料座椅：真皮与仿皮；混搭座椅：真皮与麂皮；仿皮座椅：PVC 材料与 PU 材料。

5. **缝纫线设计**

座椅面套上的缝纫线是座椅的点睛之笔，它除了有效地连接面套分块外，还可起到装饰作用。所以在设计中需要把握缝纫线的颜色、针距（一般针距要求为 10～12 针 50mm）等。优良的缝纫线必须具备三项基本性能要求：缝合性、耐用性和外观性。缝合性：缝线在特定的缝料上进行高速缝纫能缝制成均匀而一致的线迹的性能。耐用性：缝线在缝纫操作中的应力特性及其在线缝中的耐久性。外观性：顺滑、平整、无线头、无缝线堆积，要求达到线迹整洁和色彩协调。

5.2.2　汽车座椅建模思路

常见汽车座椅通常分为头枕、靠背和坐垫三个部分，彼此之间相对独立，但是在造型时有很多相互呼应的元素。座椅各部分与人接触的地方往往都是下凹的，表面通常由内部的填充物撑起来，由于填充材料的弹性并不完全一致，实际产品和数字模型有一定的差别，建模过程中对于连续性和斑马线检测要求并不高。图 5-116 所示为座椅模型实例。

座椅的面经常分缝，有些是出于工艺的需要，有些是出于造型的需求，分缝是汽车座椅造型中非常重要的造型元素。模型中常见的接缝做法为先制作大的面，在边界剪切一截，再向内部弯曲生成倒角，如图 5-117 所示。

在 ALIAS 2016 之后的版本中，用"Surfaces"工具栏中的"stnsm"工具 可以便捷地生成缝线。生成缝线的前提是两组曲面需要达到 G0 位置连续，"stnsm"工具 能够生成接缝的类型有 5 种，如图 5-118 所示。

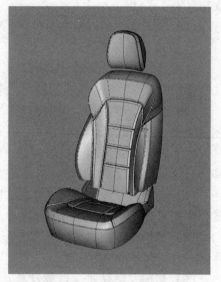

图 5-116　座椅模型实例

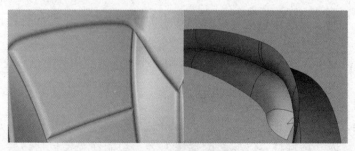

图 5-117　接缝的分面

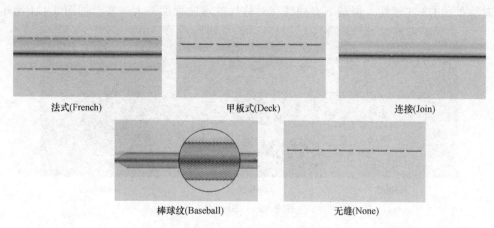

法式(French)　　　　甲板式(Deck)　　　　连接(Join)

棒球纹(Baseball)　　　　无缝(None)

图 5-118　接缝的类型

缝线仅适用于"French"和"Baseball"类型的接缝。在接缝的其中一侧或两侧创建缝合。缝线与"Seam Offset"、"Groove Size"、"Stitch Diameter"和"Stitch Length"全都相关。还可以通过 Add Jitter 为缝合角度添加细微变化，以增加真实感，图 5-119 所示就是增加了缝合角度变化的缝线。

图 5-119　增加了缝合角度变化的缝线

5.2.3　制作头枕

本例中图片来自吉利博越座椅的照片，为了减小透视差距，由多张照片合成，但是仍然无法保证透视的准确性，所以在制作过程中，以一个视图为准，在绘制不同部分时可能需要调整参考图位置。头枕是相对简单的部分，类似于一个六面体。

Step 1：绘制 3 阶曲线，在 Top 视图中保证在对称处（XZ 平面）达到 G3 连续性，即曲率变化连续，曲线要高于头枕，如图 5-120 所示。

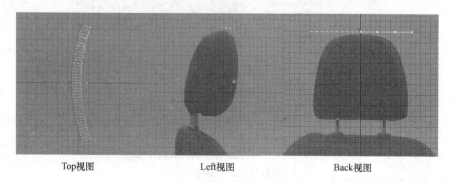

Top视图　　　　Left视图　　　　Back视图

图 5-120　Step 1

Step 2：复制并粘贴上一步中绘制的 3 阶曲线，将其平移到更低的位置，调整 CV 点，

保证对称处的 G3 连续性，但是下方曲线在对称处的弯曲程度要大一些，如图 5-121 所示。

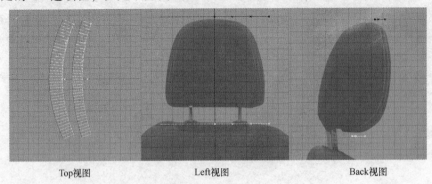

Top视图　　　　　　　　　　Left视图　　　　　　　　　Back视图

图 5-121　　Step 2

Step 3：在 Left 视图中，通过捕捉端点绘制 4 阶曲线，拟合头枕弯曲的边界，再将此曲线复制并粘贴，用"stretch"工具 将其移动到另一边，如图 5-122 所示。

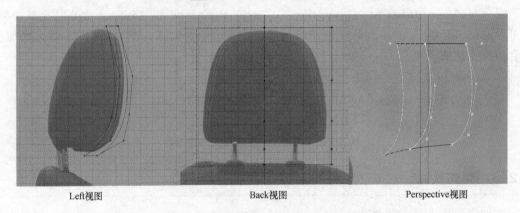

Left视图　　　　　　　　　　Back视图　　　　　　　　Perspective视图

图 5-122　　Step 3

Step 4：使用"Surfaces"工具栏中的"square"工具 生成曲面，保证在对称处的连续性，参数设置及曲面效果如图 5-123 所示。

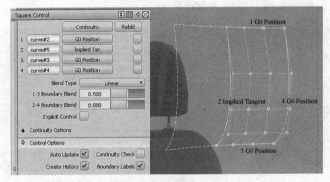

图 5-123　　Step 4

Step 5：在 Back 视图中绘制 1 条 2 阶曲线、1 条 3 阶曲线及 1 条过渡曲线，并用"Surface Edit"工具栏中的"project"工具 ，将曲线投影到上一步中绘制的曲面上，如图 5-124 所示。

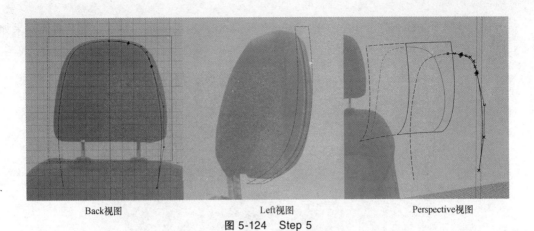

Back视图　　　　　　　　　　　Left视图　　　　　　　　　Perspective视图

图 5-124　Step 5

Step 6：用"Curve Edit"工具栏中的"dupl"工具 提取上一步中生成的面上线，在控制面板（Control Panel）中改为单跨度曲线，并移动 CV 点使其与 Left 视图参考图中的分缝线拟合，如图 5-125 所示。

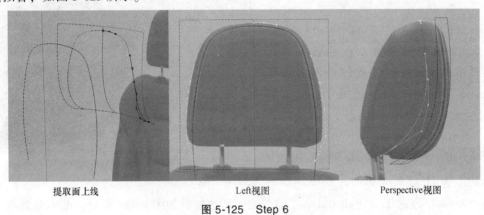

提取面上线　　　　　　　　　Left视图　　　　　　　Perspective视图

图 5-125　Step 6

Step 7：用"blend"工具生成过渡曲线，如图 5-126 所示。

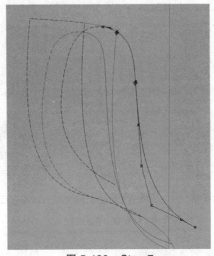

图 5-126　Step 7

Step 8：用"Surfaces"工具栏中的"skin"工具，生成曲面，参数设置及曲面效果如图 5-127 所示，检查对称处的连续性。

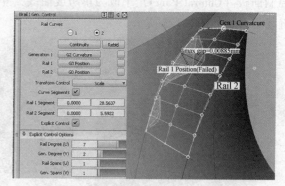

图 5-127　Step 8

Step 9：用"Surfaces"工具栏中的"rail"工具生成曲面，其中"Generation Curves"点选 1，"Rail Curves"点选 2，其他参数设置及曲面效果如图 5-128 所示，Rail 边界的连续性没有达到 G0 连接，可以在后面通过倒角或分缝解决，与 Step 8 绘制曲面衔接的边界连续性必须达到 G2 连续。

Step 10：继续用"Surfaces"工具栏中的"rail"工具生成曲面，其中"Generation Curves"点选 1，"Rail Curves"点选 2，其他参数如图 5-129 所示，基本设置与上一步基本相同。

图 5-128　Step 9

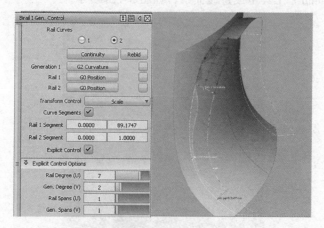

图 5-129　Step 10

Step 11：在 Left 视图中绘制 3 阶曲线，拟合参考图，如图 5-130 所示。

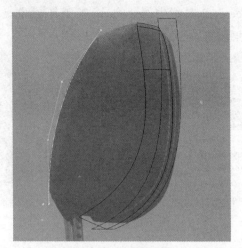

图 5-130 Step 11

Step 12：在 Top 视图中绘制 2 条 3 阶曲线，如图 5-131 所示。

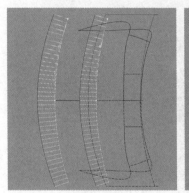  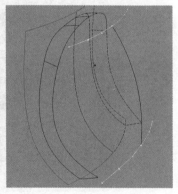

图 5-131 Step 12

Step 13：复制并粘贴 Step 11 中绘制的曲线，用"stretch"工具 将其移动到另一边，如图 5-132 所示。

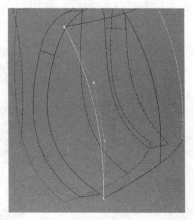

图 5-132 Step 13

Step 14：使用"Surfaces"工具栏中的"square"工具生成曲面，保证在对称处的连续性，参数设置及曲面效果如图 5-133 所示。

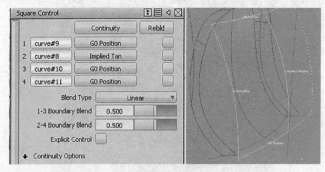

图 5-133　Step 14

Step 15：在 Back 视图中绘制 2、3、5 阶曲线各 1 条，调整 CV 点位置，并用"blend"工具过渡，再将曲线组投影到上一步中生成的曲面上，如图 5-134 所示。

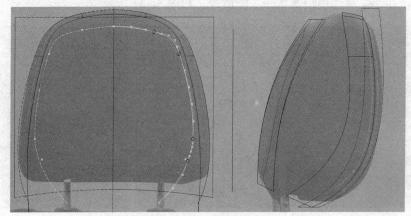

图 5-134　Step 15

Step 16：在 Left 视图中绘制 3 阶曲线，调整 CV 点拟合 Left 视图中的参考图，如图 5-135 所示。

Step 17：复制并粘贴上一步中绘制的 3 阶曲线，并用"stretch"工具将其移动到各个位置，如图 5-136 所示。

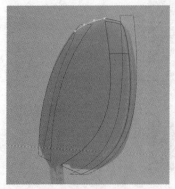

图 5-135　Step 16

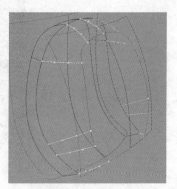

图 5-136　Step 17

Step 18：使用"Surfaces"工具栏中的"square"工具生成曲面，保证在对称处的连续性，参数设置及曲面效果如图 5-137 所示。

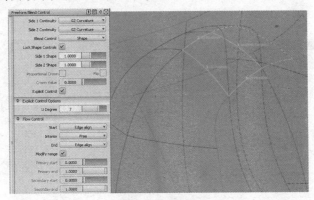

图 5-137　Step 18

Step 19：继续用"Surfaces"工具栏中的"square"工具生成曲面，参数设置及曲面效果如图 5-138 所示。

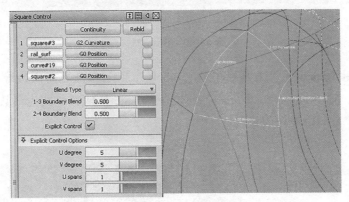

图 5-138　Step 19

Step 20：继续用"Surfaces"工具栏中的"square"工具生成其他曲面，并修剪 Step 14 中生成的曲面，如图 5-139 所示。

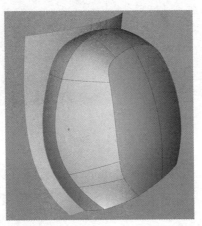

图 5-139　Step 20

Step 21：使用"Surfaces"工具栏中的"msdrft"工具 ◈ 生成曲面，参数设置及曲面效果如图 5-140 所示。

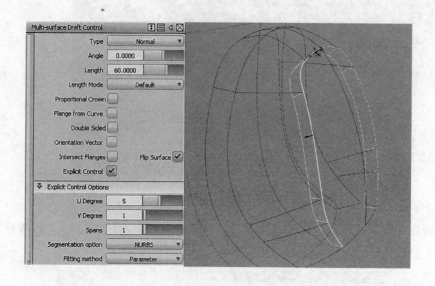

图 5-140　Step 21

Step 22：使用"Surfaces"工具栏中的"tuboff"工具 修剪曲面边缘，"Radius"为15，"Trim Type"为"Curves On Surface"，勾选"Chain Select"，其他参数设置如图 5-141 所示。注意需要修剪三组曲面的边界。

图 5-141　Step 22

Step 23：使用"Surface"工具栏中的"ffblnd"工具 在剪切后的曲面边缘间生成过渡曲面，参数设置如图 5-142 所示，两边分别和 Step 21 生成的曲面组生成过渡曲面。

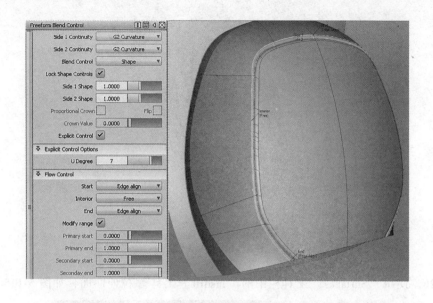

图 5-142　Step 23

Step 24：使用"Surfaces"工具栏中的"pnlgap"工具在两个曲面交界处生成缝隙，参数如图 5-143 所示（Step 21～Step 23 采用的是"msdrft"工具+"tuboff"工具+"ff-blnd"工具的方式生成的间隙，也可以采用"stnsm"工具）。

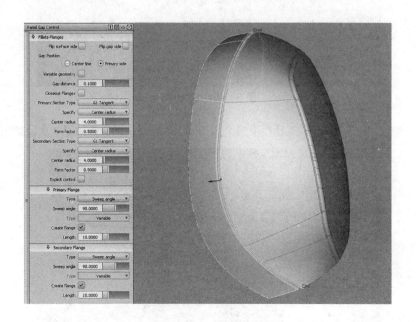

图 5-143　Step 24

Step 25：在 Left 视图中绘制 3 阶曲线，如图 5-144 所示。

图 5-144　Step 25

Step 26：使用"Surfaces"工具栏中的"msdrft"工具拉伸曲面，如图 5-145 所示。

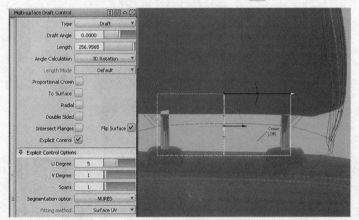

图 5-145　Step 26

Step 27：继续用"Surfaces"工具栏中的"msdrft"工具拉伸曲面边缘 2 次，如图 5-146 所示。

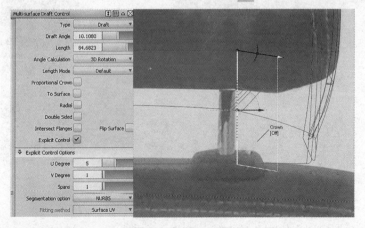

图 5-146　Step 27

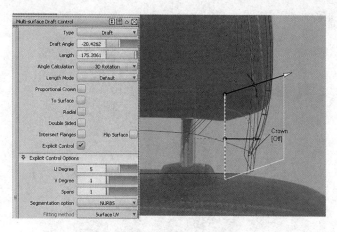

图 5-146　Step 27（续）

Step 28：使用"Surface edit"工具栏中的"intersect"工具 将上一步中绘制的曲面组合与其他曲面相交，生成面上线，如图 5-147 所示。

Step 29：使用"Surface Edit"工具栏中的"trim"工具 修剪所有的曲面，头枕完成，效果如图 5-148 所示。

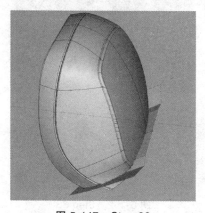

图 5-147　Step 28

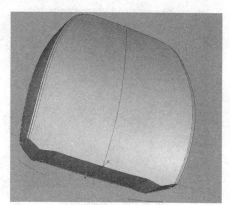

图 5-148　Step 29

5.2.4　制作靠背

Step 30：略微调整背景图，使参考图靠背对应，绘制 3 阶曲线，如图 5-149 所示。

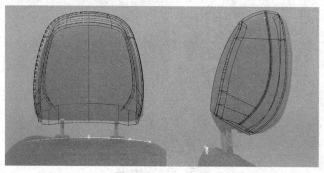

图 5-149　Step 30

Step 31：绘制 4 阶曲线，如图 5-150 所示。

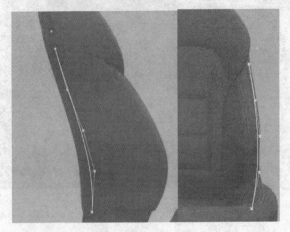

图 5-150　Step 31

Step 32：用"blend"工具生成过渡曲线，如图 5-151 所示。

Step 33：绘制 4 阶曲线，如图 5-152 所示。

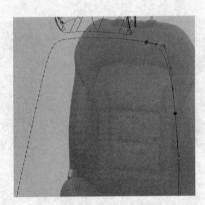

图 5-151　Step 32

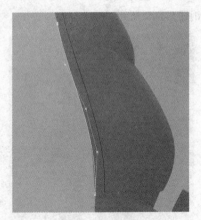

图 5-152　Step 33

Step 34：复制并粘贴上一步中绘制的 4 阶曲线，并将其平移到图 5-153 所示位置。

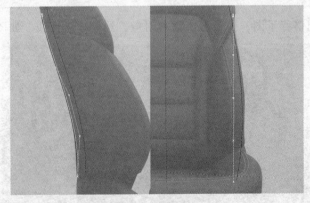

图 5-153　Step 34

Step 35：绘制两条 3 阶曲线，连接 Setp 33、Setp 34 中绘制的两条曲线的端点，调整 CV 点，曲率如图 5-154 所示。

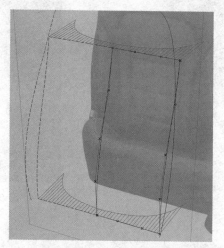

图 5-154 Step 35

Step 36：使用"Surfaces"工具栏中的"square"工具生成曲面，参数设置及曲面效果如图 5-155 所示。

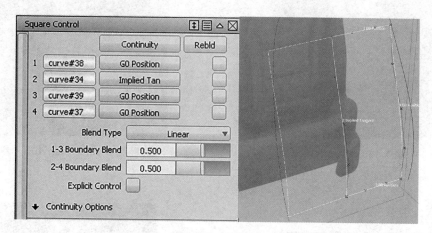

图 5-155 Step 36

Step 37：绘制 3 阶、4 阶曲线各 1 条，使用"blend"工具生成过渡曲线，如图 5-156 所示。

Step 38：在 Back 视图中，使用"Surface Edit"工具栏中的"project"工具将曲线投影到 Step 36 中生成的曲面上，再用"trim"工具修剪曲面，如图 5-157 所示。

Step 39：在 Left 视图中绘制 4 阶曲线拟合参考图，如图 5-158 所示。

Step 40：复制并粘贴上一步中绘制的曲线，用"Curve Edit"工具栏中的"stretch"工具将该曲线移动到图 5-159 所示位置。

Step 41：捕捉端点，绘制 4 阶曲线，如图 5-160 所示。

Step 42：复制并粘贴上一步中绘制的曲线，用"Curve Edit"工具栏中的"stretch"工具将其移动到图 5-161 所示位置。

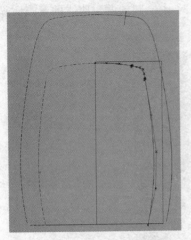

图 5-156 Step 37

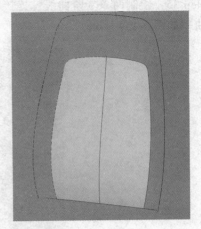

图 5-157 Step 38

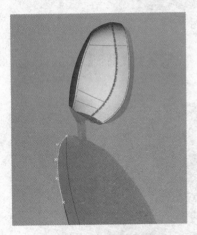

图 5-158 Step 39

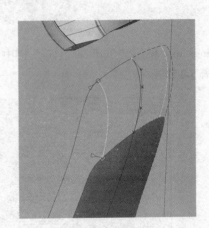

图 5-159 Step 40

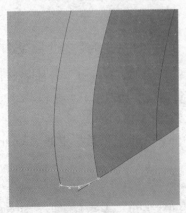

图 5-160 Step 41

图 5-161 Step 42

Step 43：使用"Surfaces"工具栏中的"square"工具 生成曲面，参数设置及曲面效果如图 5-162 所示。

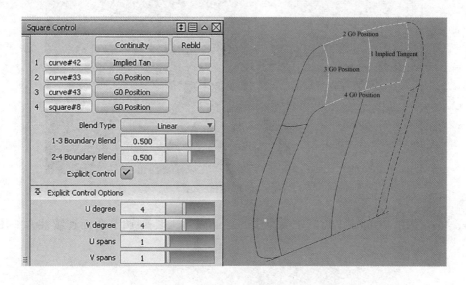

图 5-162　Step 43

Step 44：使用"Surfaces"工具栏中的"rail" 生成曲面，其中"Generation Curves"和"Rail Curves"均点选 2，其他参数设置如图 5-163 所示。

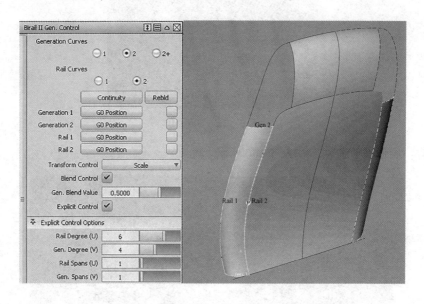

图 5-163　Step 44

Step 45：使用"Surfaces"工具栏中的"square"工具 生成曲面，参数设置及曲面效果如图 5-164 所示。

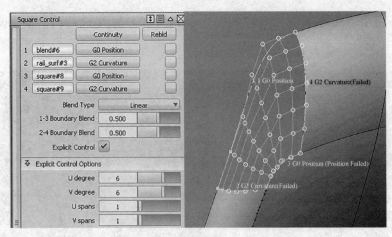

图 5-164　　Step 45

Step 46：使用 "Object Edit" 工具栏中的 "align" 工具 调节曲面连续性，如图 5-165 所示。

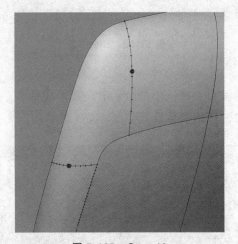

图 5-165　　Step 46

Step 47：绘制 3 阶曲线，如图 5-166 所示。

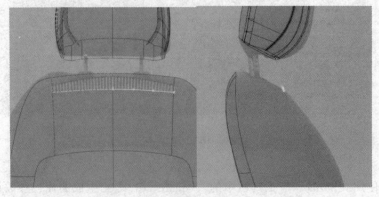

图 5-166　　Step 47

计算机辅助汽车造型设计——ALIAS实例教程

Step 48：继续绘制 3 阶曲线，如图 5-167 所示。

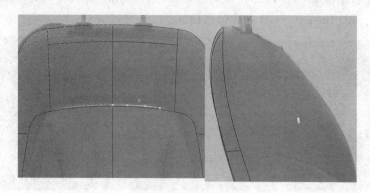

图 5-167　Step 48

Step 49：再绘制 3 阶曲线，如图 5-168 所示。

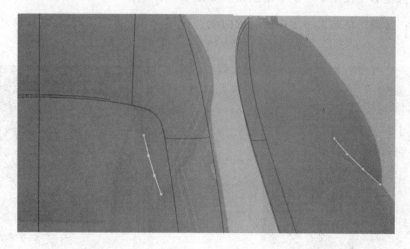

图 5-168　Step 49

Step 50：在 Step 48 和 Step 49 中绘制的两条曲线间生成过渡曲线，如图 5-169 所示。

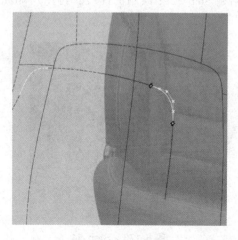

图 5-169　Step 50

Step 51：复制并粘贴 Step 49 中绘制的 3 阶曲线，再用"stretch"工具  将其移动到图 5-170 所示位置，用"blend"工具生成过渡曲线。

Back视图　　　　　　　　　　Left视图　　　　　　　　Perspective视图

图 5-170　Step 51

Step 52：在 Left 视图中绘制 3 阶曲线，如图 5-171 所示。

Step 53：复制并粘贴上一步中绘制的曲线，再用"stretch"工具  将其移动到图 5-172 所示位置。

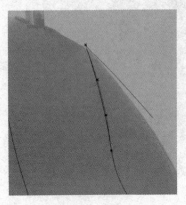　　　　　　　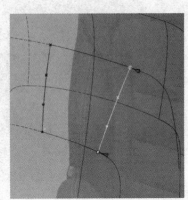

图 5-171　Step 52　　　　　　　　　　　图 5-172　Step 53

Step 54：继续复制并粘贴 Step 52 中绘制的曲线，再用"stretch"工具  将其移动到图 5-173 所示位置。

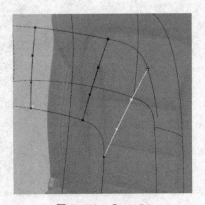

图 5-173　Step 54

Step 55：绘制 3 阶曲线，如图 5-174 所示。

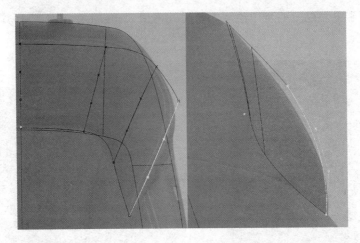

图 5-174　Step 55

Step 56：使用"square"工具　先后生成 3 个曲面，参数设置及曲面效果如图 5-175 所示。

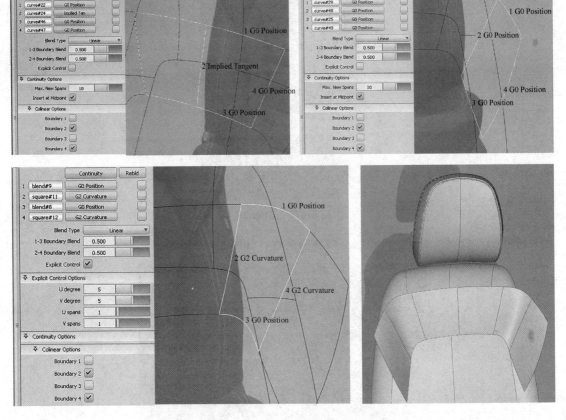

图 5-175　Step 56

Step 57：捕捉端点，在 Left 视图中绘制 3 阶曲线，如图 5-176 所示。

Step 58：复制并粘贴上一步中绘制的曲线，再用"stretch"工具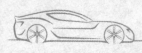将其移动到图 5-177 所示位置。

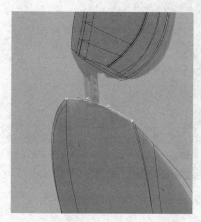

图 5-176　Step 57

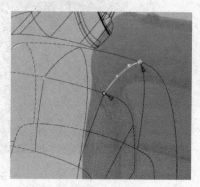

图 5-177　Step 58

Step 59：用"blend"工具在图 5-178 所示位置绘制过渡曲线。

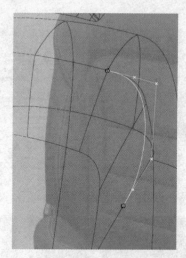

图 5-178　Step 59

Step 60：分别在端点位置绘制 2 条 3 阶曲线，如图 5-179 所示。

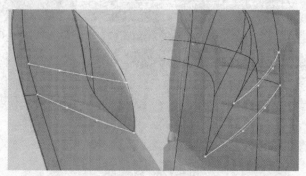

图 5-179　Step 60

Step 61：使用"square"工具 先后生成 3 个曲面，参数设置及曲面效果如图 5-180 所示。

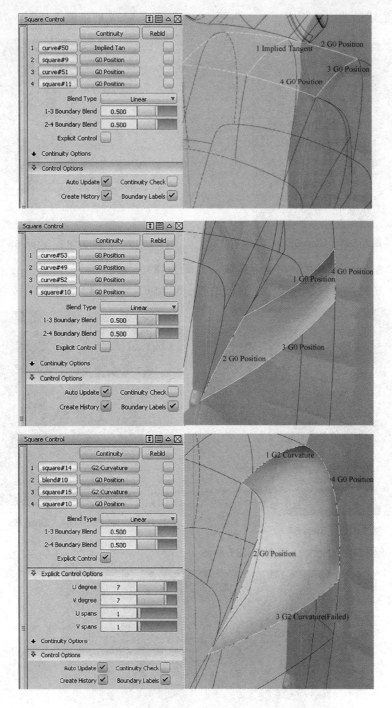

图 5-180 Step 61

Step 62：使用"Object Edit"工具栏中的"align"工具 调节曲面连续性，如图 5-181 所示。

Step 63：使用 "Surface Edit" 工具栏中的 "intersect" 工具 ![] 使 Step 56 中生成的曲面与 Step 61 中生成的曲面求相交面线，再用 "trim" 工具 ![] 分别修剪，如图 5-182 所示。

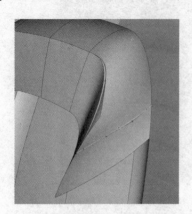

图 5-181　Step 62

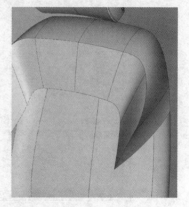

图 5-182　Step 63

Step 64：在 Left 视图中绘制 4 阶曲线，如图 5-183 所示。

Step 65：复制并粘贴上一步中绘制的曲线，移动 CV 点到图 5-184 所示位置。

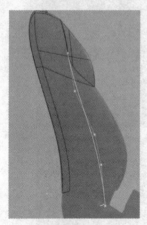

图 5-183　Step 64

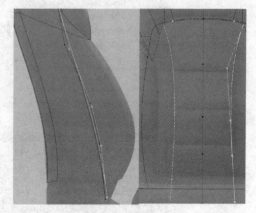

图 5-184　Step 65

Step 66：绘制 4 阶曲线，如图 5-185 所示。

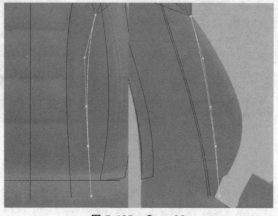

图 5-185　Step 66

Step 67：再绘制 4 阶曲线，如图 5-186 所示。

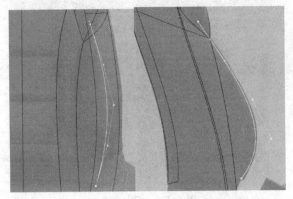

图 5-186　Step 67

Step 68：复制并粘贴上一步中绘制的曲线，再用"stretch"工具 将其移动到图 5-187 所示位置。

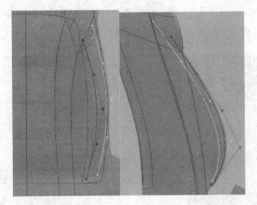

图 5-187　Step 68

Step 69：用"Surfaces"工具栏中的"skin"工具 生成曲面，参数设置及曲面效果如图 5-188 所示。

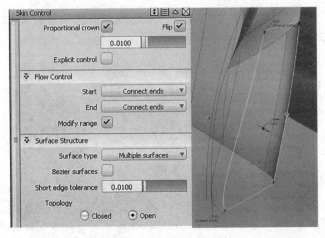

图 5-188　Step 69

Step 70：调整 Step 60 中绘制的 2 条 3 阶曲线，匹配参考图造型，如图 5-189 所示。

图 5-189　Step 70

Step 71：使用"Surface Edit"工具栏中的"intersect"工具，使曲面相交生成面上线，如图 5-190 所示。

Step 72：使用"transform CV"工具调整 Step 69 中生成的曲面上的 CV 点，使上一步中生成的面上线与参考图缝合线吻合，如图 5-191 所示。

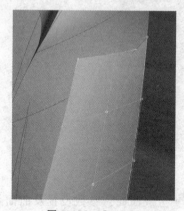

图 5-190　Step 71

图 5-191　Step 72

Step 73：使用"skin"工具在 Step 67、68 绘制的曲线间生成曲面，参数设置及曲面效果如图 5-192 所示。

图 5-192　Step 73

Step 74：使用"transform CV"工具调整中间的一系列 CV 点，使其沿法线方向向外移动，如图 5-193 所示。

图 5-193　Step 74

Step 75：继续用"skin"工具生成曲面，勾选"Modify range"，调整位置，如图 5-194 所示。

图 5-194　Step 75

Step 76：使用"transform CV"工具沿法线方向调整中间的 CV 点，如图 5-195 所示。

Step 77：先用"intersect"工具使曲面相交，再用"trim"工具修剪曲面，如图 5-196 所示。

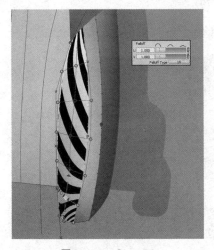

图 5-195　Step 76

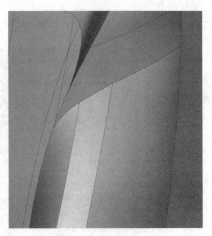

图 5-196　Step 77

Step 78：捕捉曲线端点，在两端绘制两条 3 阶曲线，如图 5-197 所示。

图 5-197　Step 78

Step 79：使用"Surfaces"工具栏中的"rail"工具生成曲面，其中"Generation Curves"和"Rail Curves"均点选 2，其他参数设置如图 5-198 所示。

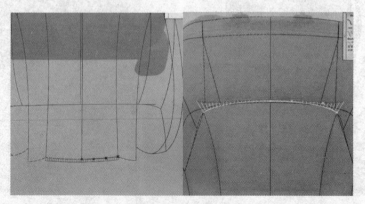

图 5-198　Step 79

Step 80：捕捉曲线端点，在两端绘制两条 3 阶曲线，如图 5-199 所示。

图 5-199　Step 80

Step 81：使用"Surfaces"工具栏中的"rail"工具 生成曲面，其中"Generation Curves"和"Rail Curves"均点选2，其他参数设置如图5-200所示。

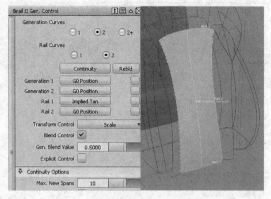

图5-200　Step 81

Step 82：使用"Surfaces"工具栏中的"msdrft"工具 生成曲面，参数设置及曲面效果如图5-201所示。

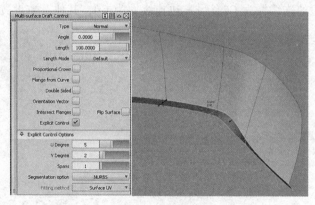

图5-201　Step 82

Step 83：使用"Surfaces"工具栏中的"tuboff"工具 缩短曲面边缘，半径为25，如图5-202所示。

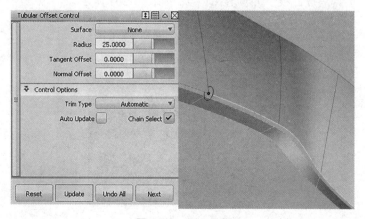

图5-202　Step 83

Step 84：继续使用"tuboff"工具缩短 Step 56 中生成的曲面边缘，半径为 50，如图 5-203 所示。

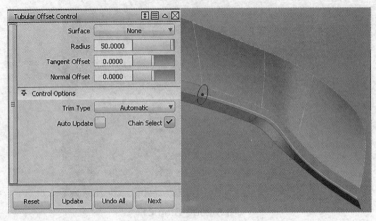

图 5-203　Step 84

Step 85：使用"Surfaces"工具栏中的"ffblnd"工具在缩短后的曲面之间生成过渡曲面，并且保证一边的连续性为 G2，另一边连续性为 G0，其他参数设置如图 5-204 所示。

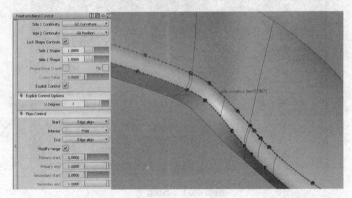

图 5-204　Step 85

Step 86：复制并粘贴 Step 48～Step 50 中绘制的曲线，将其群组后将轴心点置于坐标原点，用"scale"工具缩放曲线，并调整 CV 点，如图 5-205 所示。

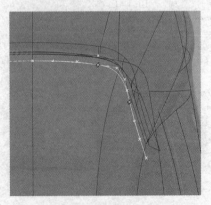

图 5-205　Step 86

Step 87：在 Back 视图中将曲线投影在曲面上，并用"trim"工具修剪曲面，如图 5-206 所示。

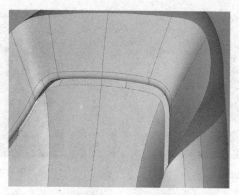

图 5-206　Step 87

Step 88：使用"Curve Edit"工具栏中的"ffcbln"工具，在 Step 83 中生成的曲面组和 Step 87 中修剪后生成的曲面组间构建截面曲线，连续性与 Step 85 中的设置类似，其他参数如图 5-207 所示。

图 5-207　Step 88

Step 89：使用"Surfaces"工具栏中的"rail"工具生成曲面，其中"Generation Curves"和"Rail Curves"均点选 2。生成过渡面如图 5-208 所示。

Step 90：在 Back 视图中绘制 3 阶曲线，拟合靠背的接缝，如图 5-209 所示。

图 5-208　Step 89

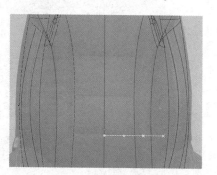

图 5-209　Step 90

Step 91：复制并粘贴上一步中的曲线到另外两个位置，如图 5-210 所示。

Step 92：将 3 条曲线投影到中间的曲面上生成面上线，如图 5-211 所示。

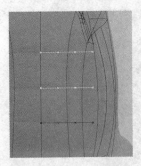

图 5-210　Step 91

图 5-211　Step 92

Step 93：使用"Surface Edit"工具栏中的"trimcvt"工具，基于带有面上线的曲面生成非剪切边界曲面，参数设置如图 5-212 所示。

Step 94：检查并调整对称处的连续性，如图 5-213 所示。

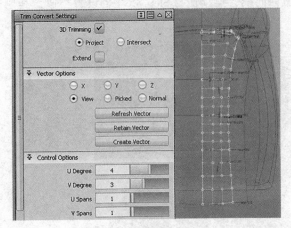

图 5-212　Step 93

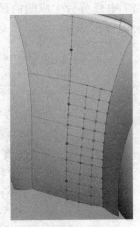

图 5-213　Step 94

Step 95：使用"msdrft"工具生成曲面，方向和参数设置如图 5-214 所示。

图 5-214　Step 95

Step 96：使用"tuboff"工具 缩短上一步中生成的所有曲面边缘，半径为25，如图5-215所示。

图 5-215　Step 96

Step 97：继续用"tuboff"工具 缩短其他曲面边缘，半径为 50，如图 5-216 所示。

图 5-216　Step 97

Step 98：处理所有的边，如图 5-217 所示。

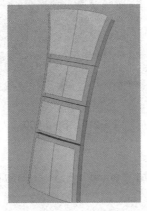

图 5-217　Step 98

Step 99：使用"Surfaces"工具栏中的"ffblnd"工具 在缩短后曲面边界之间生成过渡曲面，如图 5-218 所示。

图 5-218　Step 99

Step 100：使用"Surfaces"工具栏中的"rail"工具 生成曲面，"Generation Curves"和"Rail Curves"均点选 2，其他参数设置如图 5-219 所示。

图 5-219　Step 100

Step 101：对邻边的边界也先用"tuboff"工具 缩短曲面边缘收缩，再用"ffblnd"工具 生成过渡曲面，如图 5-220 所示。

Step 102：用"intersect"工具 和"trim"工具修剪，处理倒角交汇处，如图 5-221 所示。

图 5-220　Step 101

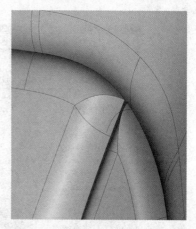

图 5-221　Step 102

Step 103：用相同的方法处理靠背正反面的各处分缝，过程不再赘述，如图 5-222 所示。

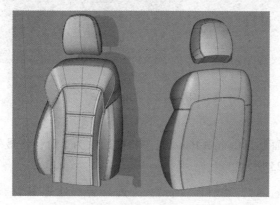

图 5-222　Step 103

Step 104：在 Left 视图中绘制 3 阶曲线，如图 5-223 所示。

图 5-223　Step 104

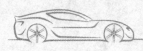

Step 105：使用"msdrft"工具 生成曲面，如图 5-224 所示。

图 5-224　Step 105

Step 106：在控制面板（Control Panel）中将曲面改为 2 阶，将最外侧的一排点用鼠标右键向上稍移，如图 5-225 所示。

Step 107：用"intersect" 和"trim"工具修剪，处理靠背部分曲面，如图 5-226所示。

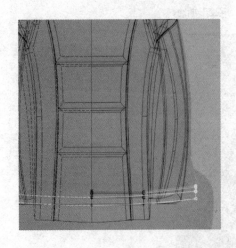

图 5-225　Step 106

图 5-226　Step 107

Step 108：在 Left 视图中绘制 3 阶曲线，如图 5-227 所示。

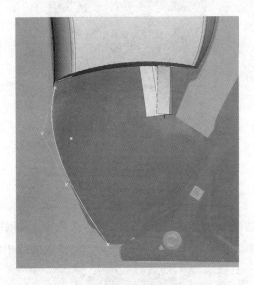

图 5-227　Step 108

Step 109：使用"msdrft"工具生成曲面，如图 5-228 所示。

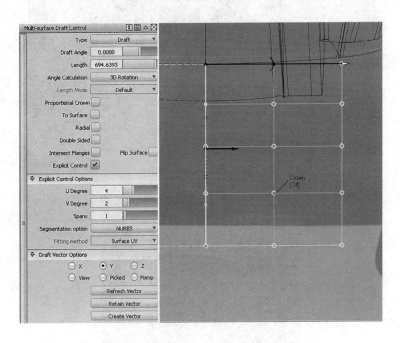

图 5-228　Step 109

Step 110：将最外侧的最上面 2 个点，用鼠标右键向上稍移，呈现一个弧度，与靠背下缘匹配，如图 5-229 所示。

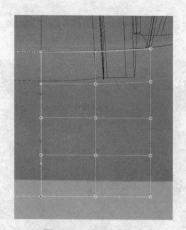

图 5-229　Step 110

Step 111：利用曲面边缘，用"msdrft"工具 生成曲面，如图 5-230 所示。

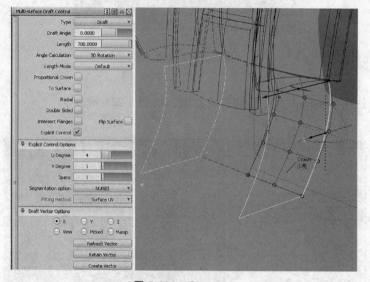

图 5-230　Step 111

Step 112：将一侧控制点通过鼠标中键捕捉使其对齐，如图 5-231 所示。

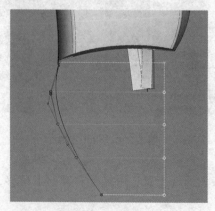

图 5-231　Step 112

Step 113：在 Left 视图中绘制 3 条 3 阶曲线和 1 条过渡曲线，将曲线组放置在图 5-232 所示位置。

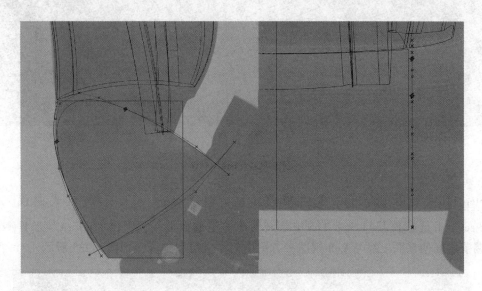

图 5-232　Step 113

Step 114：使用"Surfaces"工具栏中的"plane"工具生成曲面，缩放大小，并通过捕捉与上一步中生成的曲线组对齐，如图 5-233 所示。

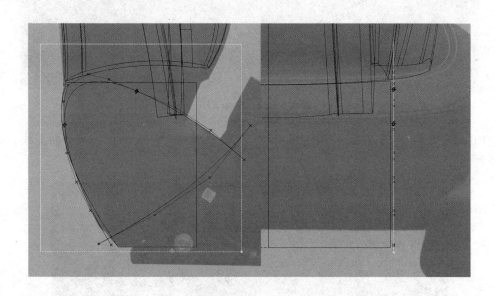

图 5-233　Step 114

Step 115：复制并粘贴用"plane"工具生成的曲面，利用"transform CV"工具调节 CV 点，如图 5-234 所示。

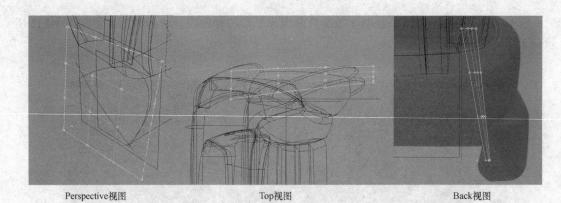

Perspective视图　　　　　　　Top视图　　　　　　　Back视图

图 5-234　Step 115

Step 116：利用 Step 113 中绘制的曲线，用"msdrft"工具生成曲面，再用"intersect"工具使其与 Step 115 中绘制的曲面生成面上线，调出"msdrft"工具的历史，调节角度使该面上线与 Left 视图参考图中的相应造型吻合，如图 5-235 所示。

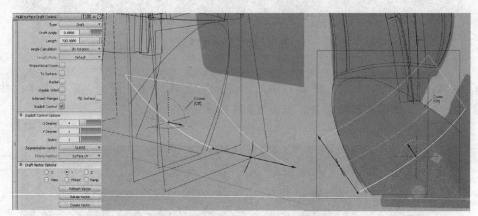

图 5-235　Step 116

Step 117：用同样的方法，使用"msdrft"工具生成另一个曲面，调节面上线，如图 5-236 所示。

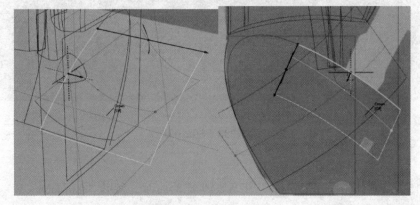

图 5-236　Step 117

Step 118：用同样的方法，使用"msdrft"工具 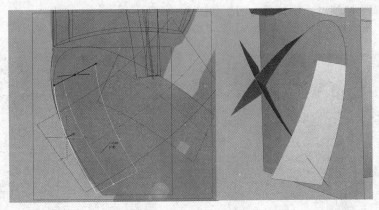生成第三个曲面，调节面上线位置，如图 5-237 所示。

图 5-237　Step 118

Step 119：用"blend"工具连接曲面端点，如图 5-238 所示。

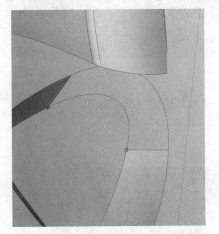

图 5-238　Step 119

Step 120：使用"Surfaces"工具栏中的"square"工具 生成曲面，参数设置及曲面效果如图 5-239 所示。

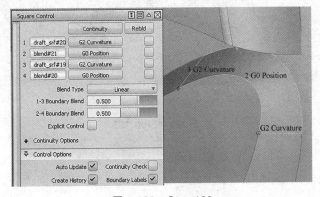

图 5-239　Step 120

Step 121：使用"intersect" 和"trim"工具修剪曲面，如图 5-240 所示。

Step 122：删除 Step 116 中绘制曲面的历史记录，打开曲面控制点，使用"transform CV"工具调节控制点，使其向内凹，如图 5-241 所示。

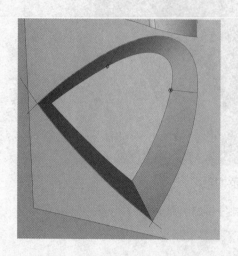

图 5-240　Step 121

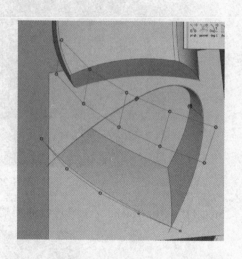

图 5-241　Step 122

Step 123：使用"Surfaces"工具栏中的"srfillet"工具，在两组面间进行倒角，如图 5-242 所示。

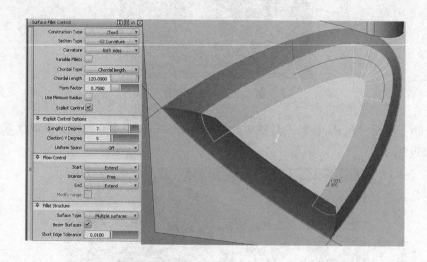

图 5-242　Step 123

Step 124：继续使用"srfillet"工具，在另外两组面间进行倒角，如图 5-243 所示。

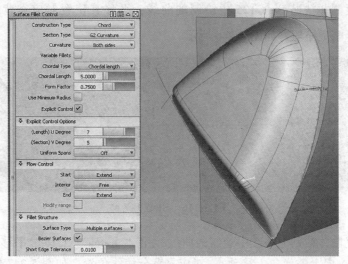

图 5-243　Step 124

5.2.5　制作坐垫

坐垫和靠背在造型上相互呼应，细节上也比较统一，制作方法大同小异。

Step 125：在 Left 视图中绘制 3 阶曲线，拟合座位面，如图 5-244 所示。

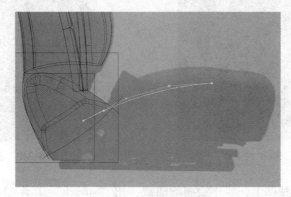

图 5-244　Step 125

Step 126：继续在 Left 视图中绘制 3 阶曲线，如图 5-245 所示。

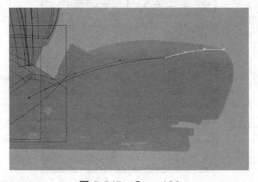

图 5-245　Step 126

Step 127：复制并粘贴 Step 125 中绘制的曲线，平移其位置对应靠背的分缝线，并用"extend"工具 略微缩短，如图 5-246 所示。

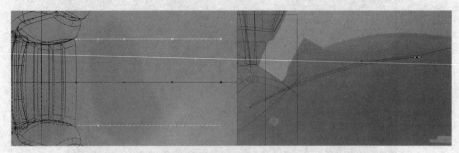

图 5-246　Step 127

Step 128：复制并粘贴上一步中绘制的曲线，用"stretch"工具 平移并调整曲线位置和形状（在 Z 轴方向上略微向上移动），对应靠背分缝线位置，如图 5-247 所示。

Step 129：捕捉端点并绘制 3 阶曲线，调整 CV 点，如图 5-248 所示，在对称处达到 G3 连接性。

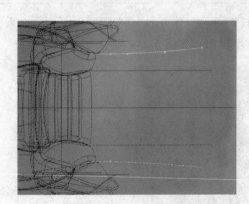

图 5-247　Step 128

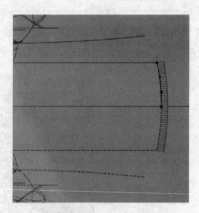

图 5-248　Step 129

Step 130：复制并粘贴上一步中绘制的曲线，用"stretch"工具 将其移动到另一侧端点，调整 CV 点，在对称处达到 G3 连接性，如图 5-249 所示。

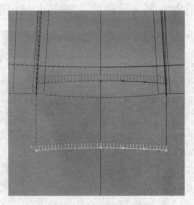

图 5-249　Step 130

Step 131：用"Surfaces"工具栏中的"rail"工具 生成曲面，其中"Generation Curves"和"Rail Curves"均点选 2，其他参数设置如图 5-250 所示。

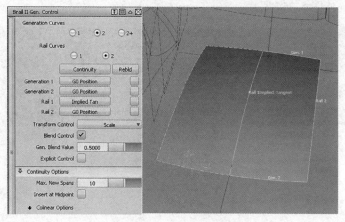

图 5-250　Step 131

Step 132：捕捉端点绘制 3 阶曲线，用"Object Edit"工具栏中的"align"工具 保证连续性，如图 5-251 所示。

Step 133：在曲线另一侧端点处，通过捕捉绘制 3 阶曲线，如图 5-252 所示。

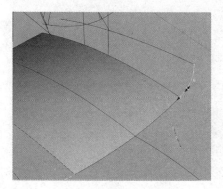

图 5-251　Step 132

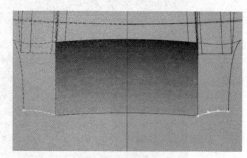

图 5-252　Step 133

Step 134：复制并粘贴上一步中绘制的曲线，用"stretch"工具 将其移动到另一侧端点，如图 5-253 所示。

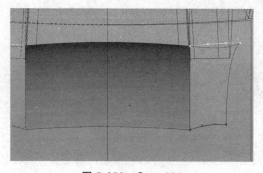

图 5-253　Step 134

Step 135：用"Surfaces"工具栏中的"rail"工具生成曲面，其中"Generation Curves"和"Rail Curves"均点选 2，采用 Step 134 中绘制的截面作为 generation 方向的截面，其他参数设置如图 5-254 所示。

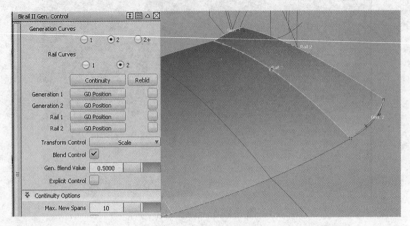

图 5-254　Step 135

Step 136：通过捕捉端点绘制 3 阶曲线，调整 CV 点，如图 5-255 所示，在对称处达到 G3 连续性。

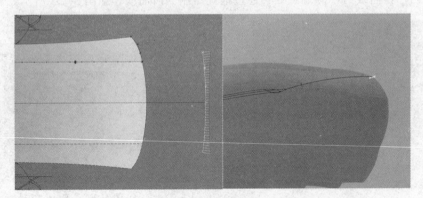

图 5-255　Step 136

Step 137：绘制 5 阶曲线，拟合参考图造型，如图 5-256 所示。

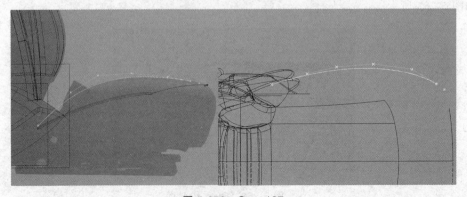

图 5-256　Step 137

Step 138：用"blend"工具生成过渡曲线，如图 5-257 所示。

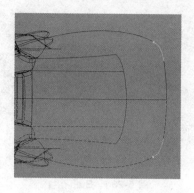

图 5-257　Step 138

Step 139：绘制 3 阶曲线，并调节 CV 点，如图 5-258 所示。

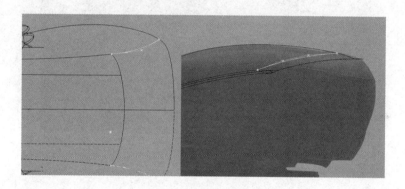

图 5-258　Step 139

Step 140：复制并粘贴上一步中绘制的曲线，用"stretch"工具 将其移动到另一侧端点，如图 5-259 所示。

图 5-259　Step 140

Step 141: 绘制 3 阶曲线, 并调节 CV 点, 如图 5-260 所示。

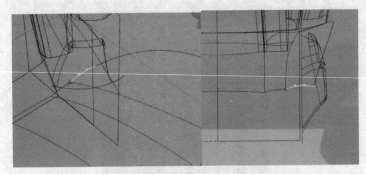

图 5-260　Step 141

Step 142: 使用 "square" 工具生成曲面, 如图 5-261 所示。

图 5-261　Step 142

Step 143: 继续使用 "square" 工具生成曲面, 使用 Step 132 所绘制的截面作为边界线, 参数设置如图 5-262 所示。

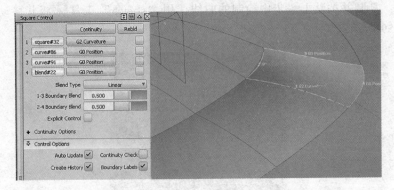

图 5-262　Step 143

Step 144: 用 "rail" 工具生成曲面, "Generation Curves" 和 "Rail Curves" 均点选2, 其他参数设置如图 5-263 所示。采用这种方法生成的曲面在角点处曲率弯曲有问题, 但

是可以通过后期倒角避开问题角点。

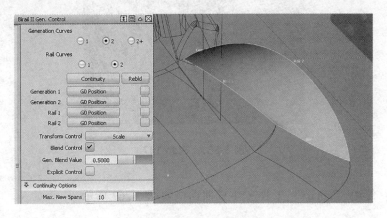

图 5-263　Step 144

Step 145：复制并粘贴 Step 136~Step 138 中绘制的曲线，并调整曲线形状和 CV 点位置，如图 5-264 所示。

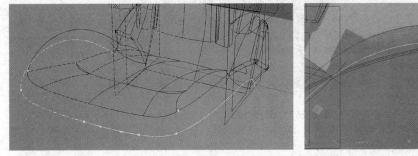

图 5-264　Step 145

Step 146：在 Left 视图中捕捉端点，绘制 2 阶曲线，拟合参考图造型，如图 5-265 所示。

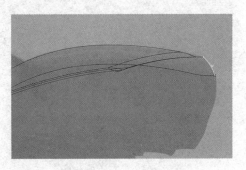

图 5-265　Step 146

Step 147：复制并粘贴上一步中绘制的曲线，用"stretch"工具  将其移动到其他位置，绘制另外 3 条截面线，如图 5-266 所示。

图 5-266　Step 147

Step 148：使用"square"工具生成曲面，如图 5-267 所示。

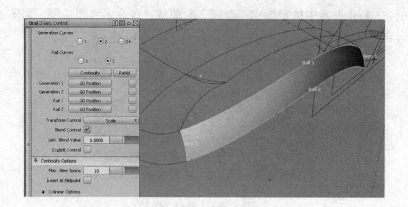

图 5-267　Step 148

Step 149：用"rail"生成曲面（"Generation Curves"和"Rail Curves"均点选 2），如图 5-268 所示。

图 5-268　Step 149

Step 150：使用"square"工具生成曲面，参数如图 5-269 所示。

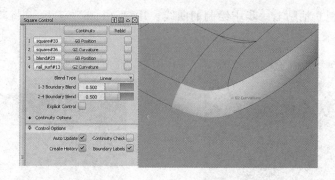

图 5-269　Step 150

　　Step 151：复制并粘贴 Step 145 中生成的 3 条曲线，用鼠标右键+Alt 键网格捕捉，使其所有的点沿 Z 轴对齐，再调整 CV 点使其符合参考图造型，如图 5-270 所示。

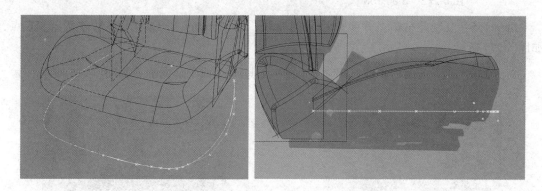

图 5-270　Step 151

　　Step 152：使用"Object Edit"工具栏中的"align"工具，保证过渡曲线与其他曲线间的连续性为 G2，如图 5-271 所示。

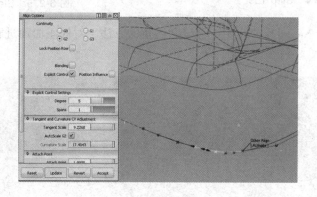

图 5-271　Step 152

　　Step 153：在 Left 视图中绘制 3 阶曲线，拟合参考图造型，如图 5-272 所示。

Step 154：复制并粘贴上一步中绘制的曲线，用"stretch"工具 将其移动到曲线另一端，如图 5-273 所示。

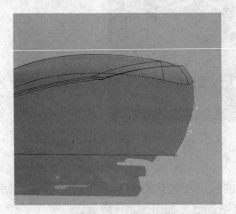

图 5-272　Step 153

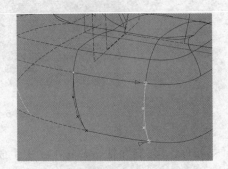

图 5-273　Step 154

Step 155：复制并粘贴上一步中绘制的曲线，用"stretch"工具 移动并调整 CV 点，如图 5-274 所示。

Step 156：参考上面的步骤，用"square"工具 生成下部曲面，如图 5-275 所示。

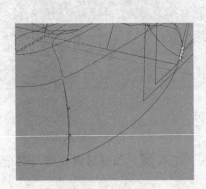

图 5-274　Step 155

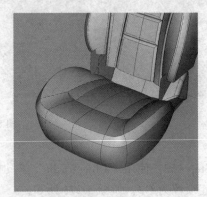

图 5-275　Step 156

Step 157：参考 Step 82~Setp 103 分缝和倒角的方法，对底座曲面进行处理，如图 5-276 所示。

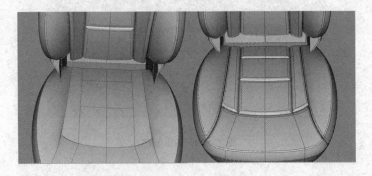

图 5-276　Step 157

Step 158：使用"Surfaces"工具栏中的"stnsm"工具 生成底部分缝线，如图 5-277 所示。

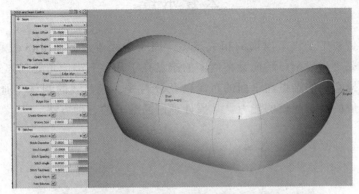

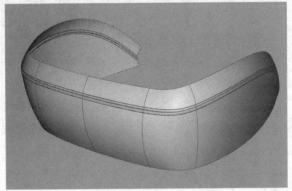

图 5-277　　Step 158

最终着色效果如图 5-278 所示。

图 5-278　最终着色效果

汽车座椅的设计中，人机工程因素和面料必须经过反复设计与校核，本例只涉及造型数字化模型表达。汽车造型的曲面分割较多，但是分面和缝线设计一般是在大面关系确定以后才进行的，所以无论是设计还是建模，首先应该确定的是大面关系。当然，分缝线是设计后

期的重要因素，形成分缝线的方法在本例中都有应用，可以根据实际设计需要选择。

本 章 小 结

　　本章教学案例集中于汽车内饰的相关产品，属于中级难度的 ALIAS 教程，分面形式更为多样，操作步骤更为复杂。转向盘案例中的难点在于几种三边倒角处理方式以及倒角面的连续性调节；座椅案例的难点在于面的布局以及分封线、缝合线的制作。通过本章的学习，读者能够具备一般的产品建模的能力，掌握处理产品细节的各种方法。

第6章

车身CAS面建模案例制作——宝马i3

6.1 车身 CAS 面建模分析

6.1.1 CAS 面的定义

ALIAS 广泛应用于汽车造型设计的 CAS 面和 A 级曲面模型制作，那么这两种曲面模型有什么区别呢？车身造型中大面是所有造型细节特征的基础，所以对于大面的质量检查必不可少。一般而言，曲面模型分为 A、B、C 三类。大体上可以理解如下：C 级曲面是初级类型，较少考虑工程因素，在于满足设计师的造型创意，也可称为 CAS 面；B 级曲面介于 A 级曲面和 C 级曲面之间，是造型和工程相互"妥协"和"斗争"的产物；A 级曲面为冻结版曲面，满足了造型意图、曲面质量检查、工艺、工程结构等要求。

CAS 面为造型前期设计，主要表现决策和创意的设计意图，对整车的外观风格、整体轮廓、车身比例、腰线特征等起决定性作用。CAS 面用于造型研究阶段进行法规要求、造型、工程、生产制造、售后维修、保险服务的校核以及小比例油泥模型的制作。A 级曲面模型是承接 CAS 面的进一步深化数字曲面，尽管各个企业对 A 级曲面要求会有一些差别，但通常意义上需满足：

1）曲面控制点排列工整美观，不能有突变、异形等影响曲面质量的问题。

2）如果造型是贝赛尔（Bezier）曲面，控制点不应超过 7×7 个；如果是有理 B 样条曲面，控制点不应超过 6×6 个。

3）曲面高光、斑马线走势、各部分特征满足设计师要求。

4）高斯均匀变化，无褶皱、撕裂现象。

5）各连续曲面之间的精度达到预期的指数，其中包含了 G0、G1、G2 连续性类型。

6）曲率梳顺畅，在对称处（Y0 处）要求具有 G3 连续性。

7）数据完整，无多面、少面、碎面、重复面和处理不完整曲面的现象。

ALIAS 的内部构架为 NURBS，即非均匀性有理 B 样条曲线。在 ALIAS 的 NURBS 体系里，包含了 Bezier、有理 Bezier、均匀 B 样条和非均匀 B 样条曲线。当曲线跨度为 1，所有 CV 点权重为 1 时，NURBS 曲线近似等同于 Bezier 曲线。ALIAS 同时具备 NURBS 曲面和 Bezier 曲面造型建模功能，通常 NURBS 曲面用于快速建模（如 CAS 面建模），可提高效率，而 Bezier 曲面主要用于精细曲面建模（如 A 级曲面建模），可获取精确的数字模型，提高曲面质量。可以说，除了要求较高的 A 级曲面建模阶段外，在渲染、CAS 面建阶段时可以用 NURBS 曲线来实现，而不用过多地考虑曲线跨度的数量。然而，在很多实际项目中，高质量 CAS 面的制作也会有类似 A 级曲面的要求。

6.1.2　车身大面布局

尽管汽车的造型日益复杂，但如果去掉车身上的细节和过渡曲面，可以将汽车理解为一个立方体。在建模时，不必涉及底面，而且由于大多数汽车都是对称的，所以主要大面就是图6-1中三个方向上的面。认清这一点，有利于理解面与面的关系，确立建模顺序。

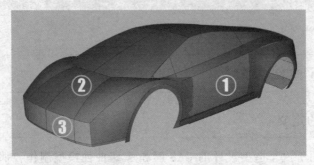

图6-1　车身建模大面布局

方向①上的面为侧面。由于轮胎的布置，侧面造型时要留下两个轮子的位置，涉及前后翼子板外凸的造型，而中段主要涉及腰线、裙边线的造型。

方向②上的面为顶面，由于乘坐空间与车型的要求，顶面包含了车顶、前后风窗玻璃、发动机盖和行李箱盖等部分，前后风窗玻璃和侧窗如同一个温室，形状类似于一个半圆柱。

方向③上的面为前脸和行李箱，主要涉及前后保险杠、前后车灯和进气格栅等部件的造型。

总体上可以把大面进行简化理解，但由于空气动力学的要求，以及人们对汽车设计审美需求的提高，车身设计变得更加流线型，并富于动感。设计师往往需要营造整体呼应、连续和流畅的视觉效果，车身上主要大面之间的过渡区域（图6-2）的造型变得越来越复杂和多变，对设计师和数模师的技巧要求也越来越高。

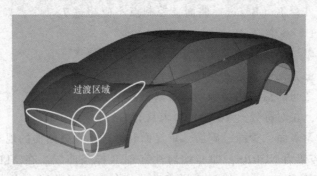

图6-2　车身曲面过渡区域

6.1.3　车身细节与分面策略

车身造型的曲面关系十分复杂，在用NURBS曲面表达复杂造型时，必然会涉及分面的问题。采用何种方式分面，会影响车身造型特征的实现、光影关系的准确表达及光顺和曲面质量要求的满足。这是困扰数模师最重要的问题，需要数模师具有准确的分析能力、丰富的

建模经验以及大胆尝试实践的魄力，所以一个合格的数模师往往需要经过数年的训练和积累。

ALIAS 建模中要求用尽量简单的面来表达造型，图 6-3 展示了几款车身模型的侧面分面策略。从图 6-3 中可以看出，对于均匀而流畅的大面积光影，尽量用单块面来构建，如门板。当光影发生比较明显的突变时，就需要用更多的面来表达和衔接，如肩线和翼子板。在明显的棱线处，应采用多面拼合。

图 6-3　侧面分面策略

从图 6-3 中还可以看出随着车身造型线条的松紧、节奏、趋势变化，面的分布情况也在发生变化。

单跨度曲面的光影比较容易调节和控制，随着面的数量的增加，曲面光顺的难度也会增加，光影也更难以统一，所以建模时面的数量要尽量少，点的分布要尽量均匀。图 6-4 展示了几种不同造型的前轮包光影以及它们所对应的分面策略。

由于轮框是圆弧形的，而且与各个方向的大面之间都有衔接，轮包周边曲面的切分方式一般都是放射状，分面数量的多寡取决于光影表达的要求。

车身的结构也会影响建模分面的方式和数量，A 柱下端是车身上结构最复杂的部分之一，是发动机盖、前翼子板、前风窗玻璃和侧窗的交界处，是汽车造型设计中的重要要素，对汽车的安全性、空气动力学性能及空间布置都有很大影响。不同的品牌、不同的车型在 A 柱的设计上既要保证造型的特色，又要满足结构、工艺和工程的要求，因此 A 柱的建模往往比较复杂。图 6-5 所示为几种常见的车型 A 柱的分面策略，有些 A 柱会保持与顶面和侧窗的相交关系（G0 连续），有些 A 柱则仅与发动机盖保持光顺（G2 连续），当后视镜固定在 A 柱上时，会使问题变得更加复杂。

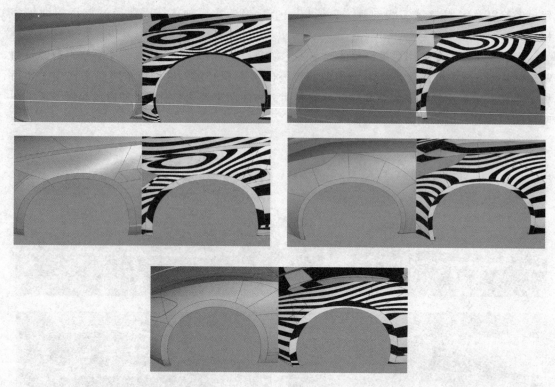

图 6-4　前轮包的光影与分面策略

图 6-5　常见车型 A 柱的分面策略

NURBS 曲面的标准结构是具有四个边的类似矩形的结构，曲面可以看作由一系列的曲线沿一定的走向排列而成，曲面上的点与线具有 U、V、N 三个方向，N 为法线方向，在分面时尽量构成四边面是最有效率的方式。但是在车身曲面建模过程中，并不能将所有的曲面都拆分成具有标准结构的四边面，这时可以基于四边面进行修剪、拼合，尽量不要出现有一个边等于 0 的"三边面"以及周期封闭曲面，如球体或封闭圆柱，如图 6-6 所示。

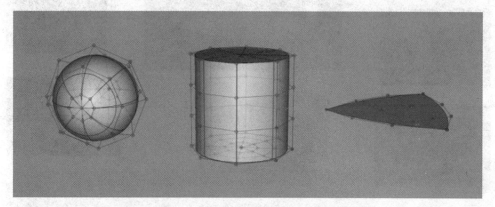

图 6-6　不适宜用于构建车身曲面的 NURBS 曲面

6.2　制作车顶和前脸

构建模型前，要尽量搜集相关车型的图片和资料，可在官网以及相关汽车论坛下载。不仅限于三视图，其他各个视角的图片也要尽可能地搜集整理，以用于分析观察局部细节以及光影变化（见图 6-7）。

图 6-7　相关素材图片整理

图 6-7　相关素材图片整理（续）

6.2.1　设置场景

Step 1：按照原厂提供的车身尺寸构建长、宽、高分别为 3999mm、1775mm、1578mm 的立方体，参照立方体尺寸将辅助图片放置在对应的视图位置，使各个视图基本能对应，并将参考图放置在不同的图层锁定，需注意，前后视图应放在不同的图层里，以方便单独打开和关闭，如图 6-8 所示。

图 6-8　Step 1

Step 2：设置公差，由于本例没有实际工程要求，为了便于初学者学习，仅使用通用的公差设定，在菜单栏选择"Preference>Construction Option>General CAD Setting"。

Step 3：在 Left 视图使用"Curves"工具栏的"circle"工具 ⬤ 绘制 7 阶单跨度的半圆形，调节 CV 点使其与前轮外轮框匹配，轴心点位于前轮轴位置，如图 6-9 所示。

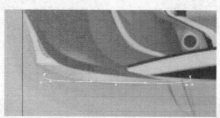

Top视图

Left视图

Back视图

图 6-9　Step 3

Step 4：复制并粘贴上一步中绘制的曲线，用"Scale"命令缩放，调节 CV 点，使其符合前轮框内侧形状，如图 6-10 所示。

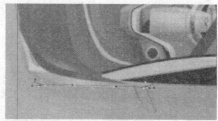

Top视图

Left视图

Back视图

图 6-10　Step 4

Step 5：用同样的方法绘制后轮内、外框曲线，如图 6-11 所示。

Top视图

Left视图

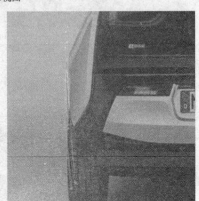

Back视图

图 6-11　Step 5

Step 6：使用"Surfaces"工具栏下的"skin"工具，在前轮框两条曲线间生成曲面，勾选"Proportional crown"，并使其方向指向车身外侧，"Flow Control"均为"Connect ends"，如图 6-12 所示。

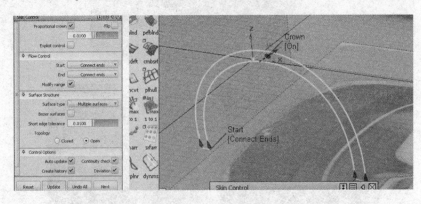

图 6-12　Step 6

Step 7：用同样的方法在后轮框曲线间生成曲面，如图 6-13 所示。

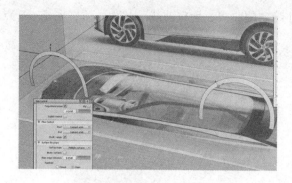

图 6-13　Step 7

Step 8：使用"transform CV"工具 ，按空格键，选择图 6-14 所示的调节模式，打开斑马线显示模式，用鼠标左键沿法线方向调节中间的一排 CV 点，使斑马线达到图 6-14 所示位置。

图 6-14　Step 8

6.2.2　制作发动机盖

Step 9：在 Left 视图（Y0 平面处）使用"Curves"工具栏"ep crv"工具 绘制 4 阶曲线，调整 CV 点，如图 6-15 所示。

图 6-15　Step 9

Step 10：复制刚才绘制的曲线，调整曲线阶数为 6 阶，调整 CV 点，如图 6-16 所示。

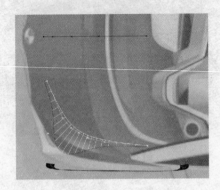

Top视图

Left视图

Back视图

图 6-16　Step 10

Step 11：使用"Curves"工具栏"ep crv"工具绘制两条 3 阶曲线，调整 CV 点，如图 6-17 所示。

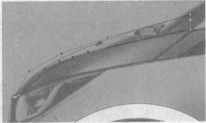

图 6-17　Step 11

Step 12：使用"Surfaces"工具栏下的"rail"工具生成曲面，"Generation Curves"和"Rail Curves"点选 2（Brail 模式），"Rail1"设置为"Implied Tan"，如图 6-18 所示。

图 6-18　Step 12

Step 13：复制并粘贴 Step 10 所绘制的曲线，调节 CV 点，如图 6-19 所示。

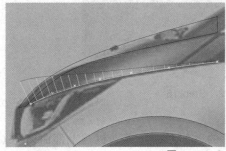
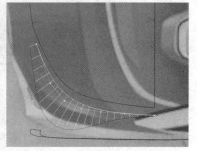

图 6-19　Step 13

Step 14：使用"Surfaces"工具栏下的"skin"工具 生成发动机盖侧面的曲面，勾选"Proportional crown"，并使其方向指向车身外侧，"Flow Control"均设为"Connect ends"，勾选"Modify range"，调节"Skin"的范围，效果如图 6-20 所示。

图 6-20　Step 14

Step 15：使用"transform CV"工具 ，按空格键，选择图 6-21 所示的调节模式，打开斑马线显示模式，用左键沿法线方向调节中间的一排 CV 点，使斑马线达到图 6-21 所示位置。

图 6-21　Step 15

Step 16：使用"detach"工具 在图 6-22 所示的位置打断 Step 15 中调节后的曲面。

图 6-22　Step 16

Step 17：先用"align"工具 使打断后的下部曲面与发动机盖上部曲面为 G2 连续性，如图 6-23 所示。

图 6-23　Step 17

Step 18：再用"align"工具 使打断后的下部曲面与上部曲面恢复为 G2 连续性，这会局部破坏 Step 17 中建立的 G2 连续性达到渐消效果，如图 6-24 所示。

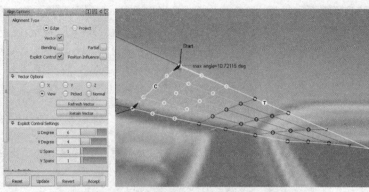

图 6-24　Step 18

Step 19：使用"Curves"工具栏"ep crv"工具  绘制四条曲线，调整 CV 点拟合"双肾"轮廓，如图 6-25 所示。

Step 20：使用"Curves"工具栏"ep crv"工具 绘制 5 阶曲线，如图 6-26 所示。

图 6-25　Step 19

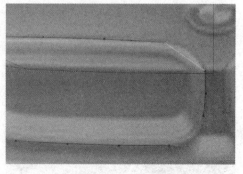

图 6-26　Step 20

Step 21：使用"align"工具 使 Step 20 绘制曲线与两端曲线达到 G2 连续性，如图 6-27 所示。（此步骤通过"blend"工具 组也可以实现）

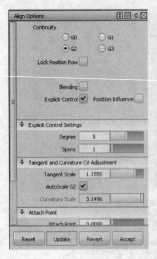
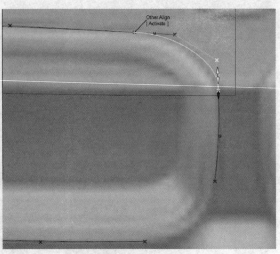

图 6-27　Step 21

Step 22：用同样的方法绘制另外三条曲线，如图 6-28 所示。

Step 23：将上一步中绘制的曲线在 Back 视图中投影在曲面上，并用 "Surface Edit" 工具栏下的 "trim" 工具 修剪曲面，效果如图 6-29 所示。

Step 24：用 "Object Edit" 工具栏下的 "detach" 工具 打断发动机盖上曲面，参考图 6-30 所示的位置。

图 6-28　Step 22

图 6-29　Step 23

图 6-30　Step 24

Step 25：用 "align" 工具 使打断后小曲面边界与大曲面边界保持 G2 连续，如图 6-31 所示。

图 6-31　Step 25

Step 26：使用 "transform CV" 工具 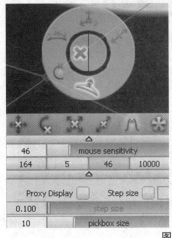，按空格键调节模式，选择大曲面边缘一排边界的点，在法线方向衰减拉点，打开斑马线显示模式，使其下沉少许，调节出斑马线的光圈，如图 6-32 所示。

图 6-32　Step 26

6.2.3　制作车顶

Step 27：绘制 3 阶曲线，拟合 A 柱上边缘，如图 6-33 所示。

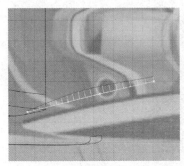

Top视图　　　　　　　　　　Left视图　　　　　　　　　　Back视图

图 6-33　Step 27

Step 28：绘制 5 阶曲线，拟合车顶上边缘，如图 6-34 所示。

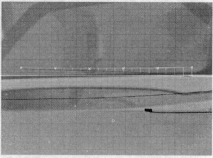

图 6-34　Step 28

Step 29：绘制 3 阶曲线，拟合 C 柱上边缘，如图 6-35 所示。

Top视图

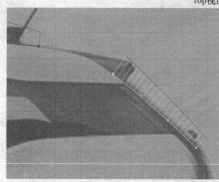

Left视图　　　　　　　　　　　　　　Back视图

图 6-35　Step 29

Step 30：通过"blend"工具　在三段曲线中间生成两段混接曲线，再调整原来三条曲线的 CV 点，使混接曲线与车身上线条匹配，如图 6-36 所示。

图 6-36　Step 30

Step 31：绘制 5 阶曲线拟合车窗下缘，端点捕捉到之前构建的发动机盖曲线的端点，如图 6-37 所示。

Step 32：使用"align"工具使发动机盖侧面下缘曲线与上一步中绘制的曲线达到 G2 连续性，并使发动机盖与调整过的曲线对齐，达到 G0 连续性，如图 6-38 所示。

图 6-37　Step 31

图 6-38　Step 32

Step 33：绘制两条 3 阶曲线，其位置拟合车窗侧面曲线，如图 6-39 所示。

图 6-39　Step 33

Step 34：使用"Surfaces"工具栏下的"rail"工具![rail]生成曲面，"Generation Curves"点选 2，"Rail Curves"点选 1（Monorail 模式），参数设置及曲面效果如图 6-40 所示。

图 6-40　Step 34

Step 35：使用"Locators"工具栏下的"crvsrf"工具 ，测量车顶曲线组到上一步曲面的距离，如图 6-41 所示。

Step 36：调整曲面上的三排控制点，使曲线组到曲面的距离前后均匀，将曲面放在另一图层隐藏并作为侧窗备用，如图 6-42 所示。

图 6-41　Step 35

图 6-42　Step 36

Step 37：将车顶曲线组复制并粘贴两次，分别在 Back 视图中平移到图 6-43 所示位置。

图 6-43　Step 37

Step 38：再次复制并粘贴曲线组的前、中、后三段曲线，注意不含过渡曲线，打开控制点，选择所有控制点，在"Move"命令下，用鼠标右键+<Alt>键捕捉网格，将所有的点放置在 Y0 平面上，如图 6-44 所示。

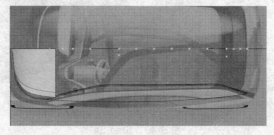

图 6-44　Step 38

Step 39：重新调整曲线 CV 点，分别拟合前风窗玻璃、车顶、后窗的边缘曲线，如图 6-45 所示。

Step 40：再次使用"blend"工具 在三段曲线中间生成两段过渡曲线，再调整原来三条曲线的 CV 点，使过渡曲线与车身上线条匹配，如图 6-46 所示。

图 6-45　Step 39

图 6-46　Step 40

Step 41：绘制两条 3 阶曲线连接前风窗玻璃曲线的端点，绘制风窗玻璃截面线，如图 6-47 所示。

Step 42：使用"transform CV"工具 调整下段截面线 CV 点的位置，由于截面线属于对称建模，要求 U 点必须与对称处端点对齐，这两个点垂直于 Y0 平面，然后调整各点位置，使曲率梳在对称处光顺达到 G3 连续性，越到边缘位置曲率值越高，如图 6-48 所示。

图 6-47　Step 41

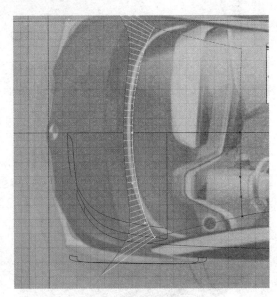

图 6-48　Step 42

Step 43：调整上段截面线 CV 点排布，使曲率梳变化如图 6-49 所示。

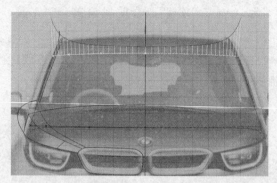

图 6-49   Step 43

Step 44：使用"Surfaces"工具栏下的"rail"工具生成风窗玻璃曲面，"Generation Curves"和"Rail Curves"均点选 2（Brail 模式），在 Y0 位置的"Rail1"设置为"Implied Tan"，如图 6-50 所示。

图 6-50   Step 44

Step 45：复制并粘贴 Step 43 调整的曲线，用"Curve Edit"工具栏下"stretch"工具移动到图 6-51 所示位置，并通过 CV 点调节曲率梳。

Step 46：用同样的方法生成后段截面线，如图 6-52 所示。

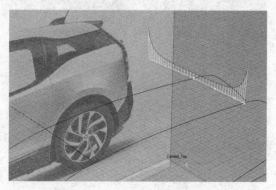

图 6-51   Step 45   图 6-52   Step 46

Step 47：使用"Surfaces"工具栏下的"rail"工具生成车顶曲面，"Generation

Curves"和"Rail Curves"均点选 2（Brail 模式），在 Y0 位置的"Rail1"设置为"Implied Tan"，参数与 Step 44 相同，如图 6-53 所示。

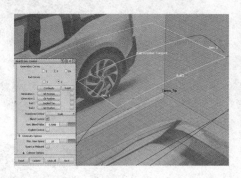 

图 6-53　Step 47

Step 48：再用"rail"工具 生成过渡曲面，参数与 Step 47 相同，如图 6-54 所示。

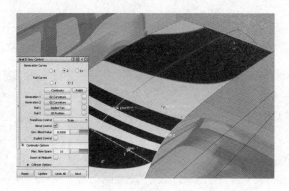

图 6-54　Step 48

Step 49：复制并粘贴 Step 46 生成的曲线两次，分别用"Curve Edit"工具栏下的"stretch"工具 移动到图 6-55 所示位置，并通过 CV 点调节曲率梳。

 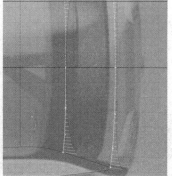

图 6-55　Step 49

Step 50：再用"rail"工具 生成后窗曲面，参数与 Step 47 相同，如图 6-56 所示。

Step 51：再用"rail"工具　生成过渡曲面，参数与 Step 47 相同，如图 6-57 所示。

图 6-56　Step 50

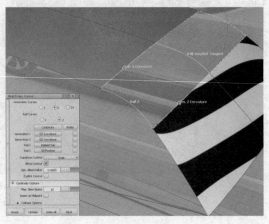

图 6-57　Step 51

6.2.4　制作前脸

Step 52：复制并粘贴发动机盖侧面下边缘和侧窗下边缘曲线，并稍移位置，如图 6-58 所示。

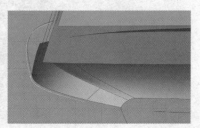

图 6-58　Step 52

Step 53：绘制 3 阶曲线，调整 CV 点位置，使曲率梳在对称处达到 G3 连续性，如图 6-59 所示。

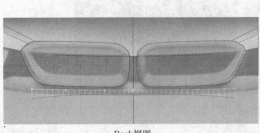

Back视图

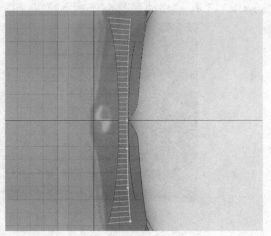

Top视图

图 6-59　Step 53

Step 54：复制并粘贴上一步中绘制的曲线，平移其位置，微调 CV 点位置，使曲率梳如图 6-60 所示。

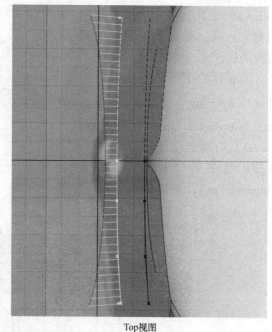

Back视图　　　　　　　　　　　　　　Top视图

图 6-60　　Step 54

Step 55：继续复制并粘贴 Step 53 中绘制的曲线两次，分别平移其位置，微调 CV 点位置，使其 Z 轴高度一致，调节曲率梳，四条曲线的分布位置如图 6-61 所示。

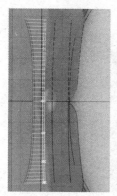

图 6-61　　Step 55

Step 56：在 Y0 平面绘制两条 3 阶曲线，拟合侧视图上的轮廓线，下部暂时不考虑反翘，再用"blend"工具在中间生成过渡曲线，如图 6-62 所示。

Step 57：复制并粘贴上一步中绘制的两条 3 阶曲线，用"Curve Edit"工具栏下的"stretch"工具移动曲线，其两端到另一侧，再用"blend"工具进行曲线过渡，如图 6-63 所示。

Step 58：使用"Surfaces"工具栏下的"rail"工具生成曲面，"Generation Curves"和"Rail Curves"均点选 2（Brail 模式），在 Y0 位置的"Rail"设置为"Implied Tan"，如图 6-64 所示。

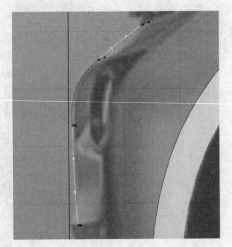

图 6-62　Step 56

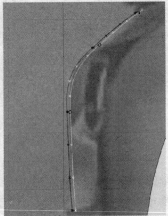

图 6-63　Step 57

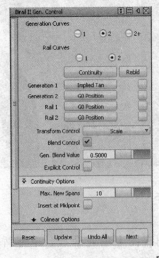
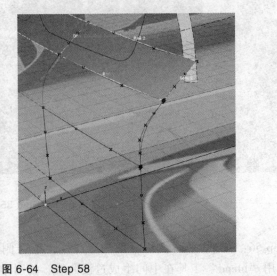

图 6-64　Step 58

Step 59：用同样的方法生成另外两块曲面，注意中间过渡曲面后生成，且要保持与上下面为 G2 连续性，可以通过增加控制点，或者用"align"命令保证连续性，如图 6-65 所示。

图 6-65　Step 59

Step 60：绘制 3 阶曲线，分别在 Left 视图和 Back 视图中拟合参考图的特征线，如图 6-66 所示。

图 6-66　Step 60

Step 61：继续绘制 3 阶曲线，在 Left 视图和 Back 视图中拟合参考图的特征线，如图 6-67所示。

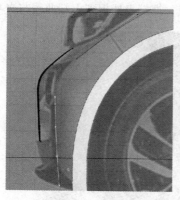

图 6-67　Step 61

Step 62：使用"blend"工具生成过渡曲线，如果过渡曲线形状未能拟合参考图的特征线条，需要微调刚才绘制的两条 3 阶曲线，如图 6-68 所示。

图 6-68　Step 62

Step 63：将 Step 60 中绘制的曲线改为 4 阶，在 Top 视图中用右键上移最上面的两个点，使曲线略向内倾斜，如图 6-69 所示。

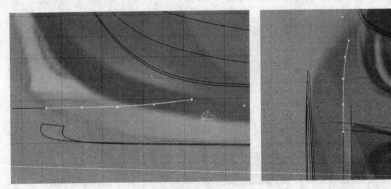

图 6-69　Step 63

Step 64：绘制 3 阶曲线，搭在图 6-70 所示的两条曲线之间。绘制方法：选择"ep crv"工具，首先捕捉下端曲线端点为起点，然后用右键在上端曲线的上部确定另一端点，切换"Move"命令，借助<Ctrl+Alt>键捕捉投影交点，把端点捕捉到上端曲线与自身的投影上。

图 6-70　Step 64

Step 65：用同样的方法在图 6-71 所示位置搭建 3 阶曲线。

图 6-71   Step 65

Step 66：使用 "align" 工具，保证上一步中绘制的曲线与上部曲线为 G2 连续性，如图 6-72 所示。

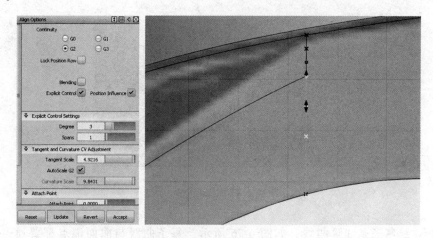

图 6-72   Step 66

Step 67：适当调整上段曲线的 CV 点，使下端曲线的曲率变化如图 6-73 所示。

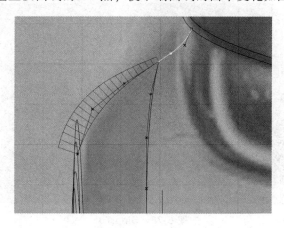

图 6-73   Step 67

Step 68：绘制 3 阶曲线，其位置如图 6-74 所示。

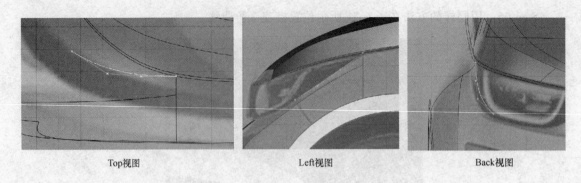

| Top视图 | Left视图 | Back视图 |

图 6-74　Step 68

Step 69：绘制 5 阶曲线，如图 6-75 所示，连接两边的端点，并保证两端都是 G2 连续性。

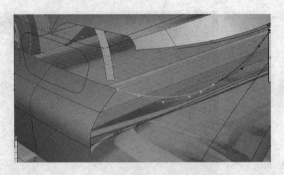

图 6-75　Step 69

Step 70：绘制三条 3 阶曲线，如图 6-76 所示，每条曲线与曲面端点都要通过"align"工具保证为 G2 连续性。

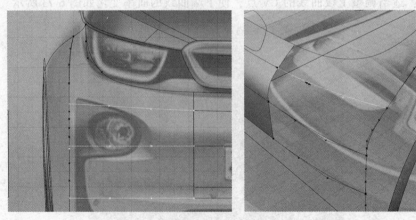

图 6-76　Step 70

Step 71：绘制 3 阶曲线，连接曲线的端点，并调整中间两个 CV 点位置，使曲线向上略微平移，形成一个略鼓的截面线。到此主要是搭建四边面的框架，如图 6-77 所示。

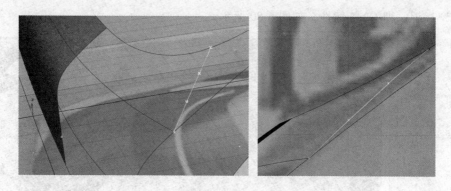

图 6-77　Step 71

Step 72：使用"rail"工具 生成曲面，与曲面衔接处保证为 G2 连续性，如图 6-78 所示。

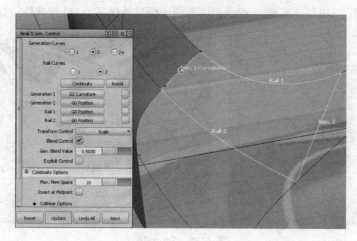

图 6-78　Step 72

Step 73：使用"rail"工具 生成另外两块曲面，与曲面衔接处保证为 G2 连续性，如图 6-79 所示。

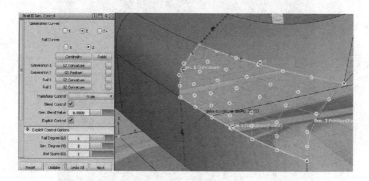

图 6-79　Step 73

Step 74：对于没有达到"C"标识的部位，使用"align"和"transform CV"工具使其

达到"C"标识,即 G2 连续性,如图 6-80 所示。

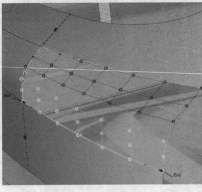

图 6-80   Step 74

Step 75:使用"rail"工具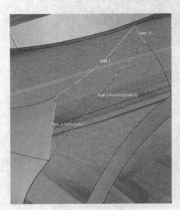生成曲面,与曲面衔接处保证为 G2 连续性,如图 6-81 所示。

图 6-81   Step 75

Step 76:在 Back 视图中绘制六条 3 阶曲线和四条过渡混接曲线,拟合参考图的造型特征,如图 6-82 所示。

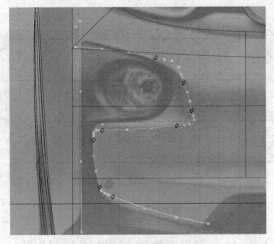

图 6-82   Step 76

Step 77：将刚才绘制的曲线，在 Back 视图中投影到相应曲面上，利用"trim"工具 修剪曲面，效果如图 6-83 所示。

6.2.5　制作前脸细节

Step 78：选择图 6-84 中的三段曲线，将其放大平移后投影到相应曲面上。

Step 79：使用"Curve Edit"工具栏的"dupl"工具 复制曲面的剪切边界，在控制面板（Control Panel）上精简为 3 阶单跨度曲线，再对齐到下面的曲面上，如图 6-85 所示。

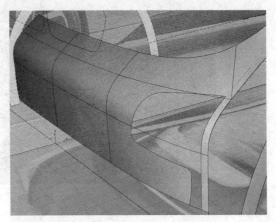

图 6-83　Step 77

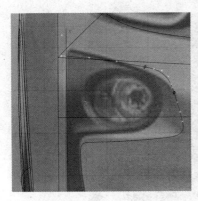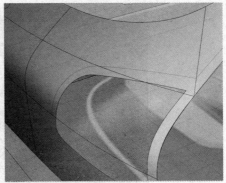

图 6-84　Step 78

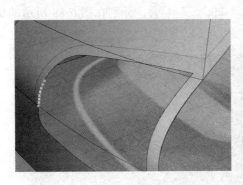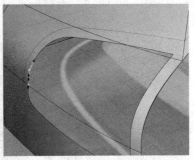

图 6-85　Step 79

Step 80：使用"dupl"工具 复制两段边界后再选择"attach"工具，在控制面板（Control Panel）中改为 3 阶单跨度曲线，再使用"Object Edit"工具栏下的"extend"工具 延长（不勾选选项中的"merge"），将其投影在曲面上后，再对齐到延长线的投影上，如图 6-86 所示。

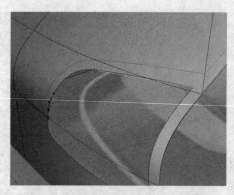

图 6-86　Step 80

Step 81：使用"blend"工具组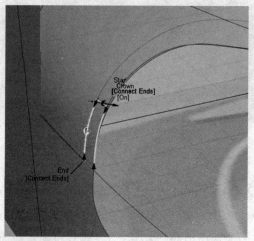中的"new"工具连接 Step 79、Step 80 中绘制的两条曲线的端点，并通过调整端点的位置，使其略微向外反翘，如图 6-87 所示。

图 6-87　Step 81

Step 82：使用"Surfaces"工具栏下的"skin"工具，分别在图 6-88 所示的位置生成两块曲面。

图 6-88　Step 82

图 6-88　Step 82（续）

Step 83：继续使用"skin"工具 ，生成图 6-89 所示的曲面，注意由于边界不能完全对齐，要留一小段。

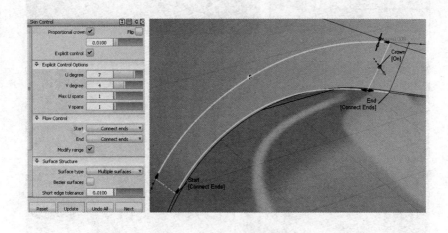

图 6-89　Step 83

Step 84：使用"align"工具将用"skin"工具生成的曲面与原被剪切曲面在投影线位置达到 G2 连续性，如图 6-90 所示。

图 6-90　Step 84

Step 85：再用"align"工具将"skin"工具生成的曲面组分别与上下两端毗邻曲面边缘达到 G2 连续性，并且上一步中的 G2 连续性不能被破坏，如图 6-91 所示。

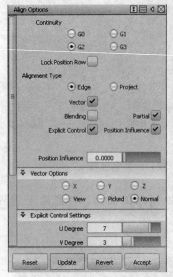
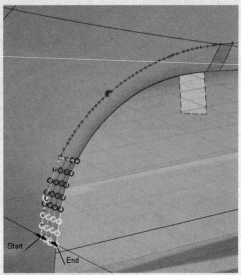

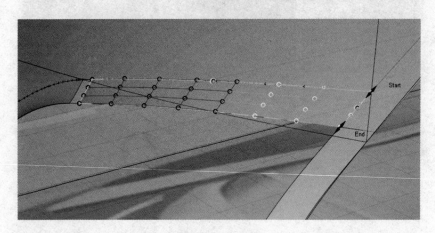

图 6-91　Step 85

Step 86：用"Surfaces"工具栏下的"square"工具 补上空缺的小面，并用"align"工具保证各边连续性均达到 C 级，如图 6-92 所示。

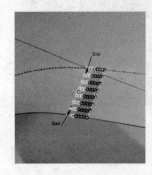
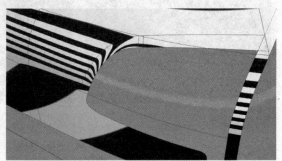

图 6-92　Step 86

Step 87：在图 6-93 所示位置用"detach"工具打断曲面。

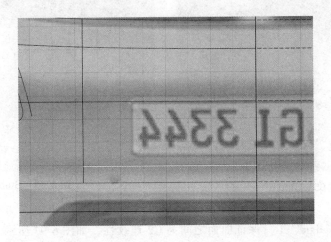

图 6-93　Step 87

Step 88：用"align"工具保证两块曲面之间为 G2 连续性，如图 6-94 所示。

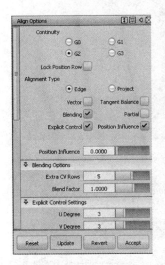 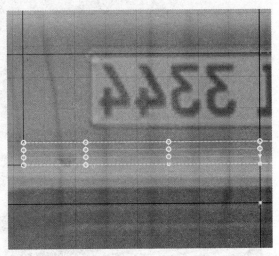

图 6-94　Step 88

Step 89：在 Left 视图中，用鼠标中键平移最下一排 CV 点，使造型与参考图吻合，如图 6-95 所示。

Step 90：用"detach"工具打断相邻曲面，用<Ctrl+Alt>键捕捉 Step 88 打断面的端点并对齐，如图 6-96 所示。

计算机辅助汽车造型设计——ALIAS实例教程

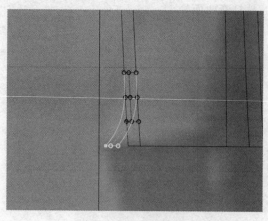

图 6-95　Step 89

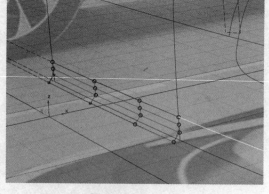

图 6-96　Step 90

Step 91：用"align"工具保证曲面之间为 G2 连续性，如图 6-97 所示。至此车顶和前脸的基本面已构建完成。

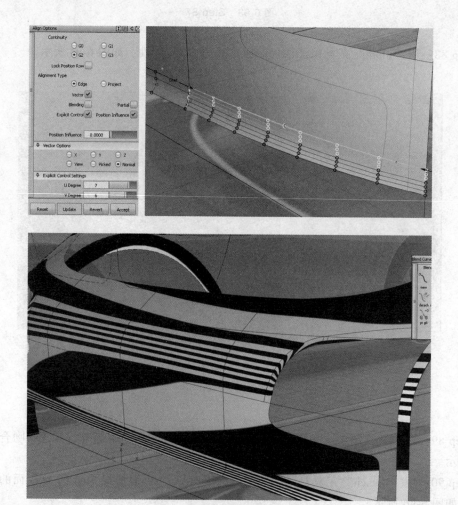

图 6-97　Step 91

6.3　制作车身侧面

车身的侧前面包含腰线、裙边、前翼子板等主要的特征面，为了保证较好的效果，注意应使截面线趋势一致、点分布均匀。

6.3.1　制作侧面大曲面

Step 92：复制并粘贴 Step 31 绘制的 5 阶曲线，调节 CV 点，使其符合参考图车身腰线，如图 6-98 所示。

Step 93：绘制 3 阶曲线拟合腰线后半段，调节 CV 点，使其符合参考图，并且与前面的曲线为 G3 连续性，如图 6-99 所示。

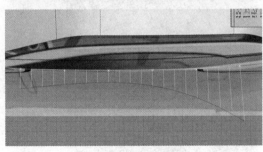
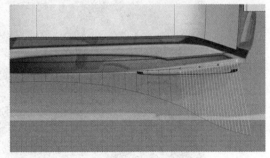

图 6-98　Step 92　　　　　　　图 6-99　Step 93

Step 94：复制并粘贴 Step 31 绘制的 5 阶曲线，使用"stretch"工具拟合裙边线上面的棱线，如图 6-100 所示。

图 6-100　Step 94

Step 95：在 Z 轴方向上微调 CV 点位置，使曲率分布如图 6-101a 所示；用"Locators"工具栏下的"crvsrf"工具测量该线到前、后轮框的距离，在 Y 轴方向上微调 CV 点，使

前后间距相近，如图 6-101b 所示。

图 6-101　Step 95

Step 96：绘制 4 阶截面线拟合车身侧面轮廓，如图 6-102 所示。

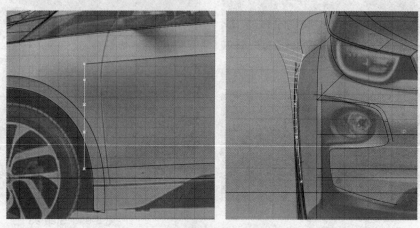

图 6-102　Step 96

Step 97：复制并粘贴上一步中绘制的 4 阶曲线，使用 "stretch" 工具 将曲线移动到另一端，如图 6-103 所示。

图 6-103　Step 97

Step 98：使用"rail"工具生成曲面，以 Step 96、Step 97 中绘制的曲线为 generation 方向曲线，以 Step 92、Step 95 中绘制的曲线为轨迹曲线，参数设置如图 6-104 所示。

图 6-104　Step 98

Step 99：在控制面板（Control Panel）中将其修改为 7×4 阶，增加了点的数量，如图 6-105 所示。

Step 100：在图 6-106 所示位置，用 "detach"工具打断曲面，再用"align"工具保证曲面为 G2 连续性。

Step 101：选择上部曲面最下排的中间 5 个控制点，沿 Y 轴方向向车身内移动少许，在斑马线模式下可以看到光圈，如图 6-107所示。

图 6-105　Step 99

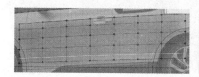

图 6-106　Step 100

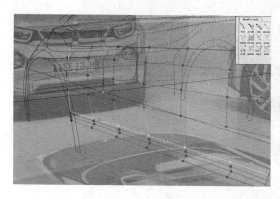

图 6-107　Step 101

Step 102：在图 6-108 所示位置绘制 3 阶曲线，曲线上端搭建在 Step 52 中复制的曲线的端点上，曲线下端搭建在自身与前轮框外侧轮廓线的垂直交点上。

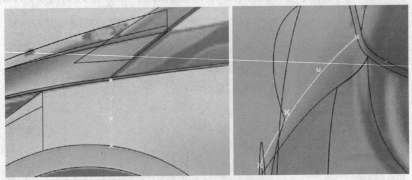

图 6-108　Step 102

6.3.2　制作侧面渐消面

Step 103：在图 6-109 所示位置绘制另一条 3 阶曲线，曲线上端位于 Step 52 复制的曲线上，曲线下端位于前轮框外的轮廓线上，要通过腰线渐消的起点。

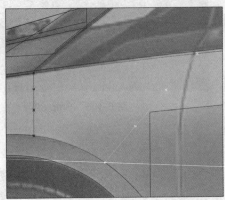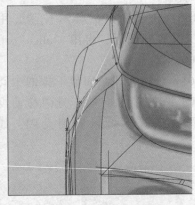

图 6-109　Step 103

Step 104：通过"rail"工具生成曲面，参数设置及曲面效果如图 6-110 所示。

图 6-110　Step 104

Step 105：使用"transform CV"工具![icon]衰减拉点，调整斑马线如图6-111所示。

Step 106：删除历史记录，并用"extend"工具将侧面两块大曲面先后缩短到图6-112所示位置。

图6-111　Step 105

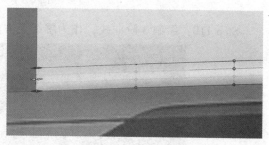

图6-112　Step 106

Step 107：在Left视图中用"extend"工具延长Step 92中绘制的曲线（在选项中不勾选"merge"选项），再投影到Step 104中生成的曲面上，如图6-113所示。

Step 108：用5阶曲线连接投影生成的面上线和曲面的角点，如图6-114所示。

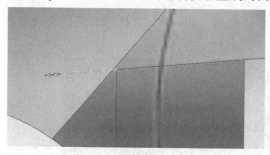

图6-113　Step 107

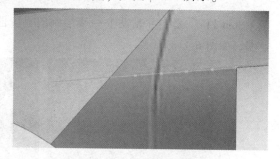

图6-114　Step 108

Step 109：用"align"工具使该5阶曲线与两边都是G2连续性，如图6-115所示。

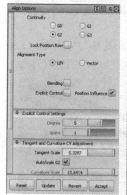

图6-115　Step 109

在其他视图中检查曲线CV点分布，如图6-116所示。如果CV点分布不均匀或有较明显的褶皱，需要调节左右曲面位置或CV点分布情况。

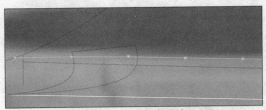

图 6-116　CV 点分布

Step 110：绘制 3 阶曲线，作为腰线上方曲面的截面线，调整 CV 点，如图 6-117 所示。

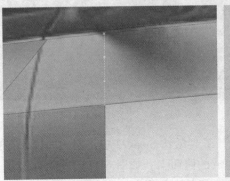

图 6-117　Step 110

Step 111：复制并粘贴上一步绘制的 3 阶曲线，使用"stretch"工具将曲线移动到另一端，如图 6-118 所示。

图 6-118　Step 111

Step 112：用"rail"工具生成曲面，参数设置及曲面效果如图 6-119 所示。

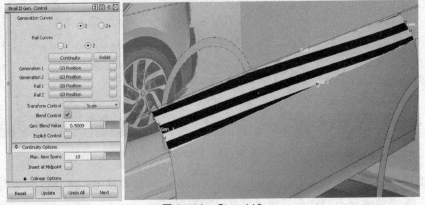

图 6-119　Step 112

Step 113：用"square"工具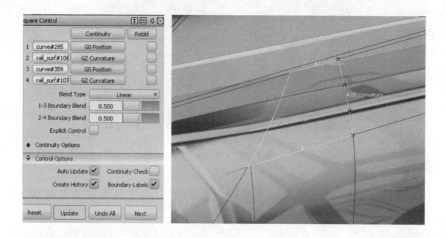生成曲面，选择各边连续性，其斑马线如图 6-120 所示。

图 6-120 Step 113

Step 114：用"Curve Edit"工具栏中的"dupl"工具复制边界曲线，并用"extend"工具（非"merge"方式）延长复制的边界曲线，如图 6-121 所示。

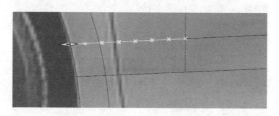

图 6-121 Step 114

Step 115：利用上一步中绘制的延长线，捕捉延长线在外轮框上的投影交点，绘制 3 阶曲线，如图 6-122 所示。

图 6-122　Step 115

Step 116：用"align"工具使 Step 115 中绘制的 3 阶曲线与腰线曲面达到 G2 连续性，如图 6-123 所示。

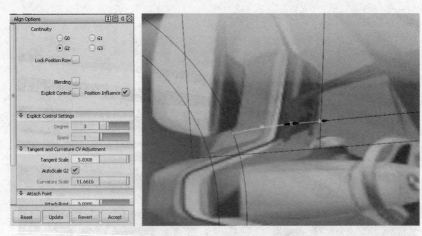

图 6-123　Step 116

Step 117：复制并粘贴 Step 109 中绘制的曲线，用"extend"工具向两边延长，如图 6-124所示。

图 6-124　Step 117

Step 118：在 Left 视图中将曲线投影到背后的曲面上，再用 3 阶曲线连接投影面上线的

端点，如图 6-125 所示。

图 6-125　Step 118

Step 119：用"align"工具使上一步中绘制的曲线与右侧面上线达到 G2 连续性（Step 117 绘制的曲线可删掉或隐藏），如图 6-126 所示。

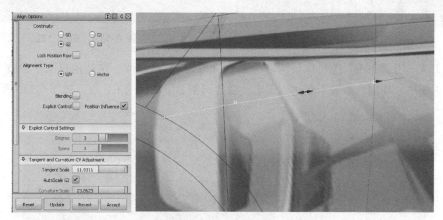

图 6-126　Step 119

Step 120：利用 Step 115 与 Step 118 绘制的曲线，连同左侧轮框外侧轮廓线与右侧曲面边界生成边界曲面，参数设置及曲面效果如图 6-127 所示。

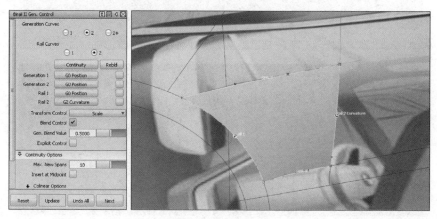

图 6-127　Step 120

Step 121：绘制 5 阶曲线，捕捉其一侧端点为 Step 107 生成的面上线的端点，另一侧端点为 Step 118 绘制曲线的中点，调节曲线 CV 点，如图 6-128 所示。

Step 122：用"extend"工具在两端延长上一步绘制的曲线（在选项中不勾选"merge"选项），并在 Left 视图中将其投影到对应的曲面上，如图 6-129 所示。

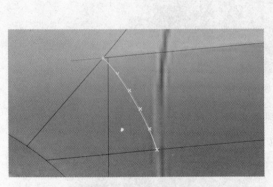

图 6-128　Step 121

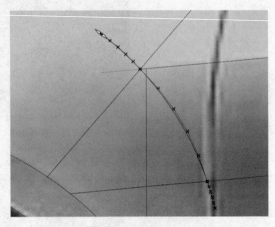

图 6-129　Step 122

Step 123：用"align"工具保证两端与面上线均为 G2 连续性，在其他视图中检查 5 阶曲线的趋势是否统一、均匀，如果不能达到要求，需要调整上下曲面的 CV 点，如图 6-130 所示。

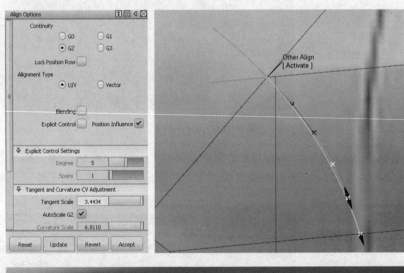

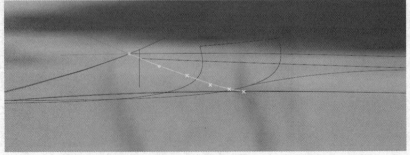

图 6-130　Step 123

Step 124：用"square"工具生成曲面，参数设置如图 6-131 所示，在"Explicit Control Options"栏中，U、V 方向的阶数均为 7。

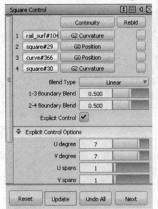
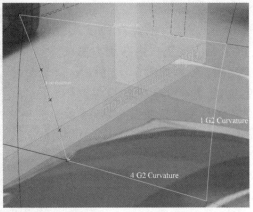

图 6-131　Step 124

Step 125：继续用"square"工具生成曲面，参数设置如图 6-132 所示，在"Explicit Control Options"栏中，U、V 方向的阶数均为 7。

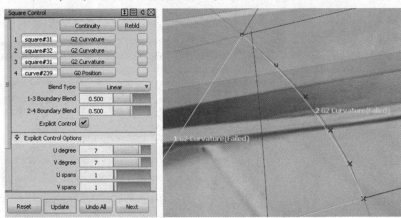

图 6-132　Step 125

Step 126：调节各边界连续性均达到要求（渐消线处达到 G0 连续性），斑马线效果如图 6-133 所示。

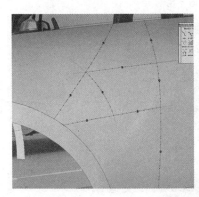

图 6-133　Step 126

Step 127：在图 6-134 所示位置用"detach"工具打断曲面，并用"align"工具保证曲面之间的连续性保持 G2。

Step 128：打开上部曲面的控制点，使用"transform CV"工具衰减拉点的方式，将最下排点在 Y 轴方向上向内移动，使斑马线形成一个光圈，光影如图 6-135 所示。

Step 129：由于 Step 128 中的操作破坏了原有曲面的连续性关系，在图 6-136 所示位置用"detach"工具打断曲面，用"align"工具重新调整连续性。

Step 130：在图 6-137 所示处绘制 3 阶曲线，曲线一端位于轮框外缘与曲线的投影交点上，另一端位于曲面的角点上，并用"align"工具保证曲线与曲面为 G2 连续性。

图 6-134　Step 127

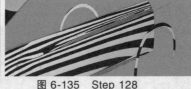

图 6-135　Step 128

图 6-136　Step 129

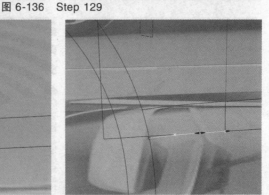

图 6-137　Step 130

Step 131：用"square"工具生成曲面，参数如图6-138所示。

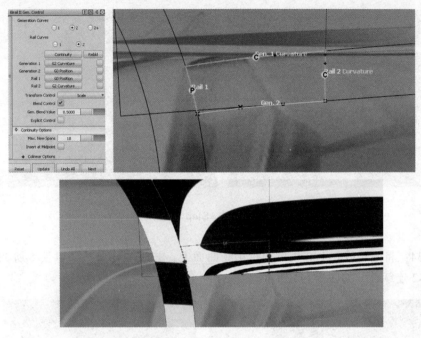

图 6-138 Step 131

6.3.3 制作前翼子板

Step 132：在前翼子板上部图6-139所示位置绘制3阶曲线，曲线右端点搭建在Step 104绘制的曲面上。

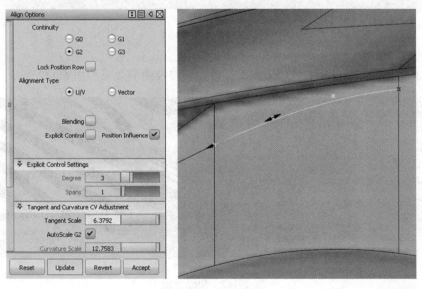

图 6-139 Step 132

Step 133：在控制面板（Control Panel）中将其改为5阶曲线，左侧连续性不变，右侧用

"extend"工具延长（不勾选"merge"选项），如图 6-140 所示。

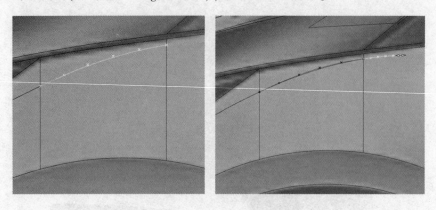

图 6-140　Step 133

Step 134：将延长线在 Left 视图中投影到曲面上，并用"align"工具使 5 阶曲线与该面上线保持 G2 连续性，如图 6-141 所示。

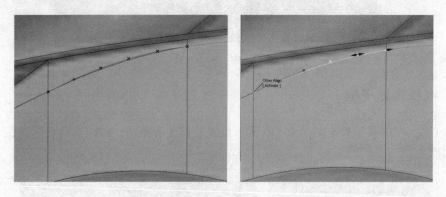

图 6-141　Step 134

Step 135：用"square"工具生成曲面，参数设置及曲面效果如图 6-142 所示。

图 6-142　Step 135

Step 136：继续用"square"工具生成曲面，参数设置及曲面效果如图 6-143 所示。

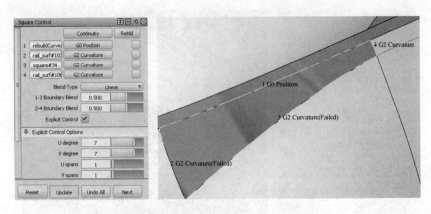

图 6-143　Step 136

Step 137：由于这块曲面较扭曲，用"detach"工具及<Alt>键捕捉，将曲面打断成两段，通过"align"和"transform CV"工具，使各边界连续性达到要求，如图 6-144 所示。

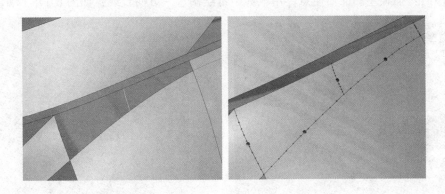

图 6-144　Step 137

Step 138：在图 6-145 所示位置绘制 3 阶曲线，调整曲率。

图 6-145　Step 138

Step 139：用"rail"工具生成曲面，设置各边连续性如图 6-146 所示。

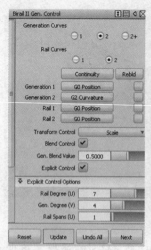
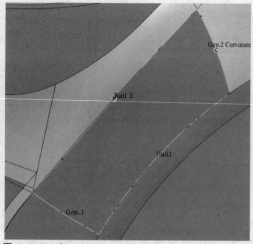

图 6-146　Step 139

Step 140：调整曲线 CV 点变化，使斑马线光顺，如图 6-147 所示。

Step 141：捕捉左侧曲面端点，用鼠标中键绘制水平方向直线，如图 6-148 所示。

图 6-147　Step 140

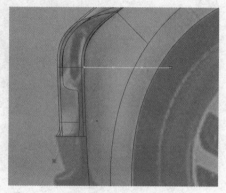

图 6-148　Step 141

Step 142：将曲线投影在前轮框曲面上，再用"trimcvt"工具 生成非剪切边界的曲面，如图 6-149 所示。

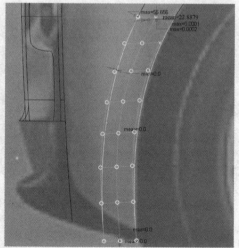

图 6-149　Step 142

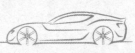

Step 143：用<Ctrl+Alt>键捕捉，打断轮框曲面，删掉左侧的一小段，如图 6-150 所示。

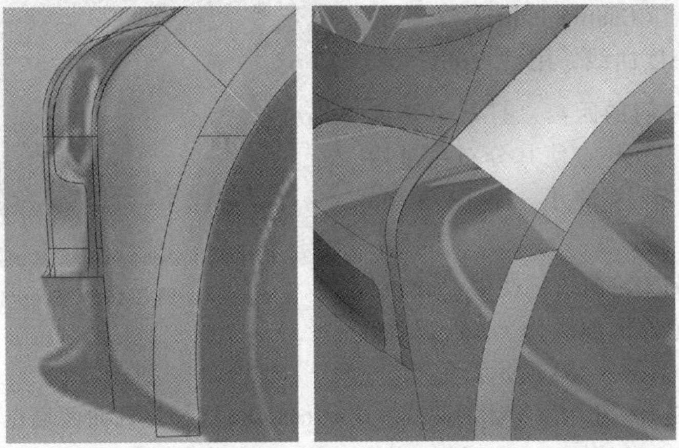

图 6-150 Step 143

Step 144：在端点间绘制 3 阶曲线，用“align”工具使其与曲面保持 G2 连续性，如图 6-151 所示。

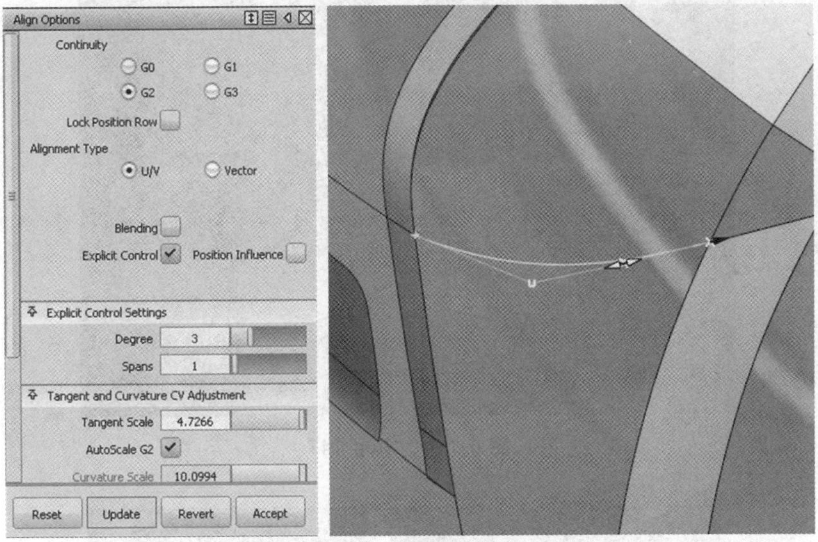

图 6-151 Step 144

Step 145：选择“Curve Edit”工具栏中的“dupl”工具复制曲面边界，并用“attach”工具将其与上一步中绘制的曲线连接成一条曲线，如图 6-152 所示。

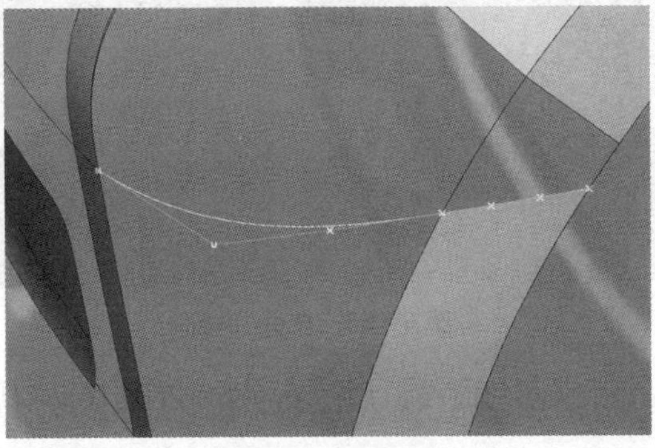

图 6-152 Step 145

Step 146：复制并粘贴上一步中连接的曲线，在控制面板（Control Panel）上将其设置成 6 阶的单跨度曲线，用"crvcrv"工具 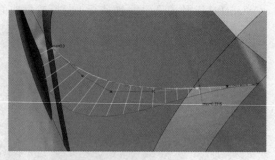 测量两曲线之间的距离，打开单跨度曲线的 CV 点，调整 CV 点使其分布尽量均衡，两曲线的间距尽量小，如图 6-153 所示。

图 6-153　Step 146

Step 147：绘制 4 阶曲线，使用"align"工具保证其与前轮外框曲线为 G2 连续性，并与参考图拟合，如图 6-154 所示。

Step 148：复制上一步中所绘制的曲线，用<Ctrl+Alt>键捕捉到曲面端点，并用"align"命令使其与曲面达到 G2 连续性，水平调节其他点，使 CV 点分布比较平均，如图 6-155 所示。

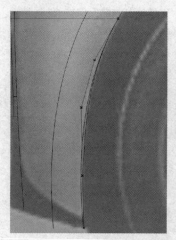
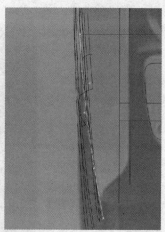

图 6-154　Step 147

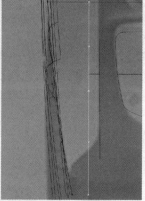

图 6-155　Step 148

Step 149：复制 Step 146 绘制的曲线，用"stretch"工具移动到底部，调整 CV 点，如图 6-156 所示。

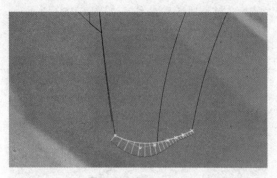

图 6-156　Step 149

Step 150：用"rail"工具生成曲面，如图 6-157 所示。

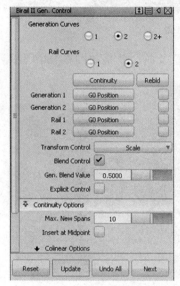

图 6-157　Step 150

Step 151：在 Left 视图中将前轮外轮框曲线投影在曲面上，捕捉端点绘制 5 阶曲线，并用"align"工具使其均达到 G2 连续性，如图 6-158 所示。

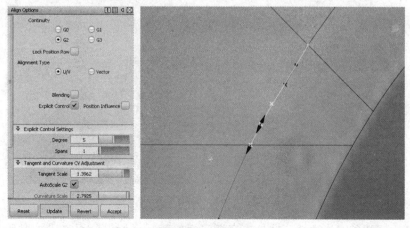

图 6-158　Step 151

Step 152：用同样的方法绘制小段 5 阶曲线，如图 6-159 所示。

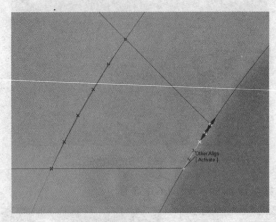

图 6-159　Step 152

Step 153：用"square"工具生成曲面，参数设置及曲面效果如图 6-160 所示。

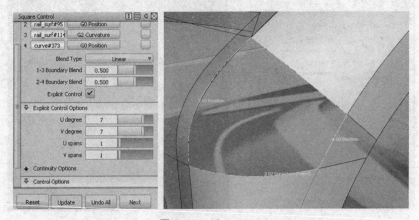

图 6-160　Step 153

Step 154：继续用"square"工具生成小块曲面，参数设置及曲面效果如图 6-161 所示。

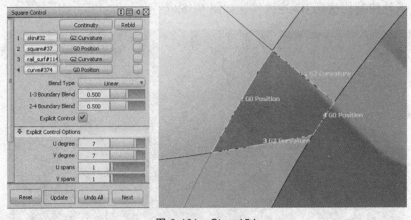

图 6-161　Step 154

Step 155：调整各边连续性，此处也有渐消面的特征，所以分面方式可对照车身腰线的

做法，如图 6-162 所示。

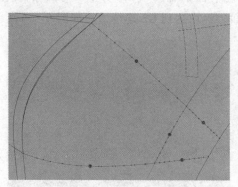

图 6-162 Step 155

Step 156：用 "detach" 工具结合捕捉键，在图 6-163 所示位置打断 Step 150 生成的曲面。

Step 157：在 Left 视图中绘制 3 阶曲线与参考图下部造型拟合，复制并粘贴，然后将其平移至图 6-164 所示位置。

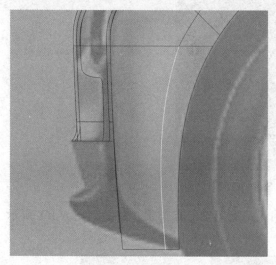
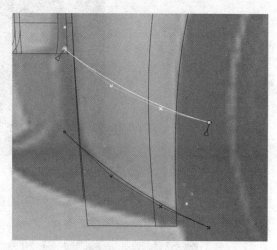

图 6-163 Step 156　　　　　　　　　　图 6-164 Step 157

Step 158：将上一步中所绘制的两条曲线都在 Left 视图中投影到曲面上，生成面上线，捕捉该面上线上的点与曲面边界上的点，绘制 5 阶曲线，如图 6-165 所示。

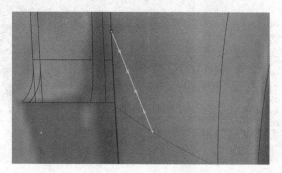

图 6-165 Step 158

Step 159：通过"Curve Edit"工具栏下面的命令 <del>✕</del> 修剪上一步中的面上线，再用"align"工具使5阶曲线与该面上线和曲面边界均达到G2连续性，如图6-166所示。

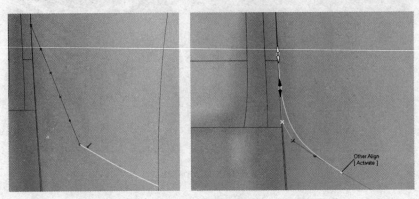

图6-166　Step 159

Step 160：利用Step 157~Step 159所绘制的曲线修剪曲面，效果如图6-167所示。

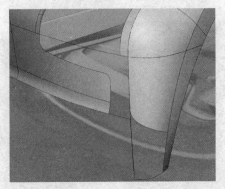

图6-167　Step 160

Step 161：复制并粘贴Step 148所绘制的曲线，利用轴心点捕捉，移动到图6-168所示位置，并与曲面保证G2连续性。

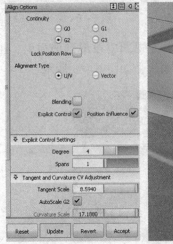

图6-168　Step 161

Step 162：将 Step 157 绘制的曲线在 Left 视图中投影到 Step 156 打断后的右侧曲面上，并修剪曲面，如图 6-169 所示。

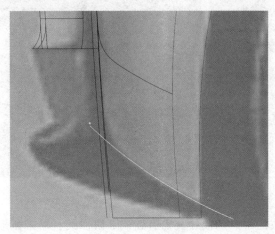

图 6-169　Step 162

Step 163：绘制 5 阶曲线，如图 6-170 所示。保持其一端在曲线上，另一端则利用 "align" 工具与剪切后的边界保持 G2 连续性，并在 Front 视图中拟合参考图上的边界。

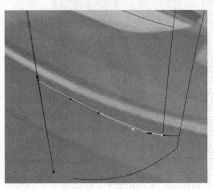
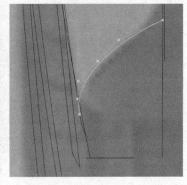

图 6-170　Step 163

Step 164：绘制 3 阶曲线，略微调整 CV 点，使其略鼓，如图 6-171 所示。

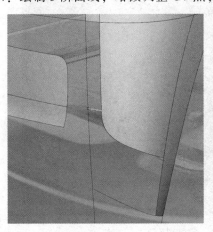
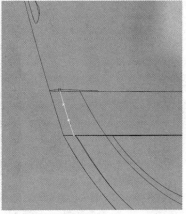

图 6-171　Step 164

Step 165：用"rail"工具生成曲面，参数设置及曲面效果如图 6-172 所示。

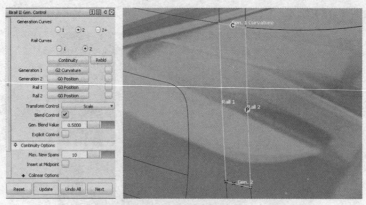

图 6-172　Step 165

Step 166：捕捉弧线的中点和曲线交点，绘制 3 阶曲线，略带弧形，如图 6-173 所示。

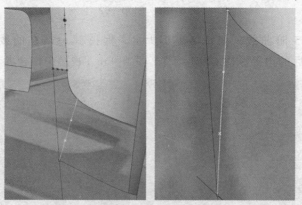

图 6-173　Step 166

Step 167：使用"rail"工具生成曲面，勾选"Curve Segments"，缩短"Rail 2 Segment"的范围，使其与"Rail 1Segment"基本对应，如图 6-174 所示。

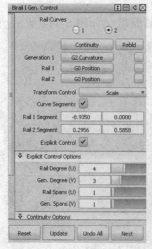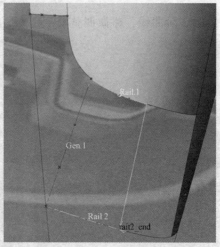

图 6-174　Step 167

Step 168：使用"square"工具生成曲面，参数设置及曲面效果如图 6-175 所示。

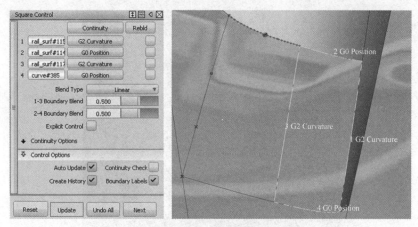

图 6-175　Step 168

Step 169：再用"rail"工具生成曲面，参数设置及曲面效果如图 6-176 所示。

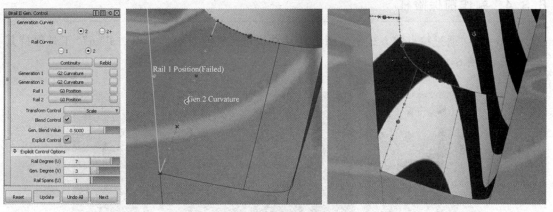

图 6-176　Step 169

Step 170：绘制过渡曲线，并调整其形状，如图 6-177 所示。

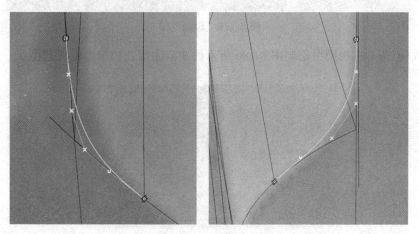

图 6-177　Step 170

Step 171：在 Left 视图中将过渡曲线投影到曲面上，修剪曲面，如图 6-178 所示。

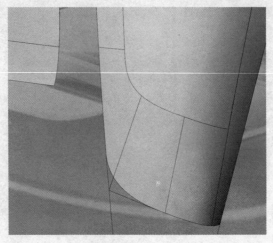

图 6-178　Step 171

6.3.4　制作前保险杠

Step 172：通过拉点的方式调整图上两块曲面的 CV 点分布，并用"align"工具保持其连续性，如图 6-179 所示。

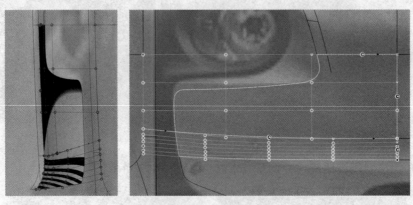

图 6-179　Step 172

Step 173：在 Left 视图中绘制图 6-180 所示的 3 阶曲线，拟合参考图造型。

图 6-180　Step 173

Step 174：复制并粘贴上一步中绘制的曲线，用"stretch"工具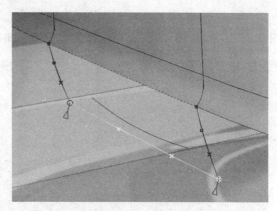将该典线移动到图6-181所示的位置，并用"dupl"工具复制上方曲面的边界，用"stretch"工具移动该边界曲线，并调整曲线曲率使其在对称位置达到 G3 连续性，构成一个四边形边界。

Step 175：使用"rail"工具生成曲面，"Generation Curves"和"Rail Curves"均点选 2（Brail 模式），在 Y0 位置的"Generation 1"设置为"Implied Tan"，如图 6-182 所示。

图 6-181   Step 174

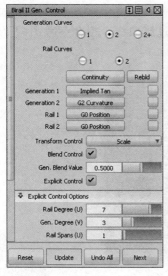

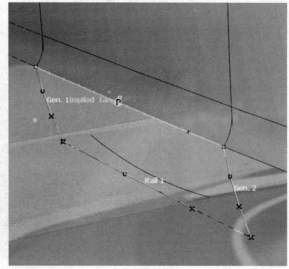

图 6-182   Step 175

Step 176：用同样的方式绘制两条 3 阶曲线，保证其与参考图造型匹配，用"align"工具保证曲线之间为 G2 连续性，如图 6-183 所示。

图 6-183   Step 176

Step 177：使用"rail"工具生成曲面，选择"Generation Curves"和"Rail Curves"均点选 2（Brail 模式），保证曲面的连续性，如图 6-184 所示。

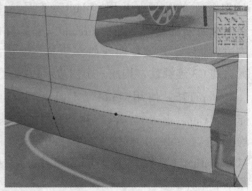

图 6-184　Step 177

Step 178：在 Back 视图中绘制两条 3 阶曲线和一条过渡曲线，拟合参考图的下格栅边界，如图 6-185 所示。

图 6-185　Step 178

Step 179：将上一步绘制的曲线和 Step 76 中所绘制的最下部一条曲线一起投影到 Step 177 中生成的曲面上，并进行修剪，如图 6-186 所示。

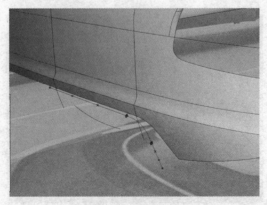

图 6-186　Step 179

6.4 制作车身侧后面

6.4.1 制作后翼子板

车身后侧包含腰线的延伸、后翼子板、裙边下部等部分，构建时还要考虑与车身后部造型的衔接。

Step 180：用"extend"工具延长腰部大曲面到后翼子板的中央位置，如图6-187所示。

Step 181：继续用"extend"工具延长侧面的其他曲面，用<Ctrl+Alt>键捕捉上一步中生成的大曲面的端点，使所有的曲面边界对齐，且保证连续性不变，如图6-188所示。

图6-187 Step 180

图6-188 Step 181

Step 182：绘制图6-189所示的3阶曲线，并用"align"工具保证它与曲面保持G2连续性。

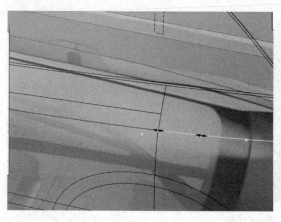

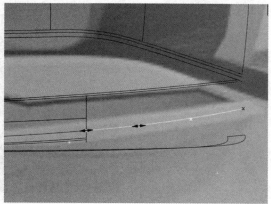

图6-189 Step 182

Step 183：绘制图6-190所示的3阶曲线，捕捉Step 182中所绘制曲线的端点，且与Left视图中的参考图拟合。

图 6-190　Step 183

Step 184：在 Step 182 和 Step 183 中绘制的两条曲线的端点和后轮框之间构建图 6-191 所示的 3 阶曲线，位置大致位于光影明暗交界处。

图 6-191　Step 184

Step 185：用"extend"工具（不勾选"merge"的方式下）延长 Step 182 所绘制的曲线，如图 6-192 所示。

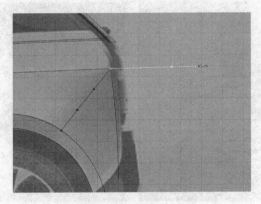

图 6-192　Step 185

Step 186：用"align"工具保证该延长曲线与原曲线为 G2 连续性，在 Y 轴方向上移动延长曲线的末端端点，如图 6-193 所示。

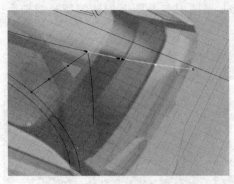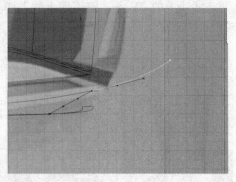

图 6-193 Step 186

Step 187：在上一步中绘制的曲线端点处和后轮框曲线上构建 3 阶曲线，并与 Left 视图中的参考图拟合，如图 6-194 所示。

图 6-194 Step 187

Step 188：用"square"工具生成曲面，参数设置及曲面效果如图 6-195 所示。

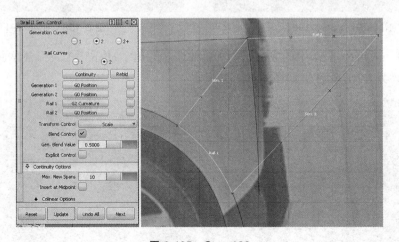

图 6-195 Step 188

Step 189：将 Step 183 绘制的曲线投影在曲面上，生成面上线，在控制面板（Control Panel）上将 Step 184、Step 187 中绘制的曲线修改为 4 阶曲线，利用"transform CV"工具

调节这两条曲线上的 CV 点，使该面上线与 Back 视图中参考图上的造型特征线拟合，如图 6-196 所示。

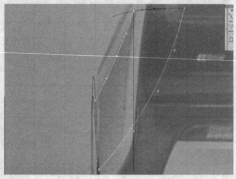

图 6-196　Step 189

Step 190：复制并粘贴后轮外框曲线，用"Nonproportional scale"工具缩放，调整其大小接近光影变化的转折处，如图 6-197 所示。

Step 191：将该曲线投影到侧面几个曲面上，并用"trim"工具修剪，如图 6-198 所示。

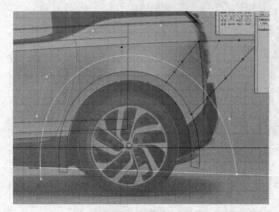

图 6-197　Step 190　　　　　　　　　　　　　　图 6-198　Step 191

Step 192：采用 Step 64 中的方法绘制 3 阶曲线，并用"align"工具保证该曲线与上部曲面的剪切边界为 G2 连续性，如图 6-199 所示。

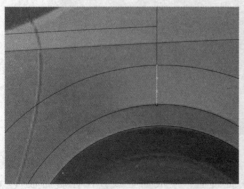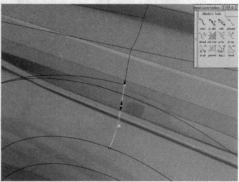

图 6-199　Step 192

Step 193：延长曲面的边界线，并将其投影到后轮轮框曲面上，如图 6-200 所示。

图 6-200　Step 193

Step 194：连接曲面端点和面上线端点，并用"align"工具保证该面上线与曲面边界为 G2 连续性，如图 6-201 所示。

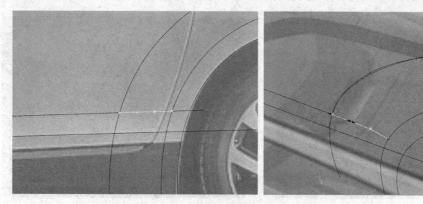

图 6-201　Step 194

Step 195：用同样的方法在下面构建另一条线，如图 6-202 所示。

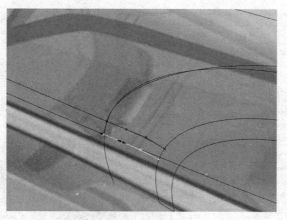

图 6-202　Step 195

Step 196：使用"rail"工具生成曲面，参数设置及曲面效果如图 6-203 所示。

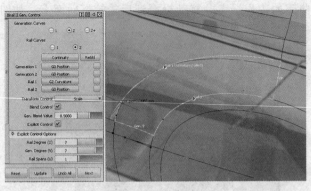

图 6-203　Step 196

Step 197：用"detach"工具在中点打断曲面，并用"align"及："transform CV"工具调整边界的连续性，如图 6-204 所示。

Step 198：用"blend"工具在曲面端点和 Step 191 中投影生成的面上线间绘制曲线，调整该面上线所在曲面的 CV 点分布，使混接曲线的 CV 点分布均匀，如图 6-205 所示。

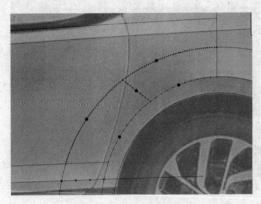

图 6-204　Step 197

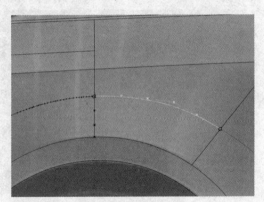

图 6-205　Step 198

Step 199：用"square"工具构建曲面，参数设置及曲面效果如图 6-206 所示。

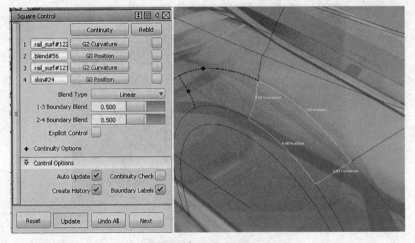

图 6-206　Step 199

Step 200：继续用"square"工具构建曲面，参数设置及曲面效果如图 6-207 所示。

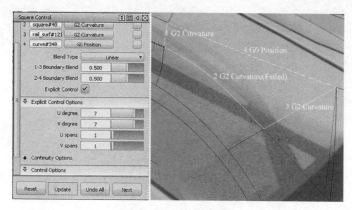

图 6-207　Step 200

Step 201：调整曲面上的 CV 点分布，使斑马线检测如图 6-208 所示，并保证各面的连续性。

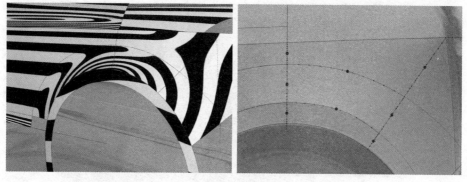

图 6-208　Step 201

Step 202：捕捉曲面边界和面上线，绘制过渡曲线，调整其端点，使过渡曲线的形状与 Left 视图中的参考图一致，如图 6-209 所示。

图 6-209　Step 202

Step 203：将绘制的过渡曲线在 Left 视图中投影到曲面上，并对曲面进行修剪，效果如

图 6-210 所示。

图 6-210　Step 203

Step 204：用"square"工具在后轮框和车身侧面之间生成过渡曲面，参数设置及曲面效果如图 6-211 所示。

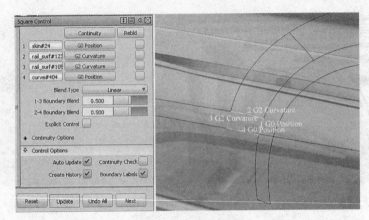

图 6-211　Step 204

Step 205：用"extend"工具（不勾选"merge"方式下）延长 Step 187 中绘制的曲线，投影在轮框上，生成面上线，对轮框进行修剪，如图 6-212 所示。

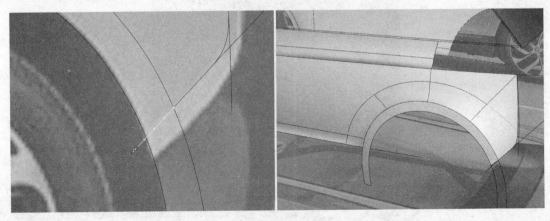

图 6-212　Step 205

Step 206：用"extend"工具向上延长腰线上面的曲面（先删除历史记录），使其超过车窗边线的下缘，如图 6-213 所示。

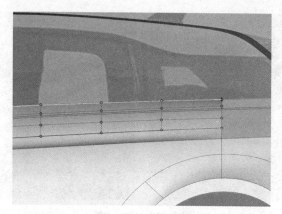

图 6-213　Step 206

Step 207：捕捉端点绘制 3 阶曲线，并在 Back 视图中使其与参考图的轮廓一致，如图 6-214所示。

图 6-214　Step 207

Step 208：绘制图 6-215 所示的 3 阶曲线，并用"align"工具使其与曲面保持 G2 连续性。

图 6-215　Step 208

Step 209：复制并粘贴上一步中所绘制的曲线，用"stretch"工具将其移动到图 6-216
所示位置，并保证其与左侧曲面为 G2 连续性。

图 6-216　　Step 209

Step 210：使用"Curve Edit"工具栏下面的"crtsct"工具 将 Step 207 绘制的曲线分
割为两段，如图 6-217 所示。

图 6-217　　Step 210

Step 211：使用"rail"工具生成曲面，参数设置及曲面效果如图 6-218 所示，调整左侧
曲面的 CV 点，使斑马线光顺。

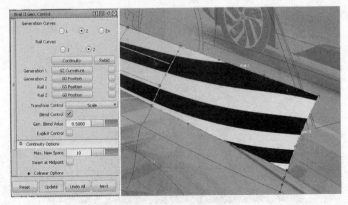

图 6-218　　Step 211

Step 212：继续使用"rail"工具生成曲面，参数设置及曲面效果如图6-219所示，再使用"align"和"transform CV"工具使连续性达到要求，并使斑马线光顺。

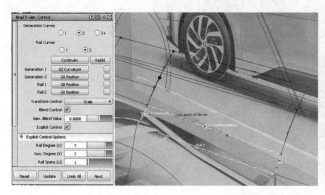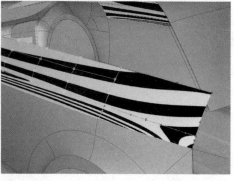

图6-219　Step 212

Step 213：在 Left 视图中绘制 3 阶曲线，捕捉曲面端点，并用"align"工具保证和曲面端点的 G2 连续性，调整 CV 点，使曲线与 Left 视图中的参考图造型一致，如图6-220所示。

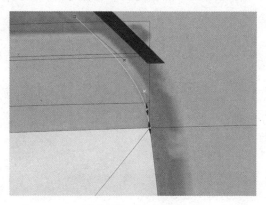

图6-220　Step 213

Step 214：在 Left 视图中用三条 3 阶曲线和两条过渡曲线绘制侧窗下缘，如图6-221所示。

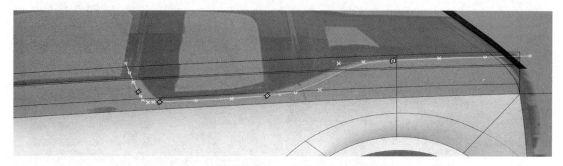

图6-221　Step 214

Step 215：将上一步中所绘制的曲线连同原有的边界曲线一起投影到对应曲面上，并用"trim"工具修剪，如图6-222所示。

图 6-222　Step 215

6.4.2　制作车窗边框

Step 216：复制并粘贴 Step 37 中复制的车顶曲线组中的 A 柱曲线，用"stretch"工具调整起位置，与 A 柱下缘匹配，调整 CV 点，使曲率变化均匀，如图 6-223 所示。

图 6-223　Step 216

Step 217：用同样的方法绘制车顶下缘的曲线，如图 6-224 所示。

图 6-224　Step 217

Step 218：用"blend"工具绘制过渡曲线，如图 6-225 所示。

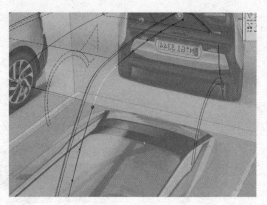

图 6-225　Step 218

Step 219：绘制 3 阶曲线，用"align"工具使其与发动机盖边界为 G2 连续性，调整 CV 点，使曲率梳如图 6-226 所示。

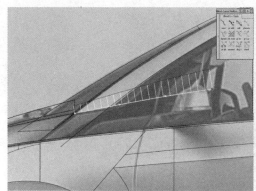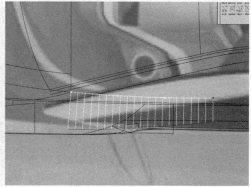

图 6-226　Step 219

Step 220：复制并粘贴上一步中绘制的 3 阶曲线，并将其移动捕捉到图 6-227 所示的位置，然后用"align"工具保证其与发动机盖边界为 G2 连续性。

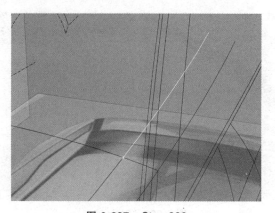

图 6-227　Step 220

Step 221：用"rail"工具生成曲面，1 个 Generation，2 条 Rail，参数设置及曲面效果如图 6-228 所示。

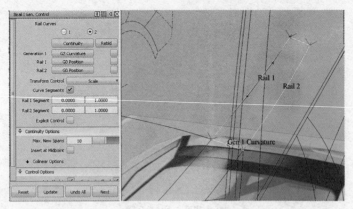

图 6-228　Step 221

Step 222：确保 A 柱下缘曲线能够穿过 Step 221 中所绘制的曲面，如图 6-229 所示，否则重新调节位置。

图 6-229　Step 222

Step 223：用 2 阶曲线绘制截面线，如图 6-230 所示。

图 6-230　Step 223

Step 224：复制并粘贴上一步中绘制的截面线，用"stretch"工具捕捉端点，并将截面线移动到图 6-231 所示位置。

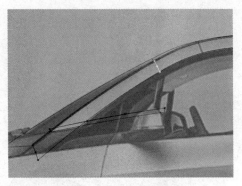

图 6-231　Step 224

Step 225：用同样的方法，将截面线移动到其他两处端点位置，如图 6-232 所示。

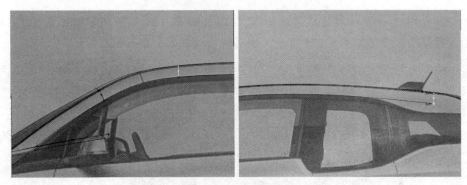

图 6-232　Step 225

Step 226：用"rail"工具生成曲面，"Generation Curves"和"Rail Curves"均点选 2，参数设置及曲面效果如图 6-233 所示。

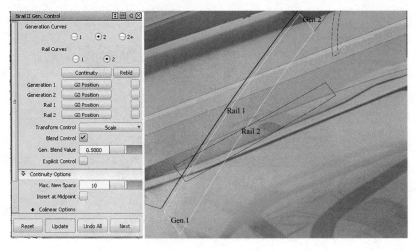

图 6-233　Step 226

Step 227：继续用"rail"工具生成曲面，"Generation Curves"和"Rail Curves"均点选 2，参数设置及曲面效果如图 6-234 所示。

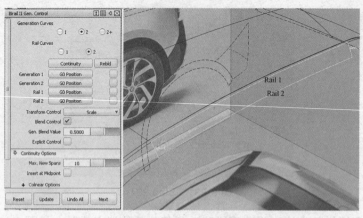

图 6-234　Step 227

Step 228：用"rail"工具生成过渡曲面，"Generation Curves"和"Rail Curves"均点选 2，参数设置及曲面效果如图 6-235 所示。斑马线检测效果如图 6-236 所示。

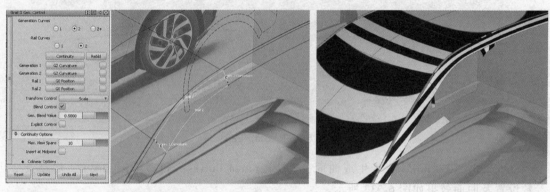

图 6-235　Step 228　　　　　　　　　　　图 6-236　斑马线检测效果

Step 229：用"extend"工具收缩曲面边界至造型转折处，如图 6-237 所示。

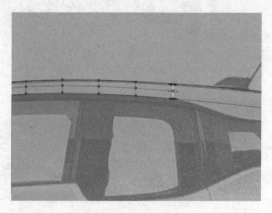

图 6-237　Step 229

Step 230：捕捉端点绘制 3 阶曲线，用"align"工具保证 G2 连续性，调整最后一个点使曲线形状与参考图匹配，如图 6-238 所示。

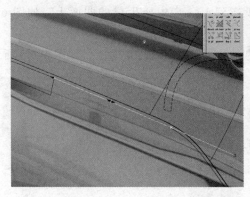

图 6-238 Step 230

Step 231：使用"dupl"工具复制并用"extend"工具向下延长曲面边界线至图 6-239 所示位置。

Step 232：复制并粘贴 Step 230 中绘制的曲线，捕捉到 Step 231 中延长曲线的端点，注意这两条曲线确定的边界要长于车顶曲面，如图 6-240 所示。

图 6-239 Step 231 图 6-240 Step 232

Step 233：用"rail"工具生成曲面，"Generation Curves"点选 1，"Rail Curves"点选 2，参数设置及曲面效果如图 6-241 所示。

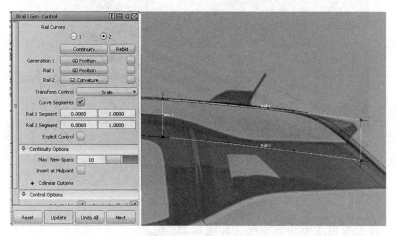

图 6-241 Step 233

Step 234：在 Left 视图中将车顶的曲线投影到上一步中所生成的曲面上，如图 6-242 所示。

Step 235：调整曲面 CV 点，使投影生成的面上线与原曲线尽量匹配，如图 6-243 所示。

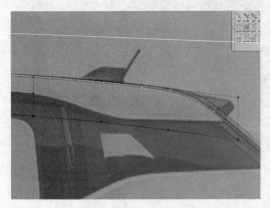
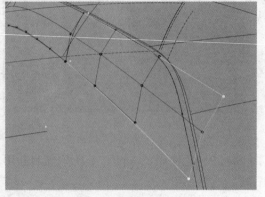

图 6-242　Step 234　　　　　　　　图 6-243　Step 235

Step 236：用"align"工具确保曲面之间为 G2 连续性，如图 6-244 所示。

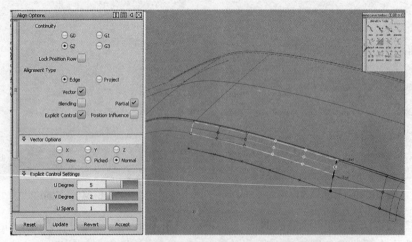

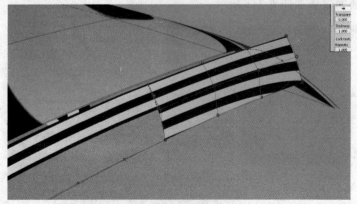

图 6-244　Step 236

Step 237：在 Left 视图中绘制曲线，如图 6-245 所示。

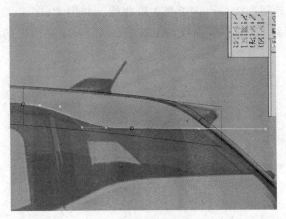

图 6-245 Step 237

Step 238：将 Step 237 中绘制的曲线在 Left 视图中投影到曲面上，并利用 Step 234 中生成的面上线一起对曲面进行修剪，如图 6-246 所示。

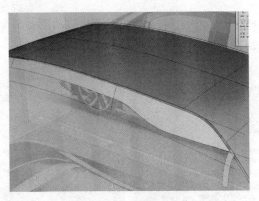

图 6-246 Step 238

6.4.3 制作侧裙边

Step 239：将 Step 94 绘制的曲线在 Left 视图中投影到前后轮框曲面上，修剪轮框曲面，如图 6-247 所示。

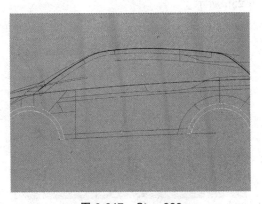

图 6-247 Step 239

Step 240：捕捉前轮框曲线端点，绘制 3 阶曲线，并用"align"工具保证其与轮框曲面端点为 G2 连续性，调整 CV 点，使曲线与 Left 视图及 Front 视图中的曲线吻合，如图 6-248 所示。

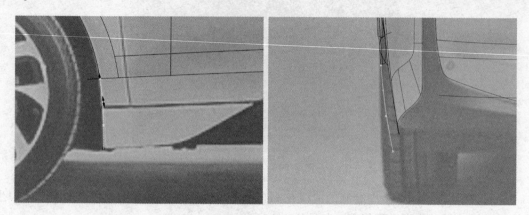

图 6-248　Step 240

Step 241：复制并粘贴上一步中绘制的曲线，将其移动到外轮框的另一个端点处，同样保证其与轮框曲面端点的 G2 连续性，如图 6-249 所示。

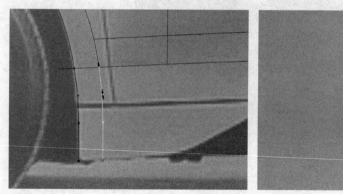
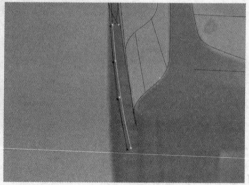

图 6-249　Step 241

Step 242：用"rail"工具生成曲面，"Generation Curves"点选 1，"Rail Curves"点选 2，生成的曲面效果如图 6-250 所示。

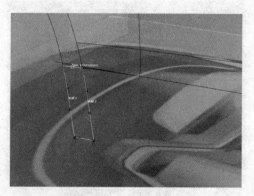

图 6-250　Step 242

Step 243：复制并粘贴 Step 94 绘制的曲线，用"stretch"工具调整曲线位置，使其向下、向车身内移动至图 6-251 所示位置。

图 6-251　Step 243

Step 244：在两个曲线间用"skin"工具生成曲面，参数设置及曲面效果如图 6-252 所示。

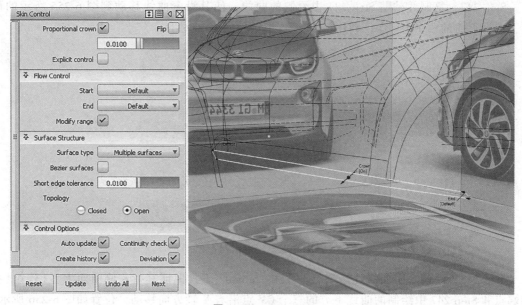

图 6-252　Step 244

Step 245：使用"extend"工具，收缩起止点，如图 6-253 所示。

图 6-253　Step 245

Step 246：在控制面板（Control Panel）中将曲面的阶数修改为 2 阶，用"tansform CV"工具将中间的一排点沿法线方向移动，使曲面略微凸起，如图 6-254 所示。

图 6-254　Step 246

Step 247：复制并粘贴 Step 241 中绘制的曲线，使其沿着曲线移动到图 6-255 所示的位置，选择下面的三个 CV 点，利用<Ctrl>键+中键使其 X 轴对齐。

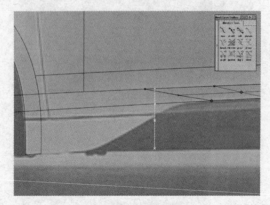

图 6-255　Step 247

Step 248：绘制 3 阶曲线连接端点，并用"align"工具保证其与左侧曲面为 G2 连续性，将端点和 Step 247 中绘制的曲线下方的三个 CV 点沿着 Y 轴方向移动，位置如图 6-256 所示。

图 6-256　Step 248

Step 249：复制并粘贴 Step 247 中绘制的曲线，用"stretch"工具移动至图 6-257 所示位置，并调整 CV 点。

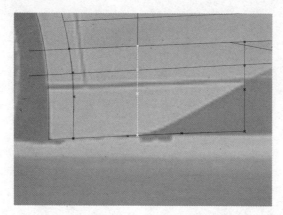

图 6-257　Step 249

Step 250：用"square"工具生成曲面，参数设置及曲面效果如图 6-258 所示。

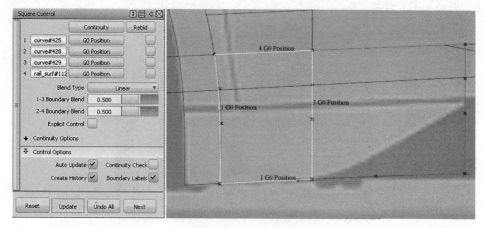

图 6-258　Step 250

Step 251：继续用"square"工具生成曲面，参数设置及曲面效果如图 6-259 所示。

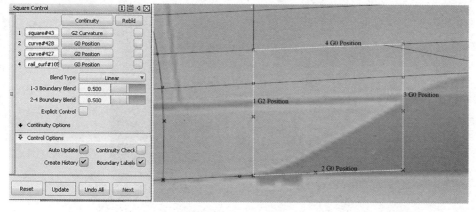

图 6-259　Step 251

Step 252：绘制过渡曲线，调整 EP 点，使其与 Left 视图中的参考图吻合，如图 6-260 所示。

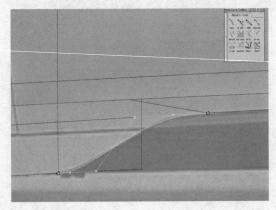

图 6-260　Step 252

Step 253：将过渡曲线投影到 Step 250、Step 251 中生成的曲面上，并用"trim"工具修剪曲面，如图 6-261 所示。

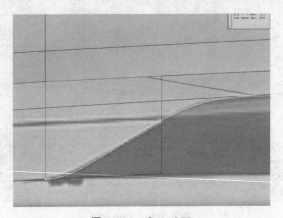

图 6-261　Step 253

Step 254：在修剪之后的曲面的对角端点之间绘制曲线，如图 6-262 所示。

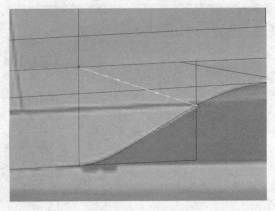

图 6-262　Step 254

Step 255：用上一步中绘制的曲线投影修剪 Step 251 中生成的曲面，如图 6-263 所示。

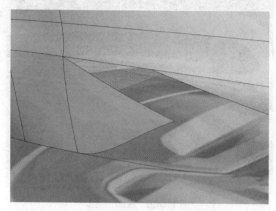

图 6-263　Step 255

Step 256：再用"blend"工具绘制过渡曲线，如图 6-264 所示。

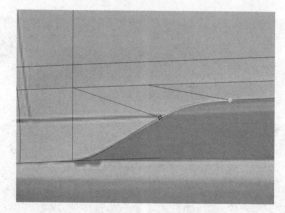

图 6-264　Step 256

Step 257：用"square"工具生成曲面，参数设置及曲面效果如图 6-265 所示。

图 6-265　Step 257

Step 258：调整 Step 247、Step 248 中绘制的曲线 CV 点，使斑马线检测如图 6-266 所示。

图 6-266　Step 258

Step 259：在后轮框位置绘制 3 阶曲线，用"align"工具保证 G2 连续，调整 CV 点，如图 6-267 所示。

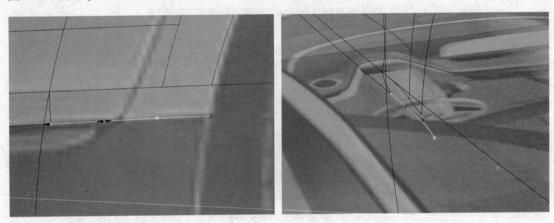

图 6-267　Step 259

Step 260：复制并粘贴 Step 259 中绘制的曲线，将其捕捉并移动到图 6-268 所示位置，并用"align"工具保证其与曲面为 G2 连续性。

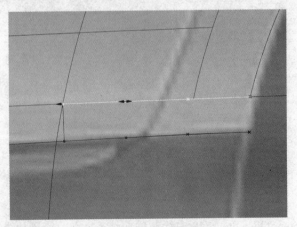

图 6-268　Step 260

Step 261：复制曲面边界并延长，如图 6-269 所示。

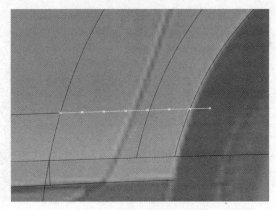

图 6-269　Step 261

Step 262：在 Left 视图中将曲线投影到后轮廓的两块曲面上，并用"trim"工具修剪该曲面，如图 6-270 所示。

Step 263：绘制 3 阶曲线，连接曲线和曲面端点，用"align"工具保证其为 G2 连续性，如图 6-271 所示。

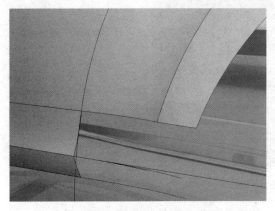

图 6-270　Step 262

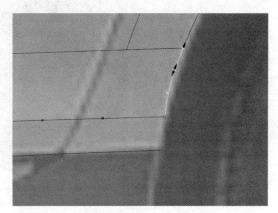

图 6-271　Step 263

Step 264：绘制 2 阶曲线，连接曲线，调整 CV 点，使其略鼓，如图 6-272 所示。

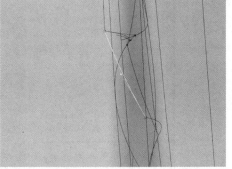

图 6-272　Step 264

Step 265：用"rail"工具生成曲面，参数设置及曲面效果如图 6-273 所示。

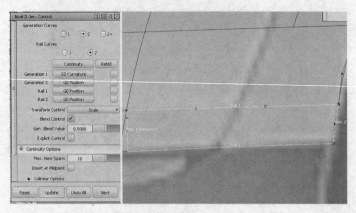

图 6-273　Step 265

Step 266：捕捉曲面端点和曲线上的点，绘制 3 阶曲线，如图 6-274 所示，用"align"工具保证其为 G2 连续性。

图 6-274　Step 266

Step 267：用"square"工具分别生成曲面，参数设置及曲面效果如图 6-275 所示。

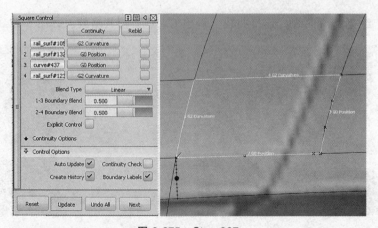

图 6-275　Step 267

Step 268：再用"square"工具分别生成旁边的曲面，参数设置及曲面效果如图 6-276 所示。

图 6-276 Step 268

6.4.4 制作车窗边线

Step 269：调出 Step 36 中生成的侧窗曲面，用"extend"工具向后、向下分别延长，如图 6-277 所示。

图 6-277 Step 269

Step 270：捕捉端点，绘制 3 阶曲线，在 Back 视图中调整 CV 点使其与参考图吻合，如图 6-278 所示。

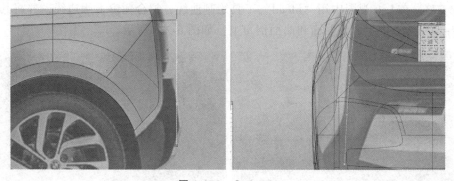

图 6-278 Step 270

Step 271：用"rail"工具生成曲面，"Generation Curves"和"Rail Curves"均点选 1，参数设置及曲面效果如图 6-279 所示。

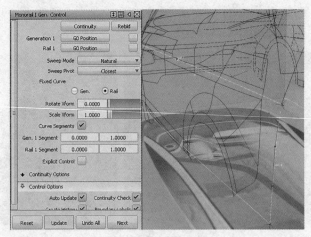

图 6-279   Step 271

Step 272：用曲面倒角"srfillet"工具 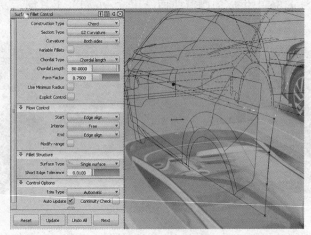 在 Step 269 中延长的曲面和 Step 271 中生成的曲面之间进行倒角，参数设置及倒角效果如图 6-280 所示。

图 6-280   Step 272

Step 273：在 Left 视图中用"blend"工具绘制曲线，拟合侧窗下缘边线，并将其投影到 Step 269～Step 272 中生成的曲面和曲面倒角上，如图 6-281 所示。

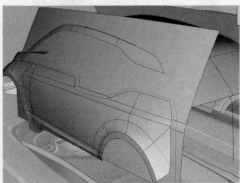

图 6-281   Step 273

Step 274：用"skin"工具在外侧曲面边界组和上一步中生成的面上线间生成曲面，参数设置及曲面效果如图6-282所示。

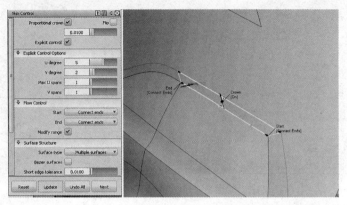

图6-282　Step 274

Step 275：先生成主要的大块面，再用"rail"或"square"工具处理小的边界或倒角处，如图6-283所示。

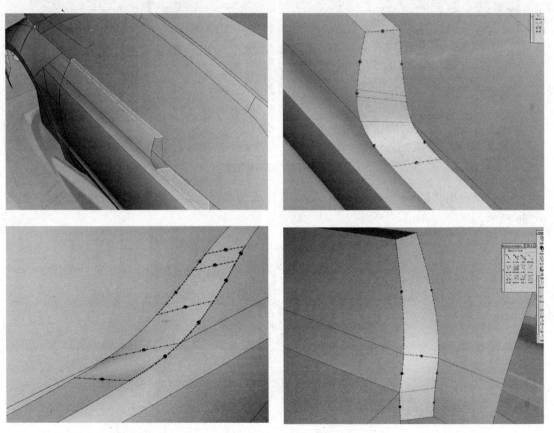

图6-283　Step 275

Step 276：用"rail"生成曲面，"Generation Curves"点选1，"Rail Curves"点选2，参数设置及曲面效果如图6-284所示。

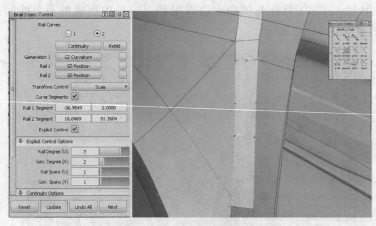

图 6-284　Step 276

Step 277：绘制 3 阶曲线，拟合 Left 视图和 Back 视图中的参考图，如图 6-285 所示。

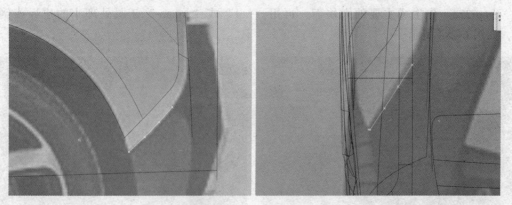

图 6-285　Step 277

Step 278：用"blend"工具连接 Step 276 生成的曲面端点和上一步中绘制的曲线，如图 6-286 所示。

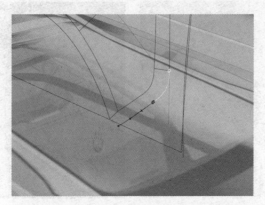

图 6-286　Step 278

Step 279：用"rail"工具依次生成曲面，"Generation Curves"点选 1，"Rail Curves"点选 2，参数设置及曲面效果如图 6-287 所示。

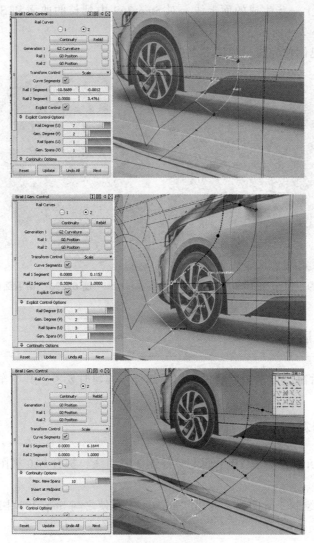

图 6-287 Step 279

Step 280：在 Left 视图中绘制两条 2 阶曲线，并将其投影到 Step 269～Step 272 生成的曲面和曲面倒角上，用来修剪多余曲面，如图 6-288 所示。

图 6-288 Step 280

Step 281：基于上一步生成的面上线，对 Step 269 中延长的曲面和 Step 271 中生成的曲面进行修剪，如图 6-289 所示。

侧后基本曲面已制作完成，如图 6-290 所示。

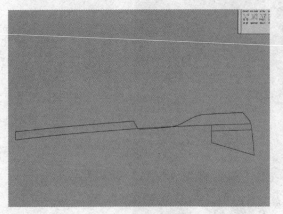
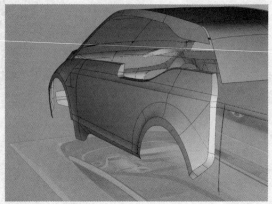

图 6-289　Step 281　　　　　　　　　　图 6-290　侧后面的制作效果

6.5　制作车身后部

车身后部包含后窗、行李箱、后保险杠等部分，构建时要考虑其与车身侧面和顶部造型的衔接。

6.5.1　制作行李箱门

Step 282：在 Left 视图中（Y0 平面上）绘制 3 阶曲线，拟合 Left 视图中行李箱部分的造型，如图 6-291 所示。

Step 283：继续绘制 3 阶曲线，并用"align"工具使之与 Step 282 中绘制的曲线保持 G2连续性，如图 6-292 所示。

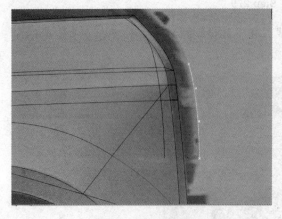
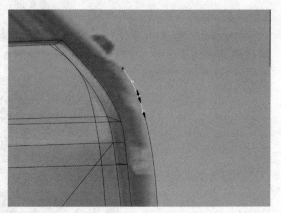

图 6-291　Step 282　　　　　　　　　　图 6-292　Step 283

Step 284：利用复制、粘贴和"stretch"工具绘制三条 3 阶曲线，保持在对称面（Y0）

位置 G3 连续性，如图 6-293 所示。

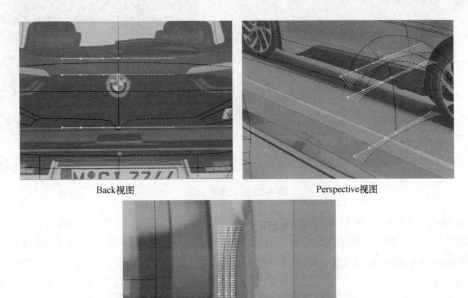

Back视图　　　　　　　　　　　　　Perspective视图

Top视图

图 6-293　Step 284

Step 285：使用"rail"工具生成曲面，参数设置如图 6-294 所示，注意"Generation Curves"点选 1，"Rail Curves"点选 2，在 Y0 平面处设置为"Implied Tan"。

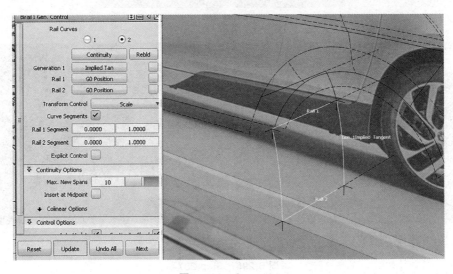

图 6-294　Step 285

Step 286：用同样的方法生成曲面，参数设置及曲面效果如图 6-295 所示。

图 6-295　Step 286

Step 287：用复制、粘贴命令和 "stretch" 工具绘制三条 4 阶曲线，拟合行李箱造型，曲线一端插入 Step 281 中的修剪曲面，且与剪切边界的距离保持均匀，另一端分别与 Step 284 中绘制的三条曲线保持 G2 连续性，如图 6-296 所示。

Perspective视图

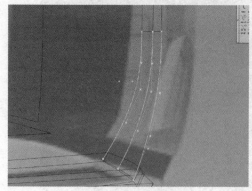

Top视图

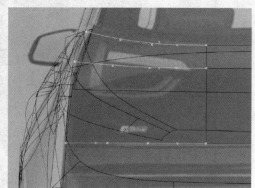

Back视图

图 6-296　Step 287

Step 288：使用 "rail" 工具生成曲面，"Generation Curves" 点选 1，"Rail Curves" 点选 2，参数设置及曲面效果如图 6-297 所示。

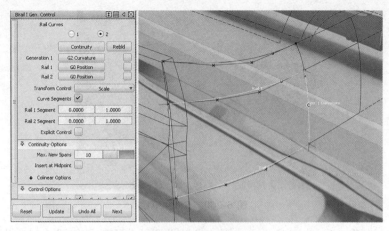

图 6-297　Step 288

Step 289：用同样的方法继续生成曲面，参数设置及曲面效果如图 6-298 所示。

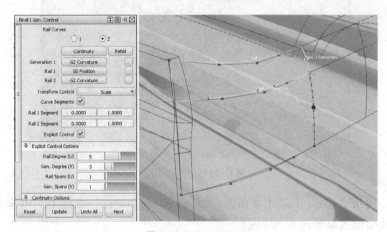

图 6-298　Step 289

Step 290：通过调整 CV 点明确斑马线变化和与侧后曲面穿插关系，如图 6-299 所示。

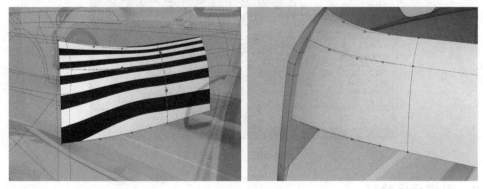

图 6-299　Step 290

Step 291：复制并粘贴最下面的两条曲线，执行"Move"命令，在透视图中，利用鼠标右键使曲线沿 Z 轴向下平移，用鼠标左键使曲线沿 X 轴，向车头方向平移，如图 6-300 所示。

图 6-300　Step 291

Step 292：使用"skin"工具生成曲面，参数设置及曲面效果如图 6-301 所示。

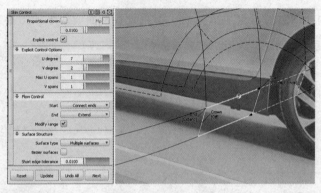

图 6-301　Step 292

Step 293：使用"rail"工具生成曲面，"Generation Curves"点选 1，"Rail Curves"点选 2，参数设置及曲面效果如图 6-302 所示。

图 6-302　Step 293

6.5.2　制作后保险杠

Step 294：继续复制并粘贴 Step 291 中生成的两条曲线，沿 Z 轴、X 轴方向平移，使其与 Left 视图中的参考图位置匹配，如图 6-303 所示。

图 6-303 Step 294

Step 295：使用 "Surfaces" 工具栏中的 "msdrft" 工具 ，选择上一步中生成的两条曲线，沿 X 轴方向拉伸曲面，参数设置及曲面效果如图 6-304 所示。

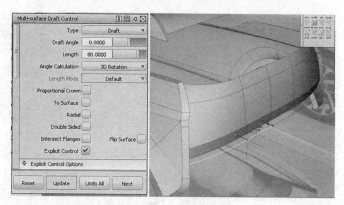

图 6-304 Step 295

Step 296：继续复制并粘贴 Step 294 中生成的两条曲线，沿 Z 轴、X 轴方向平移，如图 6-305 所示。

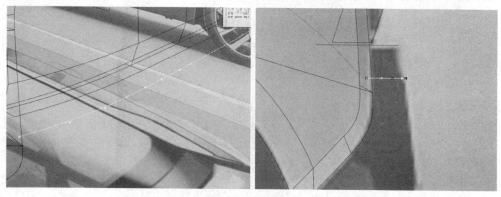

图 6-305 Step 296

Step 297：延长上一步中生成的两条曲线中左侧曲线，使其插入车身侧面的曲面，使用

"align" 工具保证这两条曲线为 G2 连续性，如图 6-306 所示。

Step 298：在 Left 视图中（Y0 平面上）绘制 3 阶曲线，如图 6-307 所示。

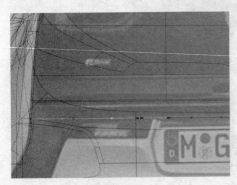

图 6-306　Step 297

图 6-307　Step 298

Step 299：使用 "rail" 工具生成曲面，参数设置如图 6-308 所示，注意 "Generation Curves" 点选 1，"Rail Curves" 点选 2，在 Y0 平面处设置 "Generation 1" 为 "Implied Tan"。

图 6-308　Step 299

Step 300：捕捉曲线端点，绘制 3 阶曲线，调整 CV 点，使该曲线略鼓，如图 6-309 所示。

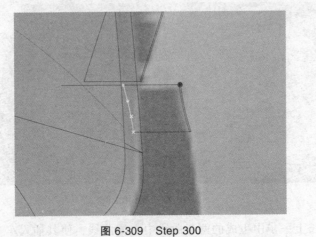

图 6-309　Step 300

Step 301：使用"rail"工具生成曲面，"Generation Curves"和，"Rail Curves"均点选2，参数设置及曲面效果如图6-310所示。

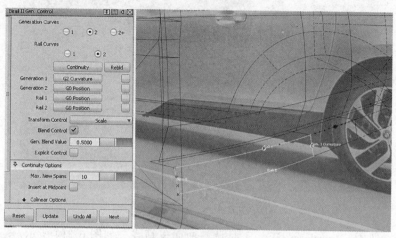

图 6-310　Step 301

Step 302：复制并粘贴 Step 277 绘制的 3 阶曲线，轻移曲线位置，并用一条过渡曲线连接曲线端点，保证两边都为 G2 连续性，如图 6-311 所示。

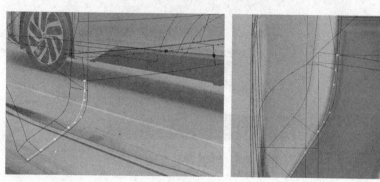

图 6-311　Step 302

Step 303：复制并粘贴 Step 300、Step 302 中绘制的三条曲线，使用"stretch"工具移动并调整各曲线位置，如图 6-312 所示。

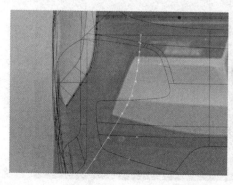

图 6-312　Step 303

Step 304：使用"skin"工具生成曲面，参数设置及曲面效果如图 6-313 所示。

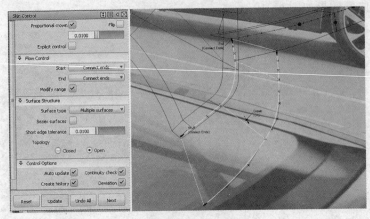

图 6-313　Step 304

Step 305：使用"transform CV"工具调整曲面斑马线，如图 6-314 所示。

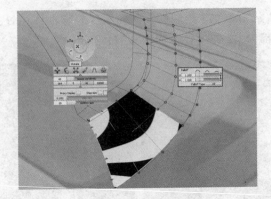

图 6-314　Step 305

Step 306：使用"align"工具保证曲面间为 G2 连续性，如图 6-315 所示。

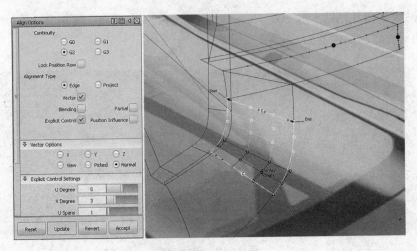

图 6-315　Step 306

Step 307：绘制三条 2 阶曲线，拟合 Left 视图和 Back 视图中的参考图，如图 6-316 所示。

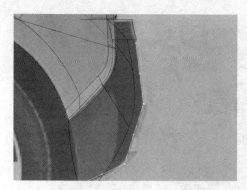
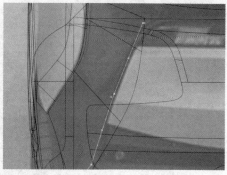

图 6-316　Step 307

Step 308：使用"msdrft"工具 拉伸上一步中的三条曲线，生成曲面，参数设置及曲面效果如图 6-317 所示。注意保证曲面方向向上和向车的外侧略有偏转。

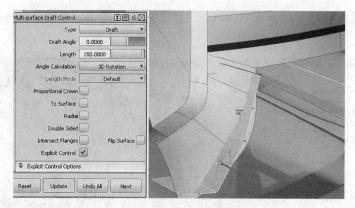

图 6-317　Step 308

Step 309：利用曲面倒角"srfillet"工具 使边缘与 Left 视图中的参考图拟合，如图 6-318所示。

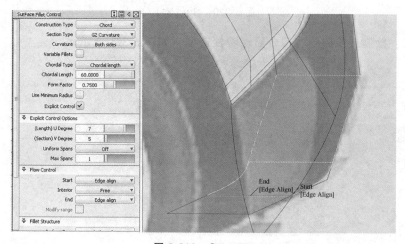

图 6-318　Step 309

Step 310：继续利用曲面倒角 "srfillet" 工具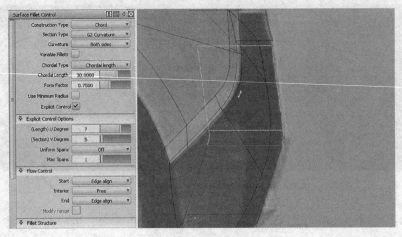拟合上面的圆角，如图6-319 所示。

图 6-319　Step 310

Step 311：再次利用曲面倒角 "srfillet" 工具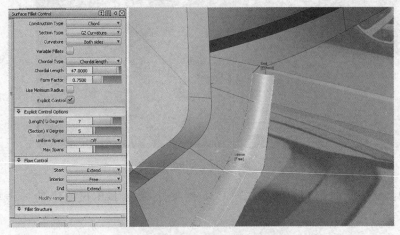在两组曲面之间生成倒角，如图6-320 所示。

图 6-320　Step 311

Step 312：绘制 3 阶曲线，拟合后保险杠造型，如图 6-321 所示。

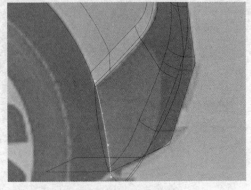

图 6-321　Step 312

Step 313：将 Step 312 和 Step 307 中绘制的曲线和 Step 307 中绘制的曲线投影到曲面和曲面倒角上，如图 6-322 所示。

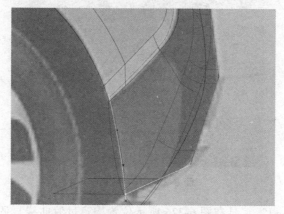

图 6-322　Step 313

Step 314：利用 Step 313 中生成的面上对曲面进行修剪，如图 6-323 所示。

图 6-323　Step 314

Step 315：用"detach"工具打断 Step 301 中生成的曲线，如图 6-324 所示。

图 6-324　Step 315

Step 316：用"blend"工具建立过渡曲线，如图6-325所示。

图 6-325　Step 316

Step 317：用"blend"工具在图6-326所示位置构建过渡曲线，调整该过渡曲线端点。

图 6-326　Step 317

Step 318：用"square"工具构建曲面，如图6-327所示，如果连续性不能达到要求，需要用"align"和"transform CV"工具调整。

图 6-327　Step 318

Step 319：在曲线中点和端点之间构建3阶曲线，如图6-328所示。

图 6-328　Step 319

Step 320：用"extend"工具（不勾选"Merge"方式下）延长该曲线，在 Back 视图中将其投影到 Step 318 中生成的曲面上，生成面上线，如图 6-329 所示。

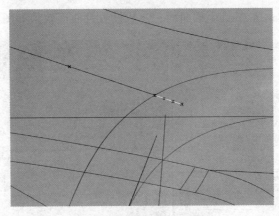

图 6-329　Step 320

Step 321：用"align"工具使 Step 319 中绘制的曲线与 Step 320 中生成的面上线达到 G2 连续性，如图 6-330 所示。

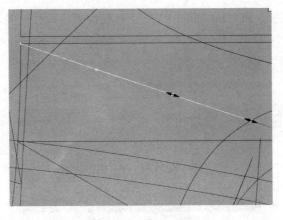

图 6-330　Step 321

Step 322：用"square"工具生成曲面，参数设置及曲面效果如图 6-331 所示。

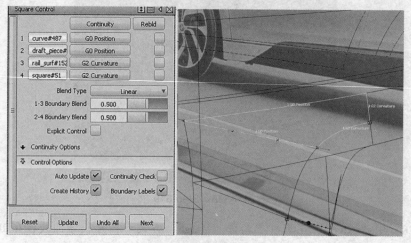

图 6-331　Step 322

Step 323：用"square"工具生成曲面，参数设置及曲面效果如图 6-332 所示。

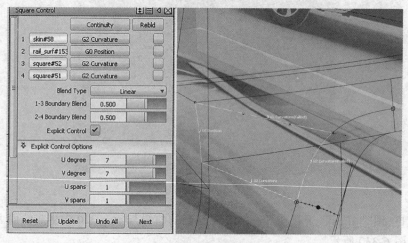

图 6-332　Step 323

Step 324：用"align"和"transform CV"工具使曲面连续性达到图 6-333 所示的要求。

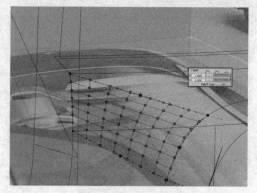

图 6-333　Step 324

着色模式下的局部效果如图 6-334 所示。

Step 325：在图 6-335 所示位置绘制过渡曲线，投影并修剪多余曲面。

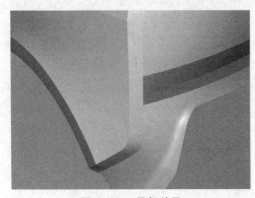

图 6-334　局部效果

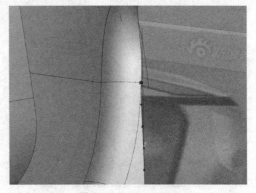

图 6-335　Step 325

Step 326：使用"msdrft"工具拉伸曲面边界，方向和参数设置如图 6-336 所示。

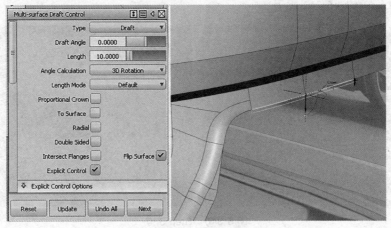

图 6-336　Step 326

Step 327：继续使用"msdrft"工具拉伸曲面边界，方向和参数设置如图 6-337 所示。

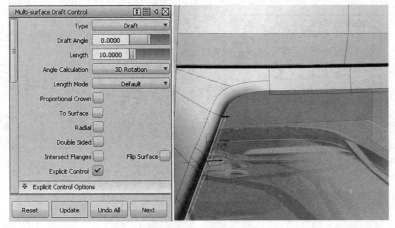

图 6-337　Step 327

Step 328：使用"blend"工具建立过渡曲线，如图 6-338 所示。

Step 329：继续用"blend"工具建立过渡曲线，如图 6-339 所示。

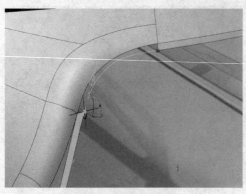
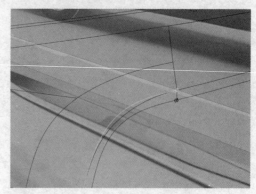

图 6-338　Step 328　　　　　　　　　　　图 6-339　Step 329

Step 330：通过"square"工具生成曲面，并通过"detach""align""transform CV"等工具整理曲面关系，如图 6-340 所示。

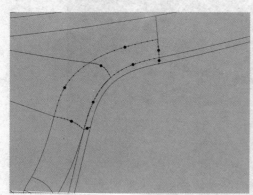
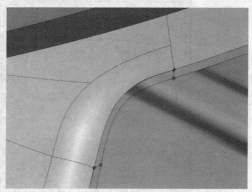

图 6-340　Step 330

Step 331：使用"msdrft"工具 向车头方向拉伸曲面边界，参数设置及拉伸效果如图 6-341 所示。

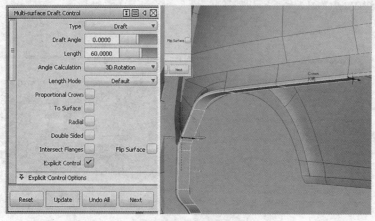

图 6-341　Step 331

Step 332：绘制 5 阶曲线，保证在对称位置为 G3 连续性，并穿插到 Step 331 生成的曲线组内侧如图 6-342 所示。

图 6-342　Step 332

Step 333：使用"msdrft"工具拉伸曲线，参数设置及拉伸效果如图 6-343 所示，注意对称处的连续性检查。

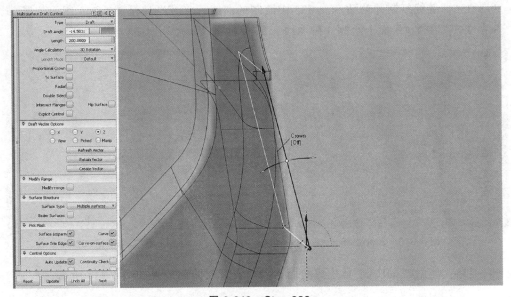

图 6-343　Step 333

Step 334：调整曲面 CV 点，使其与相邻曲面边界趋势一致，如图 6-344 所示。

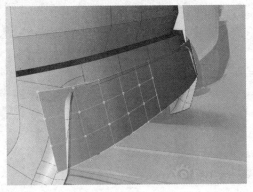

图 6-344　Step 334

Step 335：复制、粘贴并平移 Step 332 中绘制的 5 阶曲线，并调整 CV 点，使它与 Left 视图中的参考图匹配，如图 6-345 所示。

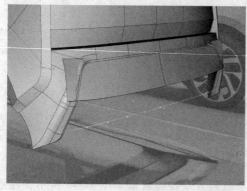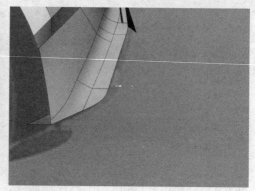

图 6-345　Step 335

Step 336：继续复制并粘贴 Step 335 中绘制的曲线，将其平移至图 6-346 所示位置。

Step 337：在 Y0 平面上绘制 3 阶曲线，如图 6-347 所示。

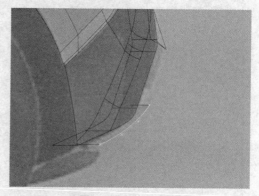

图 6-346　Step 336　　　　　　　　　　图 6-347　Step 337

Step 338：使用"rail"工具生成曲面，参数设置及曲面效果如图 6-348 所示。

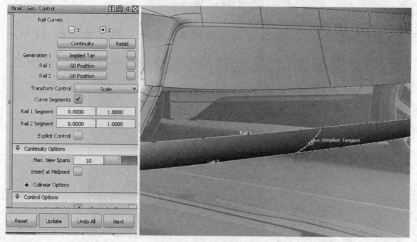

图 6-348　Step 338

Step 339：通过"msdrft"工具拉伸曲面边缘，参数如图 6-349 所示。

图 6-349　Step 339

Step 340：打开曲面控制点，选择最下一排 CV 点，通过<Ctrl+Alt>键+鼠标右键捕捉最右下的点，使最下列控制点的 Z 坐标对齐，如图 6-350 所示。

图 6-350　Step 340

Step 341：通过"skin"工具生成曲面，并保证连续性，如图 6-351 所示。
后部着色效果如图 6-352 所示。

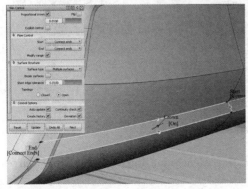

图 6-351　Step 341

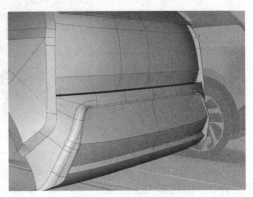

图 6-352　后部着色效果

6.5.3 制作车窗框细节

Step 342：调出 Step 37 中绘制的曲线，使用"skin"工具生成曲面，如图 6-353 所示。

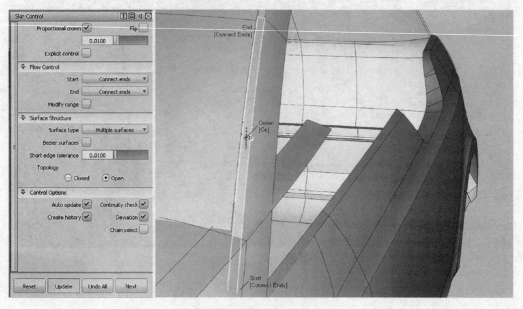

图 6-353　Step 342

Step 343：继续使用"skin"工具生成顶部曲面，如图 6-354 所示。

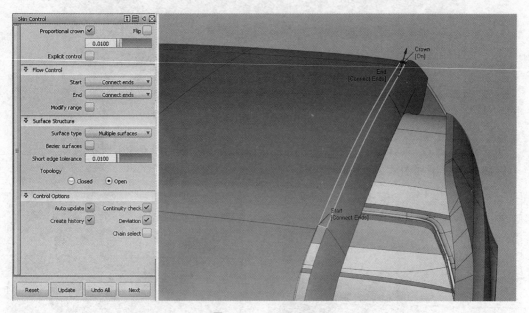

图 6-354　Step 343

Step 344：使用"rail"工具生成过渡曲面，其中"Generation Curves"和"Rail Curves"均点选 2，如图 6-355 所示。

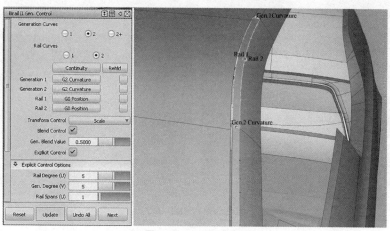

图 6-355　Step 344

Step 345：对于车顶后部，先使用"rail"工具生成曲面，如图 6-356 所示，注意调整两条轨迹曲线的"segment"使两条轨迹曲线基本对应。

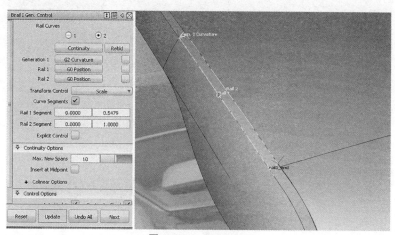

图 6-356　Step 345

Step 346：使用"skin"工具生成大面，如图 6-357 所示。

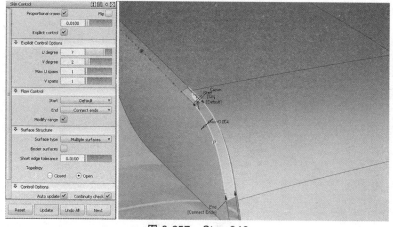

图 6-357　Step 346

Step 347：再用"rail"工具补上小面，如图 6-358 所示，注意曲面的连续性。

图 6-358　Step 347

Step 348：将 Step 342～Step 347 绘制的曲面视为一组，将 Step 226～Step 238 绘制的曲面视为另一组，使用曲面倒角工具倒角，设置类型为"chord"，弦长为"20"，如图 6-359 所示。

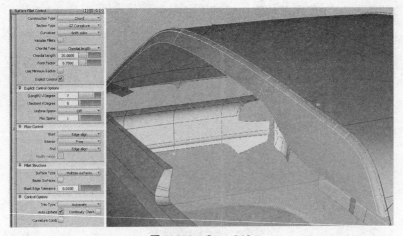

图 6-359　Step 348

Step 349：使用"msdrft"工具向下拉伸曲面组边缘，参数设置及拉伸效果如图 6-360 所示。

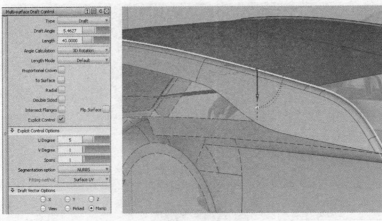

图 6-360　Step 349

6.5.4　制作尾翼

Step 350：在 Y0 平面上绘制 3 阶曲线，用"align"工具保证 G2 连续性，并调整 CV 点，与 Left 视图中的参考图吻合，如图 6-361 所示。

Step 351：复制并粘贴上一步中绘制的曲线，平移捕捉到图 6-362 所示位置，并用"align"工具保证为 G2 连续性。

Step 352：捕捉端点，绘制 3 阶曲线，保证在 Y0 平面上的对称位置为 G3 连续性，如图 6-363 所示。

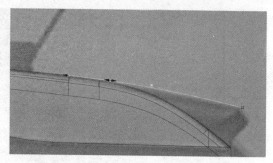

图 6-361　Step 350

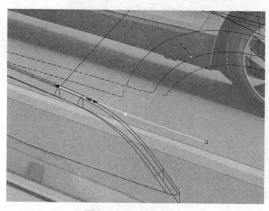

图 6-362　Step 351

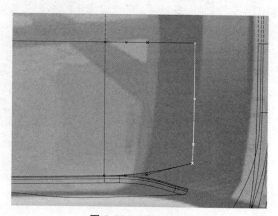

图 6-363　Step 352

Step 353：用"rail"工具生成曲面，注意连续性要求，参数设置及曲面效果如图 6-364 所示。

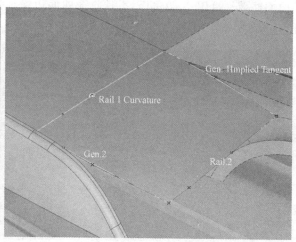

图 6-364　Step 353

Step 354：用"msdrft"工具斜向下拉伸曲面边缘，参数设置及拉伸效果如图 6-365 所示。

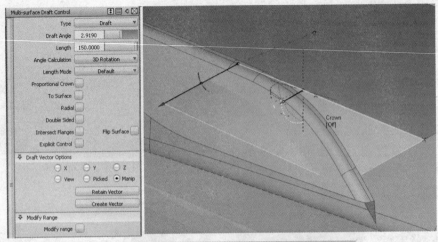

图 6-365　Step 354

Step 355：用"extend"工具收缩曲面边缘，先收缩中部，再单独收缩车尾最外端，如图6-366所示。

Step 356：先将 Step 354 生成的曲面在控制面板（Control Panel）中改为 2 阶，调整中排 CV 点，使曲面略鼓，再用"extend"工具收缩曲面边缘，先收缩中部，再单独收缩车尾最外端，如图 6-367 所示。

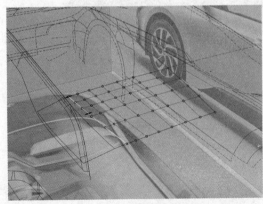

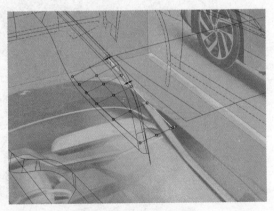

图 6-366　Step 355 　　　　　　　　　　　　　　　　　图 6-367　Step 356

Step 357：再在 Left 视图中收缩曲面边缘，使其与 Left 视图中的参考图吻合，如图 6-368 所示。

Step 358：使用"Surfaces"工具栏的"ffblnd"工具 生成过渡曲面，参数设置及曲面效果如图 6-369 所示，并调整连续性，均达到 C 级。

Step 359：使用"msdrft"工具斜向下拉伸曲面，参数设置及曲面效果如图 6-370 所示。

图 6-368　Step 357

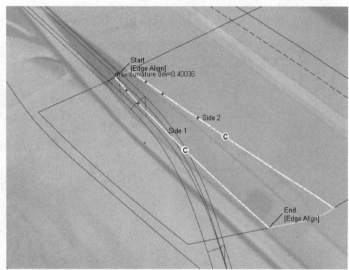

图 6-369　Step 358

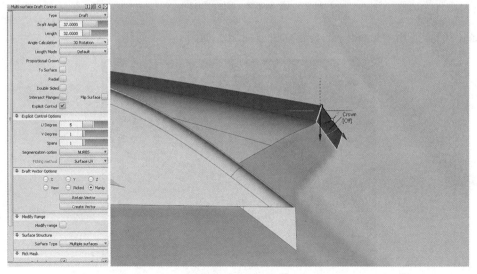

图 6-370　Step 359

Step 360：绘制 3 阶曲线，如图 6-371 所示。

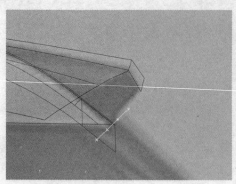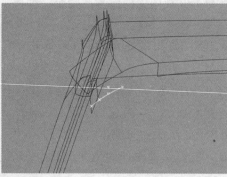

图 6-371　Step 360

Step 361：使用 "skin" 工具生成曲面，如图 6-372 所示。

图 6-372　Step 361

Step 362：使用 "blend" 工具建立过渡曲线，如图 6-373 所示。

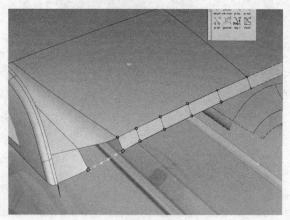

图 6-373　Step 362

Step 363：使用"square"工具生成曲面，并调整连续性使其达到要求，如图 6-374 所示。

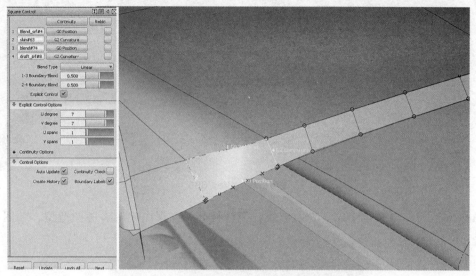

图 6-374　Step 363

Step 364：使用"detach"工具打断车顶曲面，如图 6-375 所示。

图 6-375　Step 364

Step 365：打开控制点，选择最下面一排的 CV 点，用鼠标右键向下轻移，如图 6-376 所示。

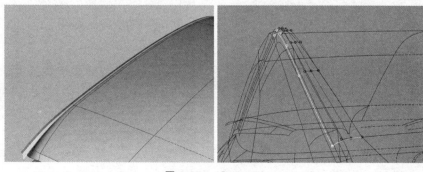

图 6-376　Step 365

Step 366：捕捉端点，绘制 3 阶曲线，如图 6-377 所示。

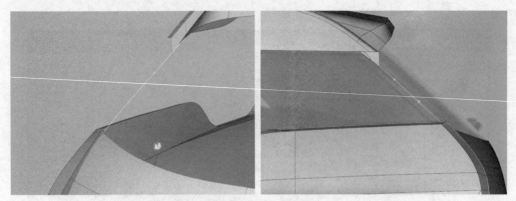

图 6-377　Step 366

Step 367：在 Y0 平面上绘制 3 阶曲线，使其符合 Left 视图中的参考图造型，如图 6-378 所示。

图 6-378　Step 367

Step 368：复制并粘贴上一步中绘制的曲线，通过捕捉将其移动到图 6-379 所示位置，并绘制 3 阶曲线作为截面，调整 CV 点，使其在 Y0 对称平面达到 G3 连续性。

Step 369：绘制 3 阶曲线，并用 "align" 工具保证为 G2 连续性，如图 6-380 所示。

图 6-379　Step 368

图 6-380　Step 369

Step 370：使用"rail"工具生成曲面，其中"Generation Curves"和"Rail Curves"均点选 2，其他参数设置及曲面效果如图 6-381 所示。

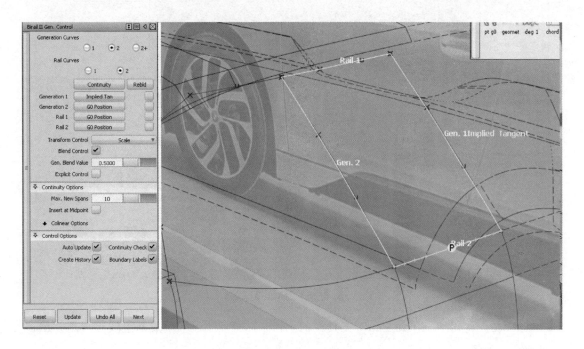

图 6-381　Step 370

Step 371：使用"square"工具生成曲面，如图 6-382 所示。

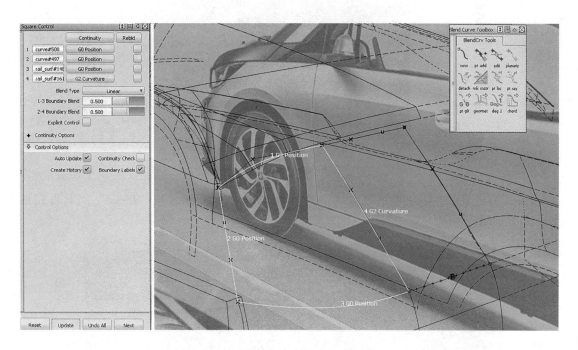

图 6-382　Step 371

Step 372：使用"msdrft"工具斜向下拉伸曲面，参数设置及曲面效果如图 6-383 所示。

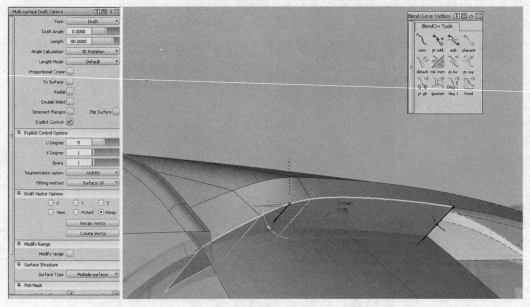

图 6-383　Step 372

Step 373：使用"Surface Edit"工具栏的"intersect"工具 生成面上线，再用"trim"工具修剪，如图 6-384 所示。

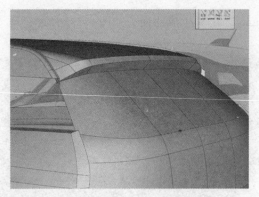

图 6-384　Step 373

Step 374：复制并粘贴车窗顶曲线，用"stretch"工具移动，用"blend"工具过渡曲线，如图 6-385 所示。

图 6-385　Step 374

Step 375：再复制并粘贴 Step 374 中的曲线组，用 "stretch" 工具移动，如图 6-386 所示。

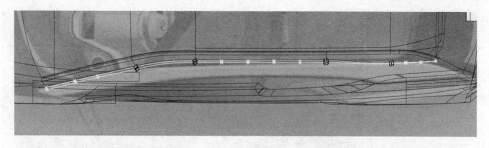

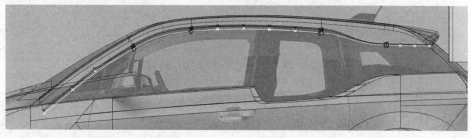

图 6-386　Step 375

Step 376：参考前面车窗的操作，用 "skin" 和 "rail" 工具生成曲面，如图 6-387所示。

Step 377：使用 "Surface Edit" 工具栏的 "intersect" 工具 生成面上线，再用 "trim" 工具修剪，如图 6-388 所示。

Step 378：绘制 3 阶曲线，如图 6-389 所示。

图 6-387　Step 376

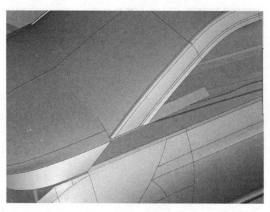

图 6-388　Step 377

图 6-389　Step 378

Step 379：使用"rail"工具生成曲面，其中"Generation Curves"点选1，"Rail Curves"点选2，如图 6-390 所示。

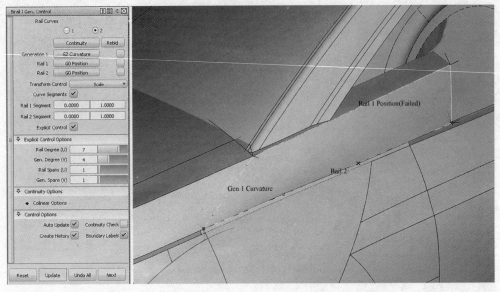

图 6-390　Step 379

Step 380：使用"blend"工具绘制过渡曲线，如图 6-391 所示。

Step 381：删除过渡曲线历史记录，再用"extend"工具将 Step 379 中生成的曲面收缩至 Step 380 中生成的过渡曲线终点，如图 6-392 所示。

Step 382：使用"skin"工具生成曲面，如图 6-393 所示。

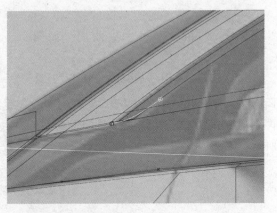

图 6-391　Step 380

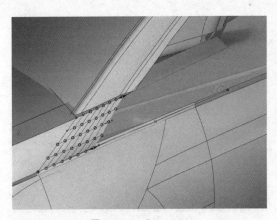

图 6-392　Step 381

图 6-393　Step 382

Step 383：使用"square"工具生成曲面，参数如图 6-394 所示。

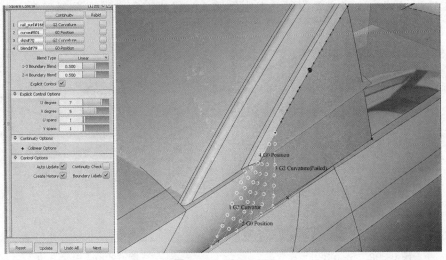

图 6-394　Step 383

Step 384：调整 Step 382 生成曲面的 CV 点，使斑马线检测如图 6-395 所示。

Step 385：在 Left 视图中绘制曲线，如图 6-396 所示。

图 6-395　Step 384

图 6-396　Step 385

Step 386：投影并修剪曲面，如图 6-397 所示。

Step 387：在 Top 视图中绘制 4 阶曲线，如图 6-398 所示。

图 6-397　Step 386

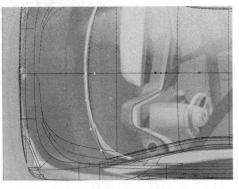

图 6-398　Step 387

Step 388：投影并修剪发动机盖相关曲面，如图 6-399 所示。

Step 389：至此，车身主要曲面基本制作完成，将曲面所在图层全部镜像，如图 6-400 所示。

图 6-399　Step 388

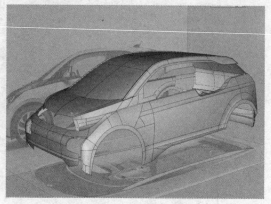

图 6-400　Step 389

本 章 小 结

尽管 CAS 模型远没有 A 级曲面要求严格，但是车身曲面的数量较多，分面比较复杂，由于篇幅所限，本例主要讲解主要特征曲面的制作，其他细节的制作和完善需要读者自己摸索完成，最终完成着色效果如图 6-401 所示。生成同样的一块曲面，可以用不同的思路、不同的命令，本例尽量使用常用的方法，但读者不必拘泥于特定的形式。本例制作的参考图主要来源于网络图片，三视图并不能完全对应，所以制作特征并不完全准确，而实际 CAS 模型制作过程依据的参考图往往来源于创意设计的平面方案，三视图也往往是不能对应的，需要模型师进行构思推敲。

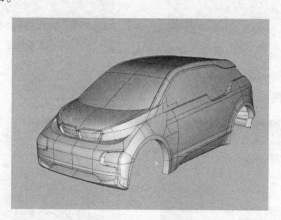

图 6-401　最终完成着色效果

第7章

VRED渲染应用

7.1 VRED 概述

7.1.1 VRED 的介绍

  Autodesk VRED 包含先进的材质库，可逼真地模拟外观和内饰，减少所需的物理样机数量。设计者可以用竣工数据来有效满足汽车工作流中的其他需求，可以对 CAD 数据进行逼真的可视化，以便在营销和销售工作中使用。在 VRED 中可以检查所有组件是否相匹配，材料是否能实现预期特性，模型的功能是否完善。使用 Autodesk VRED 可在产品开发的不同阶段和虚拟样机制造流程中实现快速、高效的工作流程，不同专业领域的工程师和设计师可以轻松且始终如一地确信其数据和设计是准确无误的。VRED 渲染应用实例如图 7-1 所示。

图 7-1　VRED 渲染应用实例

  VRED 是一款强大、创新的高级三维可视化解决方案软件。它配有物理相机以及基于塑料、金属、碳或织布的物理特性的光照设置和材质设置，支持用户创建逼真的视觉设置。设

计师可以在 VRED 中实现高质量设计，从而大幅缩短后期制作的时间，显著降低后期制作成本。

VRED 提供面向 NURBS 直接光线追踪的解决方案。其分辨率可细化至单个像素，帮助设计研发人员有效地检查曲面的质量和连续性。在三维空间中评估数字设计曲面已经不再局限于所有其他传统渲染解决方案的做法，即从原始的 CAD 曲面粗略估算多边形数据网格的精确度。NURBS 直接光线追踪技术的引入大大加快了数据准备速度，大幅降低了数据预处理需求，可帮助节省时间和资金。

集成在 VRED 中的渲染发动机能够对海量数据进行实时渲染。用户只需按下一个按钮即可在 OpenGL 和光线追踪渲染之间切换，无须修改材质设置。VRED 包含许多面向 OpenGL 和光线追踪的渲染模式，可提供不同的显示质量和速度，这些模式包括：CPU Ras-terizor；预计算照明 + 阴影；完整的全局照明（光子映射）；光谱渲染。

7.1.2　VRED 2017 新功能

1）OpenGL 提升。Open GL 是 Open Graphics Library 的缩写，其中文叫法为专业的图形程序接口。VRED 2017 基于 OpenGL 的算法得到了显著的提升，场景越复杂，潜在的速度提升空间越大。VRED 2017 改进了实时抗锯齿功能，8 个光源的限制已增加到 256 个。

2）VR 性能更新。VRED 2017 中的虚拟现实（Virtual Reality，VR）性能更新可让用户更加轻松和经济、高效地获得超级逼真的体验。

3）简化跟踪模块。

4）新的实时屏幕空间环境光遮挡（Screen Space Ambient Occlusion，SSAO），非常适用于快速预览。

5）新的高性能计算（High Performance Computing，HPC）群集模块。

6）改进了壳和组件的处理。VRED 2017 使用户可以更加无缝地使用壳和组件。用户无须通过"优化"对话框重新排列场景图形的零件来应用功能，只需粘贴、拖放或合并即可。

7）对合并几何体的新控制。将两个或多个壳或组合并到一起时，新壳将使用第一个选定壳或组的名称。如果使用矩形选择框进行选择，则使用在场景图形中级别最高的选定元素的名称。现在，在场景图形中合并几何体时，将打开"合并几何体"对话框，用户可以在其中选择如何合并具有不同材质和可见性的几何体。

8）新的通过变换粘贴命令。

9）支持 HDR Light Studio5 软件，这是一种专业级、高动态范围 3D 渲染软件。

10）Autodesk 转换框架。VRED 和 Autodesk 公司所有的软件可实现良好的数据互传。

11）新的 UV 纹理编辑器。可帮助用户创建和操纵曲面几何体的 U、V 坐标，使用该编辑器可以剪切、缝合、展开及变换 U、V 坐标。

12）增强的光源。场景图形中只用一个节点表示光的定位和方向，局部照明可以通过灯光链接完成，不再需要在场景图形的特定位置放置光源。

7.2　VRED 的工作界面

VRED 的工作界面可分为上、中、下三大部分，包括 6 个主要栏目，如图 7-2 所示。

侧边栏　　　　　　　导航立方体(Navigation cube)　　　　　菜单栏(Menu bar)

图标栏(Icons bar)

渲染窗口(Render view)

快捷方式栏(Quick access bar)

状态栏(Status line)

图7-2　VRED的工作界面

（1）菜单栏（Menu bar）　包括VRED的各项操作命令和功能模块。

（2）图标栏（Icons bar）　提供常用功能的快捷方式。

（3）侧边栏　VRED的侧边栏可以高度自定义，各功能模块都可以在侧边栏进行组装、拆分，以便使用，图7-2中为场景图形编辑器。

（4）渲染窗口（Render view）　图像的显示窗口。

（5）快捷方式栏（Quick access bar）　提供场景常用模块的快捷方式。

（6）状态栏（Status line）　提供内存使用、计算状态、裁切平面、视场（Field of View，FoV）和场景基本参数信息。

（7）导航立方体（Navigation cube）　提供视窗切换和旋转的快捷方式。

7.2.1　菜单栏的主要功能

1. "文件"菜单

"文件"菜单提供基本的"打开""保存""退出"等命令，特别需要注意的是"导入"命令，它能够支持大部分建模软件输出的数据，既能够支持NURBS模型，也能够支持多边形模型。用户可在"优化场景"中对导入模型进行优化整理。图7-3所示为"文件"菜单。

2. "可视化"菜单

"可视化"菜单可提供不同的显示模式，如图7-4所示。

（1）真实渲染　系统默认，主要用来观察渲染效果。

（2）顶点/面法线渲染　也称为"法线诊断模式"，用来检查曲面法线。

（3）环境光遮挡渲染　用来查看烘焙光遮挡（Ambient Occlusion，AO）效果的模式。

图7-3　"文件"菜单

（4）间接照明渲染　仅显示间接照明部分。

（5）非照片级真实感渲染　显示类似于卡通效果。

（6）立体　用于 VR 虚拟评价。

（7）底板　是非常实用的创建背景（见图 7-5）的方式，可以使用扩展名为 jpg、bmp、tiff、png 等的平面文件替换背景。

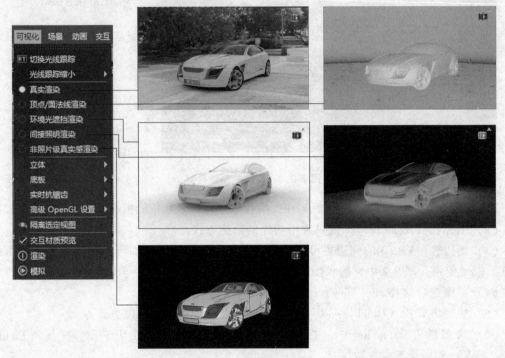

图 7-4　"可视化"菜单

图 7-5　底板替换背景

3. "场景"菜单

"场景"菜单提供各个子模块的启动索引，如图 7-6 所示。

常用子模块主要有：

（1）烘焙灯光和阴影　管理预烘焙功能的模块，也称为 AO 面板，用于烘焙 AO 环境光和间接照明的效果，可供实时预览和光线追踪的模式使用，如图 7-7a 所示。

（2）资源管理器　提供大量材质和场景预设，可大幅度降低创作门槛，深受用户喜爱，如图 7-7b 所示。主要提供的资源有几何体、材质和环境。

（3）几何体编辑器　用以编辑几何体的相关属性，常用功能是对法线的修正，如图7-7c所示。

图 7-6 "场景"菜单

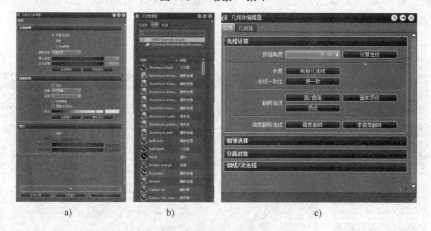

a)   b)   c)

图 7-7 常用子模块

4. "渲染"菜单

"渲染"菜单主要用于渲染出图,可以精确控制渲染图片的质量。

图 7-8 "渲染"菜单

7.2.2　快捷方式栏常用命令

快捷方式栏如图 7-9 所示。

图 7-9　快捷方式栏

1．"场景图形"编辑器

"场景图形"编辑器以目录的形式管理所有的场景对象，可以方便设计者进行选择对象、创建对象、编辑对象、切换场景等操作，如图 7-10a 所示。

2．"材质"编辑器

"材质"编辑器主要对当前场景的材质、环境进行管理和调试，如图 7-10b 所示。

3．渲染

同菜单中的渲染一样，打开渲染设置窗口。

　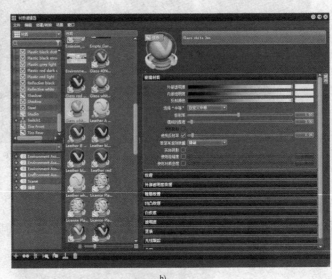

a)　　　　　　　　　　　　　　　　　　　　　　b)

图 7-10　快捷方式栏子模块

7.2.3　视窗操作

1．摄像机操作

旋转窗口：按住鼠标左键，拖拽鼠标。

推拉窗口：按住鼠标右键，拖拽鼠标。

平移摄像机：按住鼠标中键，拖拽鼠标。

倾斜摄像机：同时按住鼠标左、右键，拖拽鼠标。

推拉摄像机：鼠标滚轮。

确定目标点：使用鼠标左键双击曲面上某点。

完整显示对象：使用鼠标中键双击曲面上某点。

切换到初始视角：单击导航立方体的"Home"图标。

切换到某个正交视图角度：单击导航立方体的面。

2. 对象操作

选择单个对象：<Shift>键+鼠标左键单击对象。

加选单个对象：<Ctrl+Shift>键+鼠标左键单击对象。

框选对象：<Shift>键+鼠标左键（自左上向右下拉动）选择框内对象。

<Shift>键+鼠标左键（自右下向左上拉动）选择和框有相交的对象。

减选对象：<Shift>键+鼠标右键清除所有被选对象。<Ctrl+Shift>键+鼠标右键单击对象，可以清除单个已选对象。

全选：<Ctrl+A>键。

反选：<Ctrl+I>键。

3. 其他常用快捷键

隐藏对象：<Ctrl+H>键。

显示全部对象：<Ctrl+Shift+J>键。

复制材质：<M>键+鼠标左键。

粘贴材质：<M>键+鼠标右键。

7.3　渲染应用实例

本章通过一个渲染实例来讲解如何将建模的数据导入 VRED 中进行渲染，内容包括模型数据的处理与输出、材质的赋予与编辑、场景的设置及编辑、效果图输出等，使用 VRED 的主要模块完成基本渲染任务，至于 VRED 更高级的应用，读者可以通过其他图书或网络资源进行学习。

Step 1：用 ALIAS 软件打开范例文件，对不同材质的曲面进行分层（见图 7-11），这是进行渲染前必需的操作，可能会花费比较多的时间。VRED 支持 ALIAS 图层中对称的曲面，并且默认材质相同，不需要生成镜像曲面几何体。

图 7-11　Step 1

Step 2：如果安装的 ALIAS 和 VRED 是套件，可以在 ALIAS 中选择 "file > Send to VRED"命令，直接将模型发送到 VRED，如图 7-12 所示，此时 VRED 将自动启动，也可以用 VRED "导入"命令导入模型文件。

图 7-12　Step 2

Step 3：打开快捷方式栏的 "场景图形" 编辑器，就可以看到导入的模型数据，其中分层曲面以组的形式存在，用户可选择组或组下对象进行编辑，如图 7-13 所示。

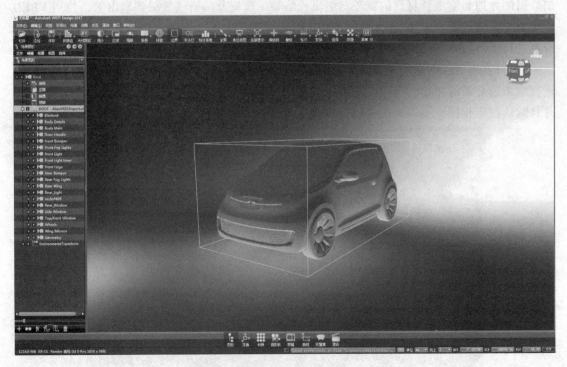

图 7-13　Step 3

Step 4：选择"可视化>顶点/面法线渲染"命令，检查导入曲面的法线，显示绿色为正常，显示蓝色则需要调整，如图7-14所示。

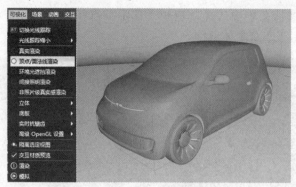

图7-14　Step 4

Step 5：选择"场景>几何体编辑器"命令，在"几何体编辑器"对话框中将有异常的主要曲面翻转法线，如图7-15所示。曲面过于琐碎的时候，可以先翻转主要曲面，后续如果遇到材质异常再单独翻转即可。

图7-15　Step 5

Step 6：选择"场景>资源管理器"，调出VRED预设的几何体、材质和环境资源，单击"材质"选项卡，单击"VRED Example Assets"可以看到VRED已经准备好的大量材质，如图7-16所示。

图7-16　Step 6

计算机辅助汽车造型设计——ALIAS实例教程

Step 7：选择"Metallic blue"材质球，拖动到场景中的曲面或者"场景图形"编辑器中相应的组件上，就可以进行材质的赋予，如图 7-17 所示。选定组件后，在材质球上单击鼠标右键，在弹出的快捷菜单中选择"应用于选定节点"也可以完成材质赋予。"Metallic blue"材质球主要应用于车身主体部件。

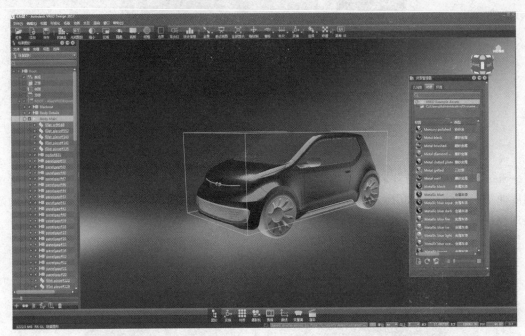

图 7-17　Step 7

Step 8：调出快捷方式栏中的"材质"编辑器，修改"Metallic blue"材质球，调整"透明图层"栏下的"橘皮频率"=8 和"橘皮强度"=0.15，如图 7-18 所示。

图 7-18　Step 8

Step 9：选择"Plastic black structured"材质球并将其赋予车门下的裙边，如图7-19所示。

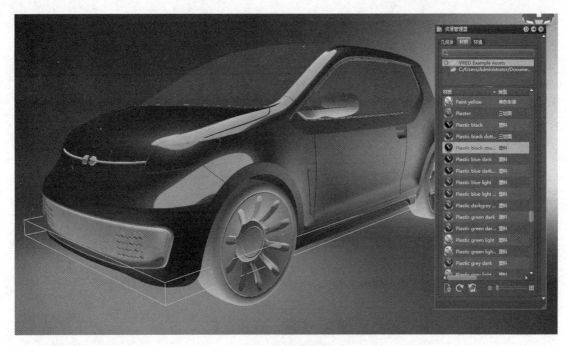

图 7-19　Step 9

Step 10：选择"Chrome blind"材质球并将其赋予车门下把手，如图7-20所示。

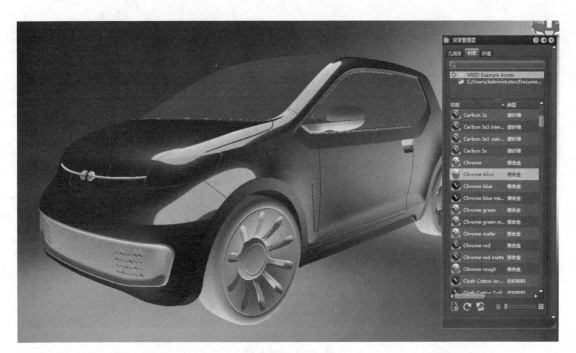

图 7-20　Step 10

Step 11：选择"Plastic darkgrey structured"材质球并将其赋予前保险杠，如图 7-21 所示。

图 7-21　Step 11

Step 12：选择"Glass White 5mm"材质球并将其赋予前、后窗及侧窗，如图 7-22 所示。

图 7-22　Step 12

　　Step 13：在资源管理器中，选择"Plastic darkgrey structured"材质球并将其赋予后保险杠，如图 7-23 所示。另一种方法是先用鼠标左键+<M>键提取已经使用的材质，再用鼠标右键+<M>键将其赋予新的曲面或组件。

图 7-23　Step 13

　　Step 14：在资源管理器中，选择"tire"材质球并将其赋予车轮"wheels"组中"wheel01"中的"tire02"，如图 7-24 所示。

图 7-24　Step 14

　　Step 15：在"材质"编辑器中的"纹理设置"栏，选择"从对象中获取值"，再调节"中心 Y"数值及"Y 向重复轮廓""缩放标记"，使轮胎纹理正确分布，如图 7-25 所示。

图 7-25　Step 15

Step 16：在资源管理器中，选择"anthrazit"材质球并将其赋予轮毂，如图 7-26 所示。

图 7-26　Step 16

Step 17：从"材质"编辑器中调出"Plastic darkgrey structured"材质并将其赋予后视镜，如图 7-27 所示。

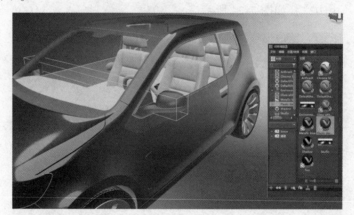

图 7-27　Step 17

Step 18：在资源管理器中，选择"Headlight white"材质球并将其赋予车灯罩，然后用 <Ctrl+H> 键将其隐藏，如图 7-28 所示。

图 7-28　Step 18

Step 19：在资源管理器中，选择"Mercury polished"材质球并将其赋予车灯内壁曲面，如图 7-29 所示。

图 7-29　Step 19

Step 20：在资源管理器中，选择"Emissive White ON"材质球并将其赋予车灯，如图 7-30所示。

图 7-30　Step 20

Step 21：在"材质"编辑器中，选择"Emissive White ON"材质球，复制并粘贴，将其赋予前雾灯（Front fog light）和后雾灯（Rear fog light），如图 7-31 所示。

图 7-31　Step 21

Step 22：在"材质"编辑器中，调节上一步的灯光材质球颜色，使其略微偏蓝，如图7-32所示。

图 7-32　Step 22

Step 23：在资源管理器中，将"Plastic grey light"材质球赋予前车标和后车标，如图7-33所示。

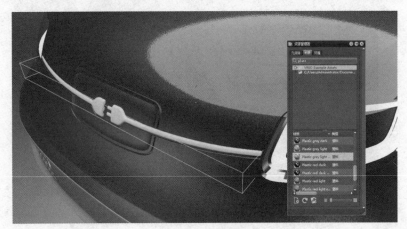

图 7-33　Step 23

Step 24：在资源管理器中，将"Brakedisc"材质球赋予制动盘，在"材质"编辑器中，修改制动盘笔刷尺寸，如图7-34所示。

图 7-34　Step 24

Step 25：在资源管理器中，将"Leather black"材质球赋予座椅，并修改参数，如图7-35所示。

图 7-35　Step 25

Step 26：在资源管理器中，将"Carbon 3x1 staircase"材质球赋予后车灯下的面板，并修改参数，效果如图7-36所示。

图 7-36　Step 26

Step 27：在资源管理器中，将"Rear light red"材质球赋予后车灯下外圈，如图7-37所示。

图 7-37　Step 27

Step 28：复制并粘贴 Step 20 中的"Emissive White ON"材质球，将其修改为红色并赋予后车灯中央部分，如图 7-38 所示。

图 7-38　Step 28

Step 29：在资源管理器中的"环境"选项卡中选择"Outdoor_Stage"并拖放进场景，如图 7-39 所示。

图 7-39　Step 29

Step 30：选择"场景图形"中的"Environment transform > outdoor-stage > shadowplane"，在"场景"中，打开"烘焙灯光和阴影"面板，选择"灯光和阴影""间接照明"和"细分"进行场景烘焙（可根据计算机性能确定烘焙质量），在这里选择的是"中等质量"，如图 7-40 所示。

图 7-40　Step 30

Step 31：打开"光线追踪"，选择"渲染"中的"渲染设置"，设置渲染尺寸、输出质量和文件名称后就可以出图，如图 7-41 所示。

图 7-41　Step 31

渲染效果如图 7-42。

图 7-42　渲染效果

本 章 小 结

本章主要介绍了 VRED 的基础知识和操作界面，以及 ALIAS 模型导入基本渲染设置，其主要的流程为模型分层整理—模型导入—场景整理—预设材质赋予—材质贴图设置—场景设置—烘焙—渲染出图—后期处理。渲染出的效果图仍需 PS 进行后期处理，本书不再赘述。更好的渲染效果和灵活运用，需要读者自己进行更多的尝试。

参 考 文 献

[1] 柯善军，成振波. 跟大师学汽车造型 [M]. 北京：机械工业出版社，2017.

[2] 刘春荣，薛俊，李萍. 产品设计创意表达·ALIAS [M]. 上海：上海交通大学出版社，2016.

[3] 李华斌，马萌. 品悟 ALIAS 2014+Showcase 产品可视化造型与渲染 [M]. 北京：人民邮电出版社，2015.

[4] 欧阳波. ALIAS 产品设计实用教程 [M]. 北京：中国水利水电出版社，2014.

[5] 李华斌. ALIAS&Showcase 产品造型设计表现典型案例解析 [M]. 北京：电子工业出版社，2013.

[6] 张阳. ALIAS 2013 工业设计完全自学一本通 [M]. 北京：电子工业出版社，2013.

[7] 司先才，牟文正. 品悟工业设计 ALIAS+Keyshot 产品视觉表现全案解析 [M]. 北京：清华大学出版社，2012.

[8] 徐家川. 汽车车身计算机辅助设计 [M]. 北京：北京大学出版社，2012.

[9] 欧阳波. ALIAS 产品设计实用教程 [M]. 北京：中国水利水电出版社，2010.

[10] 张卫伟. Autodesk ALIAS 工业设计实用手册 [M]. 北京：中国建筑工业出版社，2009.

[11] 上海畅驭工业设计咨询有限公司. Autodesk ALIAS Studio 标准培训教材 1 [M] 北京：中国建筑工业出版社，2008.

[12] 上海畅驭工业设计咨询有限公司. Autodesk ALIAS Studio 标准培训教材 2 [M] 北京：中国建筑工业出版社，2008.

[13] 戴鑫祺. 光与硅的艺术 VRED 汽车可视化渲染 [M]. 北京：人民邮电出版社，2017.

[14] 赵立杰，付强. 汽车车身计算机辅助设计 [M]. 北京：北京理工大学出版社，2016.

[15] 李光亮，金纯. 汽车造型设计 [M]. 北京：中国水利水电出版社，2013.

[16] 郭秀荣，马雷. 汽车造型设计 [M]. 北京：机械工业出版社，2013.

[17] 彭岳华. 现代汽车造型设计 [M]. 北京：机械工业出版社，2011.

[18] 康淑贤，郝艳华，黄致建. 汽车轮毂造型设计与结构分析 [J]. 机械设计，2013，30 (12)：32-36.

[19] 孙利. 汽车轮毂造型设计方法分析 [J]. 装饰，2007 (5)：110-112.

[20] 贾帅蕾，周磊，潘帆. 浅谈汽车轮毂的造型设计 [J]. 科技资讯，2017，15 (2)：92-93.

[21] 姚锐，丁文俊. 浅谈汽车转向盘的造型设计 [J]. 科技资讯，2015，13 (31)：105-106.

[22] 张爽，赵新军. 汽车转向盘外观造型的演变 [J]. 艺术与设计（理论），2007 (5)：119-121.

[23] 崔士斌. 汽车座椅造型设计 [J]. 汽车工程师，2014 (6)：18-20.

[24] 曹继忠. 汽车座椅造型设计探究 [J]. 科技经济导刊，2016 (3)：93.

[25] 龚佳兰，胡晓璇. 汽车座椅色彩、面料、造型外观设计 [J]. 南方农机，2017，48 (20)：72.

[26] 易于新. ALIAS 软件在汽车外饰零部件造型中的运用 [J]. 企业科技与发展，2017 (2)：96-99.

[27] 孟庆. 基于 ALIAS 造型快速表达与评价的研究 [J]. 科学大众（科学教育），2017 (4)：180.

[28] 王军社. 基于 ALIAS 的汽车整车 A 级曲面设计和品质评价 [J]. 汽车实用技术，2017 (20)：29-33.

[29] 何磊，游娅娜. 基于 ALIAS2016 的 BRT 车辆造型设计应用 [J]. 电子技术与软件工程，2015 (24)：80.

[30] 黄荷，郜伟. 基于 ALIAS 的汽车造型数字曲面设计 [J]. 企业技术开发，2016，35 (20)：35-36，39.

[31] 欧特克·ALIAS 软件推动汽车行业创新发展 [J]. CAD/CAM 与制造业信息化，2015 (5)：3.

[32] 张澜. ALIAS 与 Showcase 在产品造型开发设计中的应用 [J]. 数字技术与应用，2013 (9)：130.

[33] 黄磊，方成，万茂林. 基于 ALIAS 的汽车 CAS 曲面造型 [J]. 北京汽车，2012 (2)：25-28，40.

[34] 胡国强，闵建苹，伍伟. 基于 ALIAS 的自由曲面汽车造型设计 [J]. 汽车工程师，2011 (5)：21-24.

[35] 欧阳波，王枫红，贺赟. 基于 ALIAS 的自由曲面逆向造型设计 [J]. 东华大学学报（自然科学版），2010，36 (4)：389-392.